2025년
AI 슈퍼 사이클이
온다

2025년 AI 슈퍼 사이클이 온다

초판 1쇄 발행 2024년 5월 3일
초판 2쇄 발행 2024년 5월 25일

지은이 서병수
펴낸이 정병철
펴낸곳 ㈜이든하우스출판

출판등록 2021년 5월 7일 제2021-000134호
주소 서울시 마포구 양화로 133 서교타워 1201호
전화 02-323-1410 **팩스** 02-6499-1411
메일 eden@knomad.co.kr

ⓒ 서병수, 2024
ISBN 979-11-985641-1-5 (13320)

  ㈜이든하우스출판은 여러분의 소중한 원고를 기다립니다.
  책에 대한 아이디어와 원고가 있다면 메일 주소 eden@knomad.co.kr로 보내주세요.

올해 놓치지 말아야 할 빅3 투자 아이디어

2025년 AI 슈퍼 사이클이 온다

서병수 지음

EDEN
HOUSE

2023년 내내 전 세계를 뒤흔든 인공지능 열풍이 2024년 1분기가 지나고 나서도 여전히 뜨겁다. 인공지능 기업들의 주가 급등에 따른 버블 논란은 2024년 2월 21일 업계 대장주인 엔비디아가 높아진 기대치도 뛰어넘는 실적을 발표하면서 수면 아래로 가라앉았다. 인공지능 열풍은 견고하기만 했던 미국 빅테크 기업들의 시가총액 순위를 흔들었다. 수년간 전 세계 시가총액 1위를 고수하던 애플이 인공지능 대응에 가장 앞선 빅테크로 평가받는 마이크로소프트에 밀려 시가총액 2위로 주저앉았다. 인공지능 열풍의 중심에 있는 엔비디아는 2024년 2월 말 기준 시가총액이 2조 달러를 넘어서면서 마이크로소프트와 애플에 이어 전 세계 시가총액 3위 기업이 되었다. 엔비디아가 아마존, 알파벳, 메타 같은 쟁쟁한 미국 빅테크 기업과 사우디아라비아 국부를 상징하는 아람코의 시가총액마저 넘어선 것이다. 영원할 듯 보였던 애플이 인공지능 대응에 미진하다는 평가로 주가 흐름이 부진했던 데 이어 10년 넘게 진행하던 전기차 프로젝트를 접고 생성형 인공지능에 집중하겠다고 발표한 것도 변화된 환경을 잘 보여 준다.

사람들의 관심은 엔비디아에 집중되었다. 투자자들의 관심도 뜨겁다. 엔비디아 주식을 왕창 샀어야 한다는 우스갯소리도 자주 한다. 필자는 2019년 5월 12일 블로그에 "주가 상단이 열려 있는 글로벌 최고 기업에 투자하자"라는 글을 쓴 이후 미국 빅테크 기업들을 추천해 왔다. 엔비디아 관련 글도 2019년 7월 1일에 업로드했다. 당시 엔비디아의 주가는 164.23달러였다. 엔비디아는 2021년 주식 1주를 4주로 분할했고, 2024년 2월 말 기준 1주는 822.79달러다. 배당금을 제외하고도 채 5년이 안 되는 기간에 20배 넘게 오른 셈이다. 필자 역시 그때부터 엔비디아만 계속 투자했으면 얼마나 좋았을까 하는 공상을 펼쳐 봤지만 그런 일은 실현되지 않았다. 하지만 당시부터 지금까지 엔비디아가 계좌에 없었던 적은 한 번도 없었다. 심지어 암호화폐 거품이 가라앉으면서 주가가 크게 하락했던 2022년에도 엔비디아를 추천했고 계좌에도 일정 비중을 유지했다. 이유는 단순하지만 분명했다. 2018년에 해외 주식을 시작하면서 가장 집중한 '세상의 큰 변화', 즉 클라우드에서 시작된 IT 분야의 변화에 공감하고 IT 분야에서 세계 최고의 경쟁력을 가진 기업을 찾는 노력을 꾸준히 했기 때문이다. 2019년 5월 12일에 쓴 글에서도 "지금 시점에서 글로벌적으로 가장 주목할 투자 흐름은 클라우드 인공지능, 그리고 이와 직접 관련된 전자상거래를 포함한 인터넷 플랫폼의 성장입니다"라고 썼다.

필자의 주식 투자 방식은 먼저 세상의 장기적·거시적 변화를 파악하고, 그것을 가장 잘 준비하는 세계 최고 수준의 경쟁력을 갖춘 기업들을 꾸준히 찾고, 그런 기업들에 분산해서 계속 투자하고, 정보를 업데이트하면서 비중을 조절하는 것이다. 변화의 주기가 빨라 놓치거나 조금 늦게 파악할 수도 있다. 하지만 필자가 생각하는 조건에 부합하는 기업이라면 단기적 밸류에이션 부담이 있더라도 일단 조금 사고,

계속 비중을 늘려 나가는 편이다. 이런 식으로 투자하다 보니 한 종목으로 인생 역전할 정도의 대박을 내지는 못했다. 종목이 많아 관리가 소홀한 종목도 있고, 매매 타이밍을 놓쳐 손해를 볼 때도 있지만 장기적으로는 시장의 흐름과 궤를 함께했다.

『2025년 AI 슈퍼 사이클이 온다』는 2024년, 현재의 시점에서 장기적으로 세상을 바꿀 큰 변화는 무엇이고, 그것에 부합하는 글로벌 기업은 누구인가를 다룬다. 투자자 관점에서 주목할 큰 변화로 ① 디지털 트랜스포메이션, ② 전기 중심으로의 에너지 전환, ③ ESG를 꼽았다. 각각의 변화에 따른 투자 종목을 장의 끝부분에 정리했다. 개별 종목에 대한 상세한 내용보다는 이들을 추천하게 된 세상의 큰 변화를 쉽고 상세하게 설명하는 데 집중했다. 누구나 알지만 누구도 투자 과정에서 나타나는 변동성과 변화에 적절히 대응할 정도로 알지는 못하는 경우가 많다. 그래서 필자는 투자자들이 세상의 흐름을 따라가는 과정에서 예상하지 못한 변화를 맞이해도 적절히 대응할 수 있도록 근본적인 부문을 제대로 설명하는 데 초점을 맞췄다.

디지털 트랜스포메이션은 인공지능에 비해 다소 올드한 느낌을 주기도 한다. 하지만 이 단어를 고수한 것은 지금의 인공지능 열풍을 넘어선 그다음의 변화를 가장 잘 드러내는 단어라서다. IT 분야에서 앞으로 나타날 중요한 변화는 첨단 IT 기술의 오프라인 대중화다. 이미 우리 삶의 많은 부분이 디지털의 영향을 받으나 또 다른 많은 영역은 여전히 오프라인과 인간의 작용으로만 작동된다. 당장 식당도 인간이 요리하고 (배달 앱은 있지만) 인간이 배달한다. 공장의 수많은 공정이 자동화되었지만 이를 어떻게 진행하고 개선하는지는 숙련공의 영역이다. 즉 업무 진행과 기술 전달은 아날로그 방식이다. 이런 비즈니스 프로세스 전반을 디지털 기반으로 바꾸려면 조직도 디지털 기반으로 바뀌어야 한다. 대한민국에 도입된 수많은 스마트 팩토리가 실패한 원인은 오프라인 조직을 포함한 사람들이 전반적으로 디지털 기반이 무엇인지 잘 이해하지 못했기 때문이다. 앞으로 기업들은 디지털 기반으로 바뀌지 못하면 생존하기 힘들 것이다. 여기서 말하는 디지털 기반을 이해하기 위해서는 클라우드 도입으로 확산된 IT 분야의 변화인 오픈소스, 구독형, 개방적 생태계 등을 알아야 한다. 이를 위해 필자는 오늘날 디지털에 기반이 되는 클라우드부터 인공지능으로 이어지는 변화가 소프트웨어와 반도체를 포함한 IT 전반에 어떤 영향을 미치고 해당 기업들이 어떻게 대응하는지 다루었다.

전기 중심의 에너지 전환은 디지털 트랜스포메이션에 더해 에너지 안보와 기후 위기가 복합적으로 작용하면서 이미 상당 부문 진행 중이다. 인공지능이 제대로 구현되는 데 필수 요소인 데이터센터와 반도체 생산 공정에 막대한 전기를 소모한다는 것은 널리 알려진 사실이다. 한국의 차세대 반도체 단지인 용인 반도체 단지의 진정한 수혜주가 원자력 발전이라는 이야기는 농담이 아닌 진실이고, ASML이 반도체 생산에 원자력 발전 전기를 사용하면 장비를 공급하지 않을 수 있다는 뉴스는 디지털 전환과 전기의 밀접한 관계를 단적으로 드러낸다. 일론 머스크가 인공지능 발전에서 가장 중요한 요인으로 막대한 전기 소모를 언급한 것도 같은 맥락이다. 러시아·우크라이나 전쟁을 계기로 유럽이 전기 중심의 에너지 전환을 위한 인프라 투자에 박차를 가하고 있고, 미국과 유럽의 심각한 기후 변화로 인한 피해는 전기 중심의 에너지 전환을 가속화할 것이다. 이와 관련된 산업은 변압기와 송·배전을 포함한 전력망, 원자력 발전, 에너지 저장 장치, 가상 발전소, 수소, 스마트 건축, 히트펌프를 포함한 냉난방 공조, 철도 등이다. 필자는 2023년 내내 이 문제를 연구했고, 여러 유튜브와 블로그 등의 다양한 채널을 통해 단편적으로나마 내용을 전달한 바 있다. 이 책에 필자가 지금까지 다룬 모든 내용이 종합적으로 담겨 있다.

ESG는 2024년 현재의 투자자 관점에서는 간과하기 쉽지만 가장 중요한 변화다. 기업 가치가 무형 자산 위주로 바뀌고 있고, 장기 투자가 가능한 대규모 기관 투자자와 ETF가 성장하고, MZ세대가 소비를 넘어 경제 주체로 자리 잡으면서 ESG가 투자에 미치는 영향이 커졌다. 일본 증시 부활이 이를 잘 보여 준다. 2024년 들어 한국에서도 일본 증시의 부활을 다룬 자료들이 늘었지만, 정부 주도의 지배 구조 관점에서만 접근하는 경우가 많다. 하지만 아베 신조 사망 직후 아베노믹스를 ESG 관점에서 분석하는 다수의 글에서도 알 수 있듯, 10년 이상 계속되는 일본 증시의 강세는 2008년 이후 일본 기업들의 적극적인 ESG 경영의 결과로 봐야 타당하다. 미국과 유럽을 중심으로 ESG의 글로벌 표준과 이를 금융 시장에 적용하는 움직임이 자리 잡아 가고 있다. 전통 산업들의 탈탄소 준비도 속도는 다소 느려도 꾸준히 진행 중이다. 2023년에 변화의 가시적 움직임이 본격적으로 드러났고, 2024년에는 더 확산되고 확실해질 것이다.

디지털 트랜스포메이션, 전기 중심의 에너지 전환, ESG는 그 자체로도 주목할 변화다. 무엇보다 이들은 서로 밀접하게 영향을 미친다. 디지털 트랜스포메이션은 전기 중심의 에너지 전환을 가속화시킨다. 『2025년 AI 슈퍼 사이클이 온다』에서 보통 ESG에서 많이 생각하는 기후 변화를 2장 '에너지 전환, 본격화되는 전기 중심 에너지로의 전환'에서 자세히 다룬 것도 이들이 서로 밀접하게 영향을 주어서다. ESG에서 다룬 인적 자원의 중요성은 디지털 트랜스포메이션의 핵심 특성인 오픈 소스, 구독형, 개방적 생태계의 핵심이다. 변화 하나하나도 중요하나 투자자에게는 이들의 상호 연관성을 이해하는 것이 더욱 중요하다. 이 변화는 한번 시작된 이상 되돌리기 힘들고 가속화될 것이다. 만약 미국 대선에서 트럼프가 승리하고 유럽의회에서 우파 세력이 영향력을 확대하는 상황이 동시에 발생하더라도 기후 변화 관련 산업은 계속 성장할 것이다. 이들의 밀접한 관계는 같은 지역의 부모 세대보다 지구 반대편의 동년배들과 더 비슷한 행보를 보이는 MZ세대가 베이비부머에 이어 전 세계 경제 활동의 중심으로 나서는 시기와도 연동된다. 이와 같은 변화를 주도하는 글로벌 기업들에 대한 지속적인 분산 투자는 장기적으로 좋은 성과를 낼 수밖에 없다.

한국에서도 해외 투자는 더 이상 특별한 일이 아니다. 특히 20-30대 젊은 투자자들은 투자 지역과 기업을 가리지 않는다. 다만 아직 우리나라 투자자들의 해외 투자 경험이 길지 않다 보니 놓치고 있는 부분이 있다. 이 책이 그들에게 도움이 되기를 바란다.

목차

3장 ESG, 글로벌 표준으로 강화되는 탄소배출제로와 기업의 질적 평가요소들

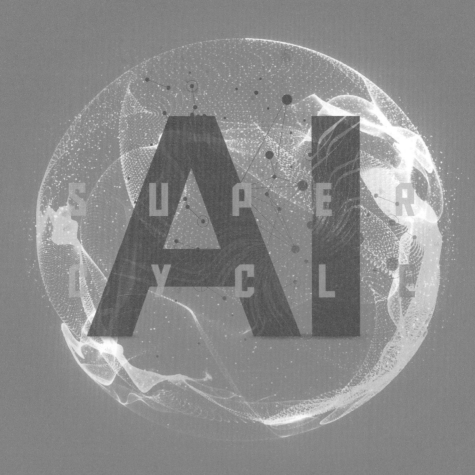

디지털 트랜스포메이션, 클라우드에서 시작해 ChatGPT를 넘어 모든 산업으로

1. 디지털 트랜스포메이션 현실화의 포문을 연 클라우드

디지털 트랜스포메이션Digital Transformation, DX은 사업과 관련된 전부를 IT 방식으로 바꾸는 것으로, 현재 모든 산업이 직면한 과제다. 이를 위해 IT 산업부터 제대로 이해해야 한다. 오늘날 IT 산업의 핵심은 클라우드와 그로 인해 시작된 플랫폼과 구독형 소프트웨어다. 클라우드는 기업의 IT 활용도를 늘려 기업 경쟁력을 개선한다. 클라우드 확산으로 이전에는 상상하기 힘들었던 대규모 컴퓨팅 파워를 갖춘 하이퍼-스케일 데이터센터가 확산되었고, 소프트웨어도 플랫폼과 구독형 중심으로 바뀌며 성능이 향상되었다. 또 빅데이터 활용이 필요한 인공지능이 발전할 수 있는 토대가 마련되었다. 이로써 클라우드 성장이 가속화되고 전 산업으로 확산되었다.

2. 인공지능의 도래를 이끈 클라우드와 소프트웨어의 성장

인공지능의 발전은 클라우드와 이를 뒷받침하는 소프트웨어 때문이다. 클라우드의 하이퍼-스케일 데이터센터가 구축될 수 있었던 것도 가상화와 HCIHuman-Computer Interaction(인간-컴퓨터 상호 작용) 같은 소프트웨어 기술을 통해 데이터센터 인프라의 효율성을 극대화했기 때문이다. 구독형 소프트웨어 기업들 중에서 클라우드 활용과 플랫폼으로의 진화를 통해 기업 가치가 크게 향상된 곳들이 나타났다. 앞으로는 구독형 기업에 대한 평가지표와 여기 어울리는 가치 평가가 중요해질 것이다. 소프트웨어 산업 내에서 클라우드로 가치가 상승한 분야로는 사이버 보안, ITOMInformation Technology Operation Management(운영 관리), ITSMInformation Technology Service Management(IT 서비스 관리), 데이터 웨어하우스Data Warehouse와 데이터 레이크Date Lake 등이 있다. 투자자 관점에서 LLM^{Large Language Model}(거대 언어 모델) 기반의 인공지능에서 주의할 내용과 소프트웨어 엔지니어가 모든 산업에서 중요해진 이유를 살펴본다.

3. 클라우드 성장의 관점에서 본 반도체 산업의 변화와 최신 동향

반도체 시장에서도 클라우드의 영향력이 커지고 있다. 클라우드에서 사용하는 반도체 규모가 조만간 스마트폰과 PC를 뛰어넘을 것으로 보인다. 심지어 D램은 그 변화가 더욱 가파를 전망이다. 클라우드가 반도체 시장에 미친 변화를 요약하면 ① 팹리스^{Fabless}와 파운드리^{Foundry} 및 고가 반도체 시장의 성장 촉진, ② 메모리 반도체보다 로직 반도체 성장 유도, ③ 반도체 개발과 사업 전개 과정에서 소프트웨어 방식의 확산이다. 이 과정에서 DPU^{Data Prosessing Unit}, FPGA^{Field Programmable Gate Array}, 이기종 컴퓨팅^{Heterogeneous Computing} 등이 촉진된다. 2023년에 반도체 공정은 EUV^{Extreme Ultraviolet} 등 미세화보다는 고급 패키징이 부각되었는데, 2024년에도 유효하다. 고급 패키징에 도입된 RDL^{Re-Distribution Level}과 인터포저^{Interposer}, 그리고 2.5차원 내지 3차원 공간 배치는 공정의 여러 변화를 일으킨다. 또한 반도체 산업에서 소프트웨어 방식이 빠르게 확산 중인데, ARM^{Advanced RISC Machine} 확산과 팹리스·파운드리 발전, 그리고 반도체 개발 및 생산 과정에서 플랫폼과 구독형 방식 활용 등이 있다. TSMC와 엔비디아의 소프트웨어 방식의 사업 전개를 주목할 만하다.

4. 클라우드와 소프트웨어의 발전으로 오프라인 현실에서 구현될 디지털 트랜스포메이션

2024년은 디지털 트랜스포메이션을 체감하는 원년이 될 것이다. 러시아·우크라이나 전쟁 이후 전 세계 군대는 디지털 트랜스포메이션 기술(위성통신과 감시, 인공지능, 클라우드, 자율주행)을 더욱 현실화할 것이다. 제조 공정에서도 클라우드와 소프트웨어 기술이 적용되고 있는데, 『2025년 AI 슈퍼 사이클이 온다』는 주요 분야인 자동차와 우주항공, 그리고 반도체 산업을 다룬다. 이밖에도 여러 분야에서, 또 생산과 물류 같은 오프라인 현장에서도 클라우드와 소프트웨어에 의한 혁신이 나타나고 있다. 헬스케어는 신약 개발과 임상, 진료에서 두드러진다. 이 과정에서 기업의 디지털 트랜스포메이션을 지원하는 엔비디아, 마이크로소프트, 오픈AI도 부각되고 있다. 디지털 트랜스포메이션은 ChatGPT로 대표되는 인공지능의 발달로 다시금 주목받고 있다. 오래전부터 준비했던 변화가 2024년에 본격화되면서 우리의 체감도 더욱 커질 것이다.

5. 미·중 패권 전쟁과 러시아·우크라이나 전쟁으로 가속화된 IT 산업에서의 안보의 중요성

오늘날 디지털 트랜스포메이션 적용에서 중요하게 고려해야 할 요소가 안보다. IT 산업은 러시아와 중국이 군사력을 강화하고, 그 중심에 하이브리드 전략이 자리 잡으면서 안보적 중요도가 더욱 커졌다. 또한 미국을 중심으로 한 서방 국가들은 안보적 위협을 앞선 IT 기술을 활용한 전술과 무기 체계의 변화로 대응한다. 특히 러시아 우크라이나 전쟁으로 IT 산업에서의 안보적 측면이 더 중요해졌다. LLM 기반 인공지능은 IT 산업의 새로운 과제가 되었다. 안보 이슈는 일시적 이벤트가 아니다. IT 산업을 안보적 관점에서 접근함에 있어 규제는 부정적 측면이나 정부의 투자 확대라는 긍정적 측면도 있다. 미국 반도체 육성으로 수혜를 본 인텔과 일본, 동남아시아의 사례도 이해할 필요가 있다.

6. 디지털 트랜스포메이션 관점에서 본 투자 포인트와 주목할 글로벌 기업

클라우드, 소프트웨어, 일본과 한국의 디지털 트랜스포메이션을 통합적으로 제공하는 회사들, 반도체, 디지털 트랜스포메이션 적용으로 사업 경쟁력을 상승한 온-오프라인 기업들, 통신 인프라와 센서 및 컨트롤러 등 각 분야에서 투자 가능한 기업들을 알아본다.

1

디지털 트랜스포메이션 현실화의
포문을 연 클라우드

[1] 투자의 새로운 패러다임,
디지털 트랜스포메이션

현대 산업의 변화를 이끄는 중심은 IT 산업이다. 2010년 이후로 IT는 단순히 생산성의 혁신을 넘어, 실리콘밸리와 미국의 부활을 주도했다. 이제 IT의 경쟁력은 전 산업으로 확산 중이다. 한마디로 요약하면 디지털 트랜스포메이션DX이다.

위키피디아는 디지털 트랜스포메이션을 '조직이 디지털 기술을 채택하고 구현하여 비즈니스 프로세스를 디지털 형식으로 변환하고, 새로운 제품이나 서비스 및 운영을 창출하거나 개선하는 과정'이라고 정의한다. 간단히 말해 회사의 제품과 서비스, 사업 방식, 기업 문화 등 사업과 관련된 전부를 IT 방식으로 바꾸는 것을 의미한다.

이는 필연적인 변화다. IT 산업은 다른 어떤 산업보다 높은 생산성을 자랑한다. 또한 기술 발달로 이것을 다른 산업에 적용하기가 더욱 쉬워졌다. 과거에는 제한적이었던 디지털 트랜스포메이션의 영향력이 현재는 모든 산업에 퍼지고 있다.

2000년대를 전후하여 은행과 기업을 중심으로 대대적인 전산화가 진행되었지만 제조업이나 엔지니어링 전반으로 확산되지는 못했다. 이를 뒷받침할 기술의 한계와 인프라 부족 때문이었다. 예를 들어 디지털 트윈Digital Twin 개념도 2002년부터 시작되었다. NASA와 GE 등 한 시대를 대표하는 조직들이 디지털 트윈을 적극 채용했음에도 기술적 한계로 크게 활용되지 못했다. 하지만 현재는 막강한 컴퓨팅 파워와 인공지능을 범용적으로 사용할 수 있는 기반이 마련되었기에 디지털 트랜스포메이션이 전 산업에 걸쳐 활용될 수 있다. 우리는 2024년을 디지털 트랜스포메이션이 본격적으로 대중화되는 중요한 시기로 주목해야 한다.

여러 변화를 이끄는 현대 IT 산업은 어떤 모습이고 또 어떤 특성을 지녔는가? 오늘날 IT 산업은 과거 IBM과 인텔이 주도했던 시기와 다르다. 구글과 테슬라TSLA 같은 IT 빅테크 기업이 주도한다. 이 기업들의 핵심은 반도체가 아니라 '플랫폼과 구독형 서비스 중심의 소프트웨어'다. 가장 큰 이정표는 2006년 3월 14일부터 최초로 외부 서비스를 시작한 아마존 클라우드, AWSAmazon Web Services 출시다. AWS의 등장은 클라우드 상업 서비스의 본격적인 시작을 알리며, ChatGPT나 스타링크 Starlink 같은 다른 혁신적인 서비스로 이어졌다. 이러한 발전은 오늘날 IT 산업이 다른 산업보다 우위를 점하고, 디지털 트랜스포메이션의 변화를 촉진하는 출발점이 되었다.

(2) IT 산업 성장을 주도하는 클라우드

클라우드는 간단히 말해 개별 기업이 가지고 있던 서버와 전산 관리를 아웃소싱하는 것이다. 얼핏 들으면 의아할 수 있지만 클라우드 활성화 정도에 따라 인공지능 발전과 디지털 트랜스포메이션의 발전 정도가 달라진다. 대한민국의 경우 낮은 클라우드 보급률과 인식 결여가 디지털 트랜스포메이션 수용의 장애물이 되었다.

온-프레미스On-premise, 즉 자체 관리와는 대조적으로 클라우드는 비용을 고정비에서 변동비로 전환하면서 접근성과 유연성을 대폭 높여준다. 비용 절감뿐 아니라 인공지능과 디지털 트랜스포메이션의 발전을 가속화시켰다.

한때는 기업용 서버 구축이 커다란 도전이었다. 서버 한 대, 필수 운영 소프트웨어, 그리고 전문 인력까지 필요했다. 그리고도 추가로 증설 비용이 들어 많은 기업이 서버 구축을 망설였다. 하지만 클라우드가 모든 걸 바꾸었다. 온라인에 접속할 수만 있으면 된다. 기업용 서버와 전산 관리를 몇 시간, 몇 달 혹은 필요한 만큼만 사용하고는 필요가 없어지면 바로 중단할 수 있다.

오늘날 클라우드 서비스 제공업체들은 전문성을 바탕으로 한 높은 수준의 보안과 관리를 제공한다. 이로 인해 더 이상 고가의 소프트웨어나 첨단 컴퓨팅 자원에 대해 걱정할 필요가 없어졌다. 규모의 경제를 통해 이전에는 상상도 못 했던 자원을 공동으로 이용할 수 있기 때문이다. 엄청난 변화다.

이 모두가 고성능 기업용 서버와 전산 관리의 대중화를 이끌었다. 사용량은 급증했고, 클라우드를 활용하는 기업과 그렇지 않은 기업의 격차는 점점 더 벌어지는 중이다. 이것이 클라우드가 가져온 '혁명'이다. IT를 어떻게 활용하느냐가 기업 경쟁력의 결정적인 차이를 만들고 있다.

2010년 중반에 클라우드는 온-프레미스 시장을 뒤흔들며 기업의 IT 지출 방식을 근본적으로 변화시켰다. 시너지 리서치 그룹의 데이터가 명확히 보여 준다. 2009-2019년에 데이터센터에 대한 지출(하드웨어와 소프트웨어 포함)은 큰 변화가 없던 반면에 기업의 클라우드 인프라 서비스 지출은 가파르게 상승했다. 2019년에 이미 클라우드 지출액이 데이터센터 지출액을 넘었고, 이후에도 기업의 클라우드 지출액은 매년 30% 내외(2020년 35%, 2021년 37%, 2022년 28%)의 성장률을 기록하면서 2022년에는 2,270억 달러에 달했다. 참고로 이 규모는 같은 기간 전 세계 메모리 반도체 시장 규모(1,300억 달러, 미국반도체산업협회 SIA 발표 자료 기준)보다 75% 더 큰 수치다.

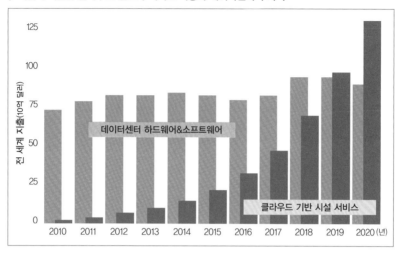

출처 : 시너지 리서치 그룹

클라우드 활성화는 IT 산업에 대한 수요를 새로운 차원으로 끌어올렸다. 클라우드로 ① IT 제품에 대한 전반적인 수요가 크게 증가했고, ② 단발성 구매에서 구독 방식으로 전환되어 매출의 지속성과 안전성이 크게 향상되었고, ③ 이전보다 고성능 신제품 판매가 쉬워졌다. 그 결과 IT 시장은 빠르게 성장하고, 신제품 출시 속도가 높아지고, 결론적으로 성장이 빨라지는 선순환이 발생했다. 클라우드가 IT 스타트업 기업을 넘어 대중화된 2010년대 중반 이후로 최첨단 반도체와 인공지능이 빠르게 성장한 것도 이런 이유다.

하이퍼-스케일 데이터센터는 기업용 IT 하드웨어 성장의 새로운 지평을 열었다. 단순한 데이터센터가 아니라 기존의 모든 규모를 뛰어넘는 대용량의 신세계다. 인터내셔널 데이터 코퍼레이션International Data

Corporation, IDC에 따르면, 하이퍼-스케일 데이터센터는 '5,000대 이상의 서버와 바닥 면적 929제곱미터를 초과하는 규모의 데이터센터'다. 수십만에서 수백만 대의 서버를 보유한 곳도 있다.

하이퍼-스케일 데이터센터의 진정한 힘은 엄청난 규모만이 아니라 지속적인 확장과 유지·보수가 가능한 뛰어난 아키텍쳐 능력에 있다. 컴퓨터 서버나 부품을 수시로 교체하거나 추가해도 전체 시스템이 원활하게 작동한다. 유연성과 확장성은 하이퍼-스케일 데이터센터를 현대 IT 인프라의 핵심으로 만들었다.

하이퍼-스케일 데이터센터는 막대한 투자비와 운영비가 필요해 대부분 클라우드업체에서 운영한다. 클라우드업체가 아닌 경우에는 메타나 애플 같은 대규모 컴퓨팅 파워를 갖춘 빅테크 기업 정도가 운영할 수 있다. 하이퍼-스케일 데이터센터의 등장은 전부는 아니어도 상

| 하이퍼-스케일 데이터센터

출처 : 테크진

2025년 AI 슈퍼 사이클이 온다

당 부분 클라우드의 성장 덕분이다.

(3) IT 사업의 판도를 바꾼 구독형 소프트웨어

클라우드가 가져온 것은 기술 진보만이 아닌 소프트웨어 산업의 혁명이었다. 구독형 모델의 등장과 함께 소프트웨어의 빠른 출시와 지속적인 업데이트가 새로운 표준이 되었다. 이제 소프트웨어는 제품이 아니라 끊임없이 발전하는 서비스다. 변화의 핵심에는 메이저 소프트웨어 회사들이 있다. 그들은 다양한 애플리케이션을 추가할 수 있는 '앱 마켓'을 창조하며 자신들의 플랫폼을 구축했다. 이것이 소프트웨어 산업을 단일 제품 판매에서 오픈 플랫폼으로의 진화로 이끌었다.

클라우드의 시대가 열리면서 소프트웨어 산업에서의 근본적인 변화가 목격되고 있다. 메이저 소프트웨어 회사들은 기존의 독점적이고 폐쇄적인 모델을 유지하기보다는, 오픈 소스와 협력적 경쟁을 통해 보다 큰 가치를 창출하는 방향으로 나아가고 있다. 오픈 소스는 누구나 소프트웨어의 개발과 개선에 참여할 수 있는 집단 지성의 힘을 활용한다. 효율적인 개발 방식이자 새로운 표준을 설정하는 데도 유리하다.

전통적인 마케팅과 유통 외에도 소프트웨어의 성능과 플랫폼이 경쟁의 중심이 되게 해 준다. 구독형 소프트웨어가 클라우드 컴퓨팅의 강력한 하드웨어 기반에서 실행됨으로써, 개별 서버를 사용할 때보다 월등히 뛰어난 성능을 경험할 수 있다. 소프트웨어는 물리적 제약 없이 발전할 수 있으며, 적은 자원으로도 커다란 성능 향상을 가능하게 한다. 이 모두가 IT 산업을 소프트웨어 중심으로 이끌고 있다. IT 산업의 중심이 하드웨어에서 소프트웨어로 넘어가고 있다.

소프트웨어 산업이 공유와 협력을 통한 경쟁으로 변화되었음을 잘 보여 주는 사례가 빅테크 기업들이 매년 개최하는 기술 개발 콘퍼런스다. 엔비디아의 GTC^{GPU Technology Conference}(GPU 활용과 개발 과정 공유), 마이크로소프트의 Build(애플리케이션과 서비스 개발에 중점) 및 Ignite(기업용 기술과 클라우드 컴퓨팅에 중점), 아마존의 AWS re:Invent(글로벌 클라우드 컴퓨팅 커뮤니티와 소통하는 학습 콘퍼런스)와 Summit(AWS 솔루션과 이를 도입한 기업 사례를 공유하고 솔루션 체험), 구글의 I/O(구글의 다양한 기술과 솔루션을 개발자들에게 발표 및 교육), 애플의 WWDC(애플 엔지니어들과 함께 애플 기술

| 클라우드 전후 소프트웨어의 변화

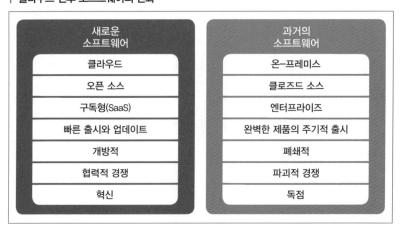

새로운 소프트웨어	과거의 소프트웨어
클라우드	온-프레미스
오픈 소스	클로즈드 소스
구독형(SaaS)	엔터프라이즈
빠른 출시와 업데이트	완벽한 제품의 주기적 출시
개방적	폐쇄적
협력적 경쟁	파괴적 경쟁
혁신	독점

논의) 등이 대표적이다. 2023년에 이름을 알린 오픈AI도 2023년 11월 6일에 첫 개발자 콘퍼런스인 DevDay를 개최했다.

소프트웨어 기술 기업을 표방하고 어느 정도 규모를 갖춘 기업들은 거의 예외 없이 매년 콘퍼런스를 열어 자사의 기술을 많은 개발자와 공유하고 그들의 의견을 경청한다. CEO가 직접 기조연설을 하고 회사의 중요 발표도 할 정도로 중요한 행사다. 또 대화와 공유의 장이 온라인으로도 공개되어 누구나 시청할 수 있다. 콘퍼런스 내용은 언론을 통해 대대적으로 소개되기 때문에 회사가 이를 적극 독려한다. 개발자와 사용자가 정보를 공유하며 생태계를 구축하는 것의 중요성을 알기 때문이다.

반도체 및 각종 하드웨어의 물리적 성능보다 이를 지원하는 소프트웨어의 역량이 점점 더 중요해지고 있다. 애플이 경쟁사보다 낮은 스펙의 하드웨어로 더 좋은 성과를 내는 것이나 CPU 분야에서 RISC Reduced Instruction Set Computer 방식에 기반한 ARM이 기존 CISC Complex Instruction Set Computer 방식의 인텔을 앞서는 게 대표 사례다. 2023년 말 기준 반도체 기업 중 시가총액 1위를 기록한 엔비디아가 AI 가속기(인공지능 연산만을 위해 설계된 반도체) 시장에서 압도적 우위를 가져간 것도 AI 소프트웨어 플랫폼인 쿠다 Compute Unified Device Architecture, CUDA의 생태계가 견고하기 때문이다.

이런 방식을 전체 산업으로 확대할 수 있음을 실증한 건 테슬라와 스페이스X다. 소프트웨어 관점의 확장성, 업데이트 용이성, 플랫폼 구축, 구독 모델을 활용하여 과거 수십 년간 기존 기업들이 견고하게 장악하고 있던 자동차와 우주 시장에서 채 20년도 안 되어 최고 기업으로 등극했다. 소프트웨어 중심의 접근 방식이 얼마나 강력한지를 잘 보여 주는 예다. 테슬라가 여는 Battery Day와 AI Day는 소프트웨어 기업들이 개발자를 대상으로 개최하는 콘퍼런스와 유사하다.

(4) aaS 시대의 도래

우리는 현재 aaS$^{as\,a\,Service}$(서비스로서의 ~) 시대로의 전환을 목격 중이다. 소프트웨어 산업의 변화와 다른 산업이 소프트웨어의 변화를 따라가는 현상을 가리킨다. 보통 '서비스로서의 ~'로 번역되는데, 일정 기간 서비스 형태로 제공되는 구독형 사업 모델에 적용 가능하다.

aaS는 클라우드로 크게 확산되었다. 컴퓨터 서버를 구매하는 대신 클라우드 서비스를 이용하면서, 컴퓨팅 인프라를 서비스로 제공한다는 의미에서 IaaS$^{Infrastructure\,as\,a\,Service}$(서비스로서의 인프라스트럭처)라는 용어가 사용되었다. 이후 클라우드 사업자들이 서버 제공을 넘어 고객이 사용하는 다양한 소프트웨어와 서비스 등 모든 컴퓨팅 자원을 제공하고 이를 구독료로 받는 형태로 진화하기에 이른다. 이를 클라우드 사업자가 일종의 플랫폼으로 진화해 서비스를 제공한다는 측면에서 PaaS$^{Platform\,as\,a\,Service}$(서비스로서의 플랫폼)로 부르게 된다. 한편 소프트웨어가 패키지 단위로 판매되는 게 아니라 구독형 모델이 확대되면서 서비스로서의 소프트웨어라는 SaaS$^{Software\,as\,a\,Service}$로 확산되었다. 또 일

Rockwell Automation makes shift to 'as-a-service' model

Feature
Sep 25, 2023 • 6 mins

Digital Transformation   IT Strategy   Manufacturing Industry

in   ✕   (f)   (⊕)   ✉   🖨

Facing increasing competition from cloud hypervisors that see manufacturing as prime for disruption, the industrial automation giant has undertaken a major transformation to add subscription software services to its core business.

CREDIT: CHRIS NARDECCHIA / ROCKWELL AUTOMATION

부는 SaaS 형태로 제공 시 외부 소프트웨어도 함께 제공하는 플랫폼으로 진화하여 PaaS가 되기도 했다.

클라우드 확산이 aaS를 널리 퍼지게 했고, 소프트웨어 방식이 다른 산업으로 확장되면서 여러 산업에서 널리 쓰이고 있다. 가령 차량을 소유하는 대신 카카오 모빌리티 같은 MaaS[Mobility as a Service]로 공유하고, 로봇을 구매하지 않고 RssS[Robot as a Service]로 임대해 사용한다. 인공지능 역량을 AIaaS[AI as a Service]로 구독하며, 에너지 관리는 EaaS[Energy as a Service]를 통해 아웃소싱한다. 제조 설비조차도 MaaS[Manufacturing as a Service]로 제공받고, 고가의 GPU는 GPU as a Service로 이용한다.

클라우드와 무관해 보이는 기업들에도 영향을 미치는데, 산업 자동화의 대표 기업인 로크웰 오토메이션이 aaS 모델로 전환하는 것을 보면 알 수 있다. 오늘날 거의 모든 분야에서 구독형 모델이 확산되고, 이에 따라 aaS는 유행이 아닌 트렌드가 되고 있다. 기술과 서비스를 어떻게 인식하고 사용하는지에 대한 근본적인 변화를 반영한다고 하겠다. 우리에게 무한한 가능성을 열어 주며, 혁신과 효율성을 추구하는 새로운 방식을 제시한다. 한마디로 인간의 생활 방식과 산업의 미래를 재정의한다.

(5) 기업 경쟁력의 핵심 요소로 떠오른 클라우드

클라우드는 빅데이터, LLM과 더불어 인공지능 발전의 필수 요소다. 클라우드 컴퓨팅은 인공지능과 빅데이터 혁명을 가능하게 하는 핵심이다. 이 혁신적인 환경은 강력한 컴퓨팅, 방대한 데이터, 그리고 소프트웨어 플랫폼을 필요로 하는 빅데이터 분석과 인공지능 개발에 필수 자원을 제공한다.

과거에 IT 자원은 일부 대기업만 갖출 수 있었지만 클라우드의 등장으로 스타트업도 적은 비용으로 필요한 만큼의 자원을 사용하여 빅데이터와 인공지능 분야에서 혁신을 시도하고 도전할 수 있게 되었다. 이는 빅데이터와 인공지능의 수요를 클라우드로 집중시키는 동시에, 클라우드 기업들이 이 분야에 자산과 노하우를 축적하게 만든다. 그리고 다시 클라우드 빅데이터와 인공지능에 수요가 몰리는 원인이 된다. 클라우드 기업들은 우수한 빅데이터와 인공지능 기업을 조기에 발견하고 투자하여 관련 생태계를 발전시킨다. 이 과정에서 자신들의 클라우드 서비스도 성장시킬 수 있다. 클라우드가 대중화되지 않았다면 오늘날과 같은 빅데이터 활용과 인공지능의 발전을 경험하지 못했을 것이다.

비용 부담으로 기업용 서버를 사용하지 못했던 IT 스타트업들은 초기부터 클라우드를 적극 환영했다. 반면에 자체 서버를 구비하고 관리 여력을 갖춘 대기업들은 부정적이었다. 회사의 데이터가 외부로 나가는 데 대한 불안과 꾸준히 비용을 지급하는 것에 거부감이 컸기 때문이다. 기존 시설과 인력을 정리하는 일도 부담이었다. 특히 IT에 문외한 여러 경영진들이 IT 분야를 백오피스 정도로 여겨 관련 인력의 회사 내 입지가 약한 것도 클라우드로의 전환을 막았다.

클라우드는 이것을 사용하는 기업 입장에서도 단점보다 장점이 훨씬 크고, IT 외 산업에서도 클라우드 도입 여부가 기업 경쟁력을 좌우하는 핵심 변수라는 것이 수많은 사례를 통해 나타나고 있다. 대표 분야가 OTT^{Over the Top Media Service} 시장이다. 넷플릭스가 주도하는 OTT 시장은 오프라인 영화와 TV 드라마 산업의 생존을 위협할 정도로 규모가 커졌다. 불과 10여 년 전만 해도 이 분야의 강자였던 디즈니나 HBO 같은 케이블TV 사업자가 넷플릭스에 뒤처진 이유 또한 클라우드다. 넷플릭스는 아마존 AWS가 외부 서비스를 시작한 지 불과 2년도 안 된 2008년에 아마존 AWS에 콘텐츠를 업로드해 고객들이 콘텐츠에 접촉하면서 발생하는 부담을 클라우드에게 넘겼다. 그 결과 성수기와 비수기의 접속 고객 수 격차가 큰 OTT 시장에서 넷플릭스는 IT 자원에 대한 투자와 위험 관리에 신경 쓰지 않고 양질의 콘텐츠 확보에만 집중할 수 있었다. 또한 AWS가 제공하는 인공지능 역량과 컴퓨팅 파워를 활용해 일찍부터 또 저렴하게 인공지능 추천 시스템과 고객 데이터 분석 부문에서 앞서갈 수 있었다.

반면 디즈니를 포함한 많은 콘텐츠 사업자는 클라우드에 대한 막연한 불안감으로 사용을 꺼리다 시장의 상당 부분을 넷플릭스에 빼앗긴 이후 뒤늦게 클라우드를 사용했다. 비슷한 현상이 전자상거래, 여행(숙박), 자율주행 등 여러 분야에서 나타났다. 이제 클라우드 사용은 중후장대 대기업을 포함한 대부분의 미국 기업에 '필수'라는 인식이 확고하게 자리 잡았다. 클라우드는 기술의 한 형태가 아니라, 미래 비즈니스의 새로운 기준을 설정하고 있다.

(6) 클라우드 산업의 빅3

2023년 말 기준, 클라우드 시장은 상위 업체들의 과점이 점점 더 심화되고 있다. 클라우드 인프라 서비스라 불리는 이 시장은 상위 3개사인 아마존, 마이크로소프트, 구글의 전 세계 점유율이 66%이다. 상위 5개 기업을 제외한 나머지 기업들의 시장 점유율은 꾸준히 하락하고 있다.

상위 3사의 클라우드 성장률과 마진율은 상당히 높다. 아마존 클라우드 사업부의 2023년 3분기 매출증가율(yoy)과 영업이익률은 각각 12%와 30%다. 게다가 이 실적은 예년에 비해 하락한 것인데, 2년 전 같은 기간 매출증가율과 영업이익률은 각각 39%와 30%였다. 경쟁사인 마이크로소프트와 구글의 모회사인 알파벳은 매출증가율만 발표했는데, 2023년 3분기 매출증가율은 각각 29%와 22%로 아마존보다 높다. 아마존 클라우드 사업부의 2023년 3분기 누적 매출액이 666억 달러(한화 약 87조 원)에 달한다는 것을 고려하면 최근 성장률이 둔화된 가운데서도 연간 두 자릿수 이상의 매출 성장과 30%에 가까운 영업이익률을 보인 것은 대단하다. 다만 업체별 점유율 추이에서도 확인한 것처럼 아마존의 시장 점유율은 정체된 반면에 마이크로소프트는 빠르

| 클라우드 시장에서의 업체별 점유율 추이

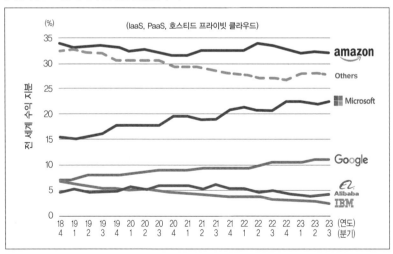

출처 : 시너지 리서치 그룹

게 성장하고 있고, 구글의 점유율도 꾸준히 상승 중이다.

아마존이 업계 1위를 공고히 하는 이유는 무엇일까. 가장 먼저 실질적인 상업용 클라우드 시장을 개화했기 때문이다. 컨설턴트 출신인 제프 베조스Jeff Bezos는 고객 만족과 비용 효율화에 집착하기로 유명하다. 소프트웨어 개발자들이 IT 인프라 구축에 너무 많은 시간을 소모하는 문제를 해결하기 위해 AWS를 개발했을 정도다. AWS는 아마존의 잉여 IT 자원을 활용하기 위해 2006년 3월 14일 처음 외부에 서비스를 제공했는데, 막대한 IT 인프라가 필요했던 실리콘밸리 스타트업들의 큰 호응을 얻었다. 그중 넷플릭스와 에어비앤비 같은 기업은 수혜를 입어 크게 성장했다. 이들의 컴퓨팅 사용량이 크게 증가하고 한번 사용하면 변경이 쉽지 않은 클라우드의 특성으로 아마존의 클라우드 지배력은 공고해졌다. 아마존은 선점 효과와 각종 소프트웨어를 비롯한 다양한 서비스 개발을 비롯하여 소프트웨어 개발자 생태계까지 장악하면서 클라우드 시장에서 지배적인 위치를 확립했다. 실리콘밸리 스타트업의 70% 이상이 AWS를 이용하며, AWS가 주관하는 교육 과정과 자격증들이 클라우드 업계의 표준으로 자리 잡았다.

마이크로소프트는 자칫 아마존 독주로 시장이 굳어질 수 있는 클라우드 시장의 판도를 바꾸었다. 중심에는 2014년 2월 CEO로 취임한 사티아 나델라Satya Nadella가 있다. 나델라 취임 전의 마이크로소프트는 SNS 중심으로 바뀐 인터넷 환경에 전혀 적응하지 못한 PC 중심의 구시대 IT 기업이었다. 클라우드와 기업 서비스를 담당하다 CEO로 취임한 그는 회사 전체를 클라우드 중심으로 완전히 개편해, 3-4년 만에 확고한 2위로 자리 잡았다. 사티아 나델라는 아마존이 놓치고 있던 새로운 시장, 즉 클라우드 전환을 원하는 일반 기업들에 주목했다. 마이크로소프트는 클라우드 사용에 불안감을 느끼는 고객을 위해 클라우드와 고객사 서버를 동시에 사용하면서도 마치 하나의 운영 환경처럼 사용할 수 있는 하이브리드 클라우드를 적극 추진했다. 또 기존 온-프레미스 환경에서 사용하던 SAP이나 오라클의 프로그램들도 클라우드에서 잘 돌아가게 지원했다. 그 결과 클라우드 환경에서도 기존 컴퓨터 환경과 유사한 경험을 제공하는 마이크로소프트로 많은 기업이 몰렸다. 더욱이 하나의 클라우드만 사용할 시 발생 가능한 위험을 분산하는 대안으로 멀티 클라우드가 확산되면서 아마존과의 차이를 더욱 좁힐 수 있었다. 마이크로소프트의 혁신으로 클라우드가 대중화되면서 전 산업에 걸쳐 디지털 트랜스포메이션이 가속화되었다.

구글은 후발주자임에도 강력한 소프트웨어 역량과 모회사인 알파벳의 역량을 기반으로 빠르게 성장하며 업계 3위 자리를 지키고 있다. 클라우드 경쟁에서 세 가지 주요 강점을 가진다. ① 세계 최고 수준의 인공지능과 소프트웨어 기술. ② 검색, 유튜브, 모바일 OS 등 강력한 생태계와 내부 컴퓨팅 수요, ③ 개발자와 혁신 중심의 기업 문화. 알파벳은 이를 바탕으로 텐서플로우TensorFlow와 TPUTensor Processing Unit, 쿠버네티스Kubernetes 같은 혁신적인 기술을 개발해 클라우드 서비스를 강화했다. 이들은 구글 클라우드에서 특히 강력하게 작동하며, 쿠버네티스는 업계 표준이 되었다.

경량화된 자료만으로 애플리케이션을 구동할 수 있는 컨테이너의

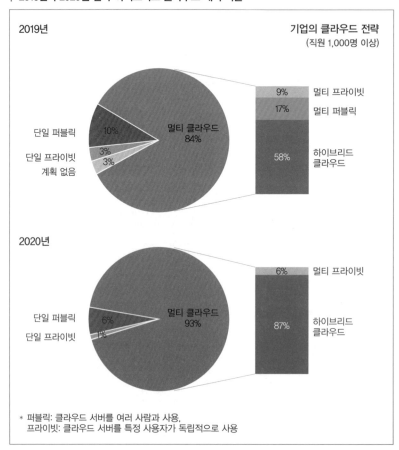

2019년

기업의 클라우드 전략
(직원 1,000명 이상)

멀티 프라이빗 9%
멀티 퍼블릭 17%

단일 퍼블릭 10%
멀티 클라우드 84%
단일 프라이빗 3%
계획 없음 3%

하이브리드 클라우드 58%

2020년

멀티 프라이빗 6%

단일 퍼블릭 6%
멀티 클라우드 93%
단일 프라이빗

하이브리드 클라우드 87%

* 퍼블릭: 클라우드 서버를 여러 사람과 사용,
  프라이빗: 클라우드 서버를 특정 사용자가 독립적으로 사용

출처 : 플렉세라

배포, 확장, 관리를 자동화하는 소프트웨어인 쿠버네티스가 후발주자
라는 핸디캡에도 불구하고 업계 표준이 된 것은 구글의 강력한 개발
능력과 오픈 소스로의 개방, 그리고 지속적인 개선과 배포로 이룬 성
과 덕분이다. 다만 전통적인 고객과의 소통과 협업 면에서는 다소 한

	아마존 AWS	마이크로소프트 애저	구글 클라우드
점유율/ 매출성장률	32%/12%	23%/29%	11%/22%
강점	• 업계 최초·최대 선점 효과와 상징성 • 실리콘밸리의 개발자 생태계 선점 • 전자상거래에서 사용하는 컴퓨팅 파워와의 시너지 • 클라우드 서버와 관련 설비를 저가에 구비하는 역량 탁월	• 강력한 리더십 • 전통적인 소프트웨어 기술과 문화 구비 • 전통적인 기업용 소프트웨어 고객과 소프트웨어 회사들과 긴밀한 관계로, 이들과의 사업적 확장 용이 • 오픈AI와 협업을 통해 클라우드와 관련 높은 인공지능 분야 선점	• 자체 오픈 소스·인공지능 소프트웨어 경쟁력에서 업계 최고 수준 • 강력한 기술 기반의 회사 역량과 문화가 실리콘밸리 개발자 문화를 잘 이해 • 구글 검색·유튜브·모바일 OS 같은 생태계에서 업계 최고 수준 • 강력한 내부 수요를 기반으로 막강한 컴퓨팅 파워과 개발 역량이 클라우드 사업에서 시너지 발휘 가능
약점	• 창업자가 기술 기반이 아닌 컨설팅 출신이라는 데서 오는 엔지니어링 문화 한계 • 강력한 리더십 부족 • 클라우드 고객 혹은 사업 파트너가 될 전통적 소프트웨어 기업들과의 관계 취약	• 자체적인 오픈 소프·인공지능 소프트웨어 경쟁력에서 구글 클라우드에 비해 열위 • 아마존 전자상거래와 구글 검색·유튜브·모바일 OS 같은 생태계 미비 • 우군이 될 개발자 생태계 측면에서 다른 2곳에 비해 취약(약점 보완을 위해 깃허브 인수)	• 강력한 리더십 부족 • 클라우드 고객 혹은 사업 파트너가 될 전통 소프트웨어 기업들과 관계 취약 • 상위 2개사 대비 규모 면에서 열위 • 후발주자임에도 클라우드 시장에서 시장을 반전시킬 핵심 제품이나 전략 부재

출처 : 시너지 리서치 그룹

* 1. 점유율과 매출성장률은 2023년 3분기 기준, 2. 점유율 자료는 시너지 리서치 그룹, 매출성장률은 각사 공시 자료 참조, 3. 2023년 3분기 클라우드 시장 성장률은 18%

계를 보여 아쉽다. 기술 중심의 너드Nerd 문화가 강한 알파벳은 제조업이나 소프트웨어 회사들과 문화와 너무 다르고, 교류한 역사가 짧다. 이 때문인지 구글 클라우드의 매출성장율은 구글보다 매출이 훨씬 큰 마이크로소프트보다도 낮다. 아직은 이를 극복할 강력한 리더십이 보이지 않는다.

클라우드 산업의 선두주자인 빅3은 규모의 경제와 신뢰성으로 경쟁 우위를 견고히 유지하고 있다. 지속적인 투자로 선두를 지키는 중인데, 뱅크오브아메리카에 따르면 빅3의 2024년 자본 지출은 2023년보다 22% 증가한 1,160억 달러로 예상된다.

한편 빅3 체제에 대해 지속적인 도전이 이어지고 있다. 특히 미국 외 지역에서는 국가 차원의 대응이 눈에 띈다. 기업 정보가 클라우드에 저장되면서 정보 유출 우려와 함께 오랜 사용으로 인한 종속성 문제가 대두되었다. 이에 따라 산업 육성과 안보 측면에서 미국 중심의 클라우드 생태계에 대한 염려가 커지는데 여러 나라에서 자체 클라우드 산업을 키우려는 움직임을 보였다. 중국은 한때 클라우드 시장의 판도를 바꿀 수 있다고 할 정도로 강력했고, 독일을 중심으로 한 유럽의 반격도 만만치 않았다.

중국 인터넷 시장은 해외 기업의 진입을 막으면서 자국 중심으로 이루어졌는데, 클라우드도 예외가 아니었다. 알리바바는 아마존처럼 전자상거래에서 쌓은 역량과 중국 정부의 지원으로 중국 CIPS(공공 조달과 공급) 분야에서 1위를 차지하면서 빠르게 성장했다. 그 뒤를 텐센트와 바이두 등이 추격했다. 이렇게 성장한 중국 클라우드 기업들은 2020년을 전후하여 해외로 뻗어 나가기 시작했다. 2019-2021년에 아시아·태평양 지역에서의 클라우드 업체 점유율을 보면, 알리바바가 전체 2위를 고수하고 있지만 텐센트와 바이두도 상위권에 포진되어 있

순위	전체	중국	일본	기타 동아시아	동남 및 남부아시아	오세아니아
1위	아마존	알리바바	아마존	아마존	아마존	아마존
2위	마이크로 소프트	텐센트	마이크로 소프트	마이크로 소프트	마이크로 소프트	마이크로 소프트
3위	마이크로 소프트	바이두	후지쯔	구글	구글	구글
4위	텐센트	차이나 텔레콤	NTT	알리바바	알리바바	텔스트라
5위	구글	화웨이	구글	네이버	IBM	IBM
6위	바이두	차이나 유니콤	소프트뱅크	KT	NTT	알리바바

출처 : 시너지 리서치 그룹

다. 물론 시장 규모가 큰 중국 시장을 중국 회사들이 과점한 영향이 크지만 알리바바는 중국 외 지역에서도 상위권을 차지했다.

미국 정부 입장에서도 중국 클라우드 기업의 성장세는 심각한 위협으로 인식되었다. 미국 정부는 규제를 통해 중국 클라우드 기업의 성장을 막았다. 널리 알려진 것이 틱톡TikTok과 화웨이Huawei다. 반도체 공급 중단은 중국 클라우드 기업들에게 심각한 타격을 주었고, 중국산 반도체로의 전환은 기술적 열위로 이어져 글로벌 경쟁에서 뒤처질 위험이 있다.

중국 클라우드 기업의 성장세는 아시아 지역에서도 둔화 조짐이 포착 중이다. 2021년 4분기 중국과 일본 외 동아시아와 오세아니아에서 알리바바의 점유율 순위가 하락했고, 그 자리에 구글과 IBM이 올라왔다.

유럽도 미국 기업 중심의 클라우드 체제에 대응하고자 뭉쳤다. 그 결실이 2019년 출범한 가이아-X^{Gaia-X}다. 이 프로젝트는 데이터 주권과 자결권을 확보하기 위해 유럽연합^{EU} 집행위원회가 2019년에 착수한 프로젝트다. 유럽의 가치와 원칙이 반영된 새로운 클라우드 플랫폼 구현을 목표로 정부, 하드웨어 및 소프트웨어 기업, 클라우드 서비스를 이용하는 기업이 함께 참여한다. 가장 중요한 가치는 분산, 연합, 상호 운영이다. 가이아-X는 빅3의 점유율이 압도적으로 높은 오늘날, 디지털 트랜스포메이션 전환 시 유럽 기업의 노하우가 유출될 수 있다는 우려에서 비롯되었다. 하지만 참여 기업들 사이의 내분에 프랑스와 독일의 갈등이 더해져 구현이 지연되고 있다. 결과적으로 유럽 내 클라우드 빅3의 점유율은 더욱 높아지고 있다. 2020년에 유럽 전체 시장의 3/4을 장악한 상위 6개 기업은 (순위 순서로) 아마존, 마이크로소프트, 구글, IBM, 세일즈포스^{Salesforce}, 도이치텔레콤이다. 2022년에는 미국 빅3의 점유율만으로도 70%를 넘었다.

클라우드 빅3의 독주는 계속될까? 현재로는 그럴 가능성이 높지만 변화의 여지는 있다. 클라우드 시장은 인터넷 환경의 큰 변화와 함께 발전해 왔다. 인터넷 플랫폼과 구독형 소프트웨어가 늘어나면서 아마존 AWS가 나왔고, 이후 일반 기업의 클라우드 사용이 필수가 되자 이들을 지원하는 마이크로소프트가 업계 2위로 부상했다. 또한 중국 IT 산업의 성장과 이에 대한 미국 정부의 규제는 중국 클라우드 기업의 부상과 억제로 이어졌다. 앞으로도 대규모 인터넷 환경의 변화가 나타난다면 클라우드 시장의 판도가 다시 달라질 수 있다.

(7) 새로운 게임 체인저,
사물 인터넷과 우주 인터넷

향후 클라우드 시장의 변화를 이끌 것으로 기대하는 것은 사물 인터넷Internet of Things, IoT과 우주 인터넷이다. 사물 인터넷이 활성화되면 자율주행을 포함한 다양한 기기의 상호 통신이 인터넷 트래픽을 급증시켜 클라우드 수요를 크게 증가시킬 것이다. 또한 우주 인터넷의 등장은 전 세계 어디서든 고속 인터넷을 가능케 하여 클라우드 수요를 더욱 부추길 것으로 보인다. 특히 우주 인터넷은 제대로 구현되지 못한 5G의 통신 용량과 속도 제약으로 발전이 더뎠던 IoT 발전을 촉진할 수 있다. 실제로 2030년을 목표로 하는 6G에서 우주 인터넷을 적용하는 안이 진지하게 논의되고 있다. 6G 통신이 아니더라도 우주 인터넷이 전 세계에서 사물 간 지속적 통신을 가능하게 하면 IoT는 크게 성장할 수 있다. 한편 위성통신의 확대는 우주에서 보낸 데이터를 받아서 처리하는 클라우드 확대로 이어진다. 러시아·우크라이나 전쟁으로 전 세계에 우주 인터넷의 효용이 확인되었기에 우주 인터넷과 사물 인터넷을 확대하려는 시도는 먼 미래가 아닌 당장 2024년에 크게 늘 전망이다.

2022년에 스타링크는 비즈니스 서비스를 출시하면서 로열캐리비

안크루즈를 포함한 여러 크루즈 회사들에 고속 인터넷을 제공했다. 2023년 11월 29일에 KT는 대한민국에도 스타링크 서비스를 도입한다고 밝혔다. 스페이스X는 2023년에 100번의 로켓 발사를 달성하고 2024년에는 144번의 발사를 목표로 함으로써 스타링크의 위성통신 능력을 확장하고 위성 휴대폰 서비스를 출시할 계획이다. 스페이스X는 2023년 11월 8일에 발사된 80번째 로켓에 23개의 스타링크 위성을 실었는데, 2024년에는 1천 단위로 위성이 추가될 수도 있다. 스타링크 성능이 더욱 개선된다면 테슬라 자동차의 인터넷 연결과 자율주행 기능에도 스페이스X 통신망이 활용될 수 있다.

스타링크에 이어 원웹Oneweb은 2023년 6월 말 유럽과 미국에서 서비스를 시작했고 2023년 말까지 글로벌 서비스를 제공할 계획이다. 원웹의 주요 주주 중 하나인 한화시스템은 2023년 11월 24일 원웹과 국내 저궤도 위성통신 유통·공급 계약을 체결했다고 밝혔다. 이밖에 아마존을 포함한 다수의 사업자도 우주 통신을 위한 인공위성 발사에 박차를 가하고 있으며, 스타링크가 2024년에 출시한다고 밝힌 위성 휴대폰 서비스도 많은 기업이 관심을 보이고 있다. 애플은 2022년 9월 또 다른 위성통신 회사인 글로벌스타Globalstar와의 제휴를 통해 아이폰14 이용자들이 위성을 통해 긴급 메시지를 보낼 수 있는 서비스를 출시한다고 발표했고, 실제로 출시했다. 휴대폰에서 위성통신을 적용하는 것도 우주 인터넷 활성화에 따라 언제든지 확대될 수 있다.

사물 인터넷과 우주 인터넷을 앞장서 이끌며 대규모 컴퓨팅 파워에 투자한 테슬라, 애플, 메타 같은 기업이 클라우드 시장에 새롭게 도전할 수 있었다. 이 중 테슬라는 스페이스X와 관련 있고, 자율주행 분야의 선두주자라 유리한 위치에 있다. 또 자체 클라우드를 운영 중이다. 어쩌면 애플도 향후 애플 생태계 확장과 애플카를 통해 클라우드 시장에 참전할 수 있다. 이들의 움직임이 클라우드 시장의 기존 질서를 변화시킬 가능성이 있다.

2

인공지능의 도래를 이끈
클라우드와 소프트웨어의 성장

(1) 본격적인
인공지능 시대의 도래

2023년 최고의 화두는 ChatGPT였다. 지난 수년 동안 인공지능의 발전에도 불구하고, 많은 이들에게 인공지능은 먼 얘기였다. 하지만 ChatGPT는 인간만의 영역으로 간주된 수많은 정신노동이 인공지능으로 대체되거나 크게 바뀔 수 있음을 확인시켰다. 인공지능이 이동하는 기계와 결합되면 로봇 산업이 바뀌고, 로봇 산업의 변화는 오프라인 세상을 바꾼다. 2023년에 대한민국 증시에서 협동 로봇 테마주 열풍이 불었고, 2022년 9월 조잡한 형태의 프로토타입으로 첫선을 보인 테슬라봇이 1년도 안 된 2023년 9월에 매우 유연한 동작을 수행할 수 있게 된 것은 결코 우연이 아니다.

인공지능은 어떻게 이토록 빠르게 발전할 수 있었을까? 인공지능의 급속한 발전 뒤에는 클라우드와 소프트웨어의 진화가 있다. ChatGPT 같은 LLM 기반의 대형 모델 인공지능은 본질적으로 소프트웨어다. 또한 하이퍼-스케일 데이터센터 없이는 학습도, 학습된 알고리즘으로 작업을 수행하는 추론도 불가능하다. 즉 인공지능 발전을 이해하기 위해서는 클라우드와 소프트웨어의 발전 과정을 알아야 한다.

클라우드의 핵심은 하드웨어가 아니라 그것을 통합하고 최적화하는 소프트웨어의 힘에 있다. 하이퍼-스케일 데이터센터를 운영하는 것은 복잡한 작업이다. 수많은 서버를 효율적으로 관리하고, 데이터를 신속하게 처리하며, 시스템을 안정적으로 유지하기 위한 고도의 소프트웨어가 필요하다. 즉 데이터센터로 들어온 데이터를 가능한 한 이것을 빠르고 효과적으로 처리할 수 있는 컴퓨팅 자원으로 보내고, 이렇게 처리된 데이터를 빠르게 저장하거나 외부로 보내기 위해서는 데이터센터 네트워크가 효과적으로 작동해야 한다.

또한 하이퍼-스케일 데이터센터는 시간이 지남에 따라 다양한 컴퓨팅 자원이 혼합되어 복잡해진다. AMD CPU부터 ARM 기반 CPU까지 다양한 부품이 사용되기에 이 모두를 24시간 문제없이 운영하며 필요에 따라 서버를 확장할 수 있는 유연한 아키텍처 구축이 필수다. 데이터센터 운영에는 좋은 CPU나 GPU 구비 이상의, 데이터센터 전반을 잘 관리할 수 있는 높은 수준의 소프트웨어 자원이 뒷받침되어야 한다.

하이퍼-스케일 데이터센터에서는 데이터 저장, 인공지능 연산, 전체 과정 컨트롤이 각각 다른 서버에서 효율적으로 이루어진다. 즉 특정 데이터는 A서버의 스토리지에 저장되고, 인공지능 연산은 B서버의 AI 가속기에서 처리되고, 전체 과정 컨트롤은 C서버의 CPU에서 처리 가능하다. 심지어 이런 분배가 수십 분의 1초 단위로 바뀔 수 있는데, 1초 전 B서버의 AI 가속기에서 처리하던 인공지능 연산을 방금 자리가 빈 D서버의 AI 가속기에서 처리하고, B서버의 AI 가속기는 다른 효과적인 업무를 수행할 수 있다. 한마디로 소프트웨어 업데이트만으로 클라우드 생산성을 크게 높일 수 있다.

여기 관련된 기술이 가상화Virtualization다. 컴퓨터 하드웨어 플랫폼, 저장 장치, 컴퓨터 네트워크 자원 등 하드웨어 스택을 실제가 아닌 가상 버전으로 만드는 기술이다. 이를테면 하나의 서버에 저장 공간을 둘로 나눠 두 개의 컴퓨터처럼 사용하거나 서버 여러 개의 CPU를 하나의 컴퓨터 CPU처럼 사용할 수 있다. 가상화는 과거 온-프레미스 위주의 서버 환경에서도 존재하던 기술이었지만, 클라우드에서는 더욱 발전해 실시간으로 가상화된 컴퓨팅 자원을 나누거나 합칠 수 있다. 경량화된 자료만으로 애플리케이션을 구동할 수 있는 컨테이너 오케스트레이션 기술도 가상화 기술을 적용한 것이다.

HCIHyper Converged Infrastructure는 모든 IT 요소를 가상화해 하나의 유연한 시스템을 만드는 기술이다. 표준화된 서버를 소프트웨어로 연결하여 컴퓨팅 리소스를 필요에 따라 유연하고 자유롭게 조정할 수 있는 인프라스트럭처 기술이다. 이를 통해 기업은 관리가 용이한 고성능, 고

효율의 하이퍼-스케일 데이터센터를 구축할 수 있다. 투자자가 HCI의 기술적이고 자세한 내용을 알 필요는 없지만, 결과는 기억할 만하다. 중요한 것은 HCI 같은 소프트웨어 혁신이 클라우드 컴퓨팅의 성능을 획기적으로 향상시키고, 향상된 컴퓨팅 성능이 다시 소프트웨어의 발전을 가속화하는 상호 강화 과정이다.

클라우드와 소프트웨어가 서로 성능을 확대하는 작용이 반복되면서, IT 산업은 반도체 성능 개선이 느려진 최근에도 빠르게 성장할 수 있었다. 하드웨어의 점진적인 성능 개선에도 불구하고 투자자라면 클라우드와 소프트웨어의 기하급수적 성장에 확신을 가지고 장기 투자해야 한다. 동시에 성능 개선 시 클라우드 전체 성능을 크게 높일 수 있는 반도체는 경기와 상관없이 공격적인 투자가 가능함을 확신해야 한다. 단, 이때 반도체는 물량 증가가 아닌 '큰 폭의 질적 개선으로 성능 대비 비용이 감소하는 분야로 한정'한다. 이런 투자 전략은 2024년에도 지속되고 더욱 강화될 것이다.

(2) 기업 가치를 바꾼 클라우드 기반의 소프트웨어

클라우드 출현이 소프트웨어 산업에 가져온 구조적 변화를 간단히 정리하면 ① 오픈 소스와 협력적 경쟁 증가, ② 소프트웨어 성능과 플랫폼을 중심으로 한 경쟁 강화, ③ aaS 모델을 통한 구독형 서비스 확산이다.

클라우드로 인한 소프트웨어의 변화가 기업 가치에 어떤 영향을 미치는지 보자. 클라우드를 통해 소프트웨어를 구독형으로 판매하면 동일한 제품을 이전 방식으로 팔 때보다 기업 가치가 상승한다. 우선 초기 구입비 부담이 줄어 추가 수요를 유발하고, 신제품 출시 시 기존 고객의 자연스러운 전환을 유도한다. 그리고 구독 모델은 가격 상승이 용이하고, 비교적 고가 제품의 판매가 쉽다. 추가로 불법 복제에 대한 부담과 비용이 줄고, 클라우드 구독료에 더해져 과금되기에 대금 회수도 용이하다. 또 매출이 매달 연속적으로 발생한다. 특히 기업 고객의 경우 한번 발생한 매출이 꾸준히 발생하여 매출의 안정성을 높이고 기업 가치를 끌어올린다.

기존 고객을 대상으로 부가적인 제품 구매를 유도할 때는 외부 개발자가 자유롭게 공급하는 앱스토어 방식을 적용할 수도 있다. 이 경우 앱스토어 관리로 인한 추가 수익이 발생한다. 대표 기업이 세일즈포스다. 영업과 마케팅을 지원하는 클라우드 기반의 소프트웨어를 제공하는 세일즈포스가 운영하는 앱스토어인 앱익스체인지AppExchange에는 8,000개 이상의 파트너가 공급하는 1,100만 개 이상의 앱이 올라와 있다. 세일즈포스 고객의 91% 이상이 앱익스체인지를 사용한다. 이런 플랫폼은 고객의 다른 소프트웨어로의 전환을 막는, 자물쇠 효과를 발생시킨다.

클라우드 구독형 모델을 통해 소프트웨어 기업의 매출과 시가총액은 더 커짐으로써 강력한 소프트웨어 생태계가 구축되고, 이는 다시

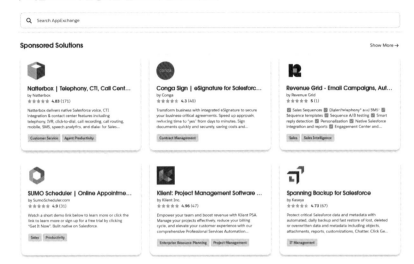

출처 : 세일즈포스

클라우드 성장으로 이어진다. 세일즈포스는 1999년 사업을 시작할 때부터 클라우드 기반의 사업 모델로 출발했는데, 2024년 1월 26일 기준약 2,710억 달러(한화 약 363조 원)의 시가총액을 기록했다. 같은 날 대한민국 시가총액 2위였던 SK하이닉스(약 99조 원)의 3.7배 규모다.

클라우드 구독형 기업은 전통 방식인 주가수익비율PER로 측정 시 늘비싸고, PER이 주가에 미치는 영향이 제한적이라 특화된 평가지표를살펴볼 필요가 있다. 이들 기업이 ① 일정 기간 수익이 꾸준히 발생하면서 성장하고, ② 원가가 대부분 고정비라 매출 증가에 따른 이익 개선의 폭이 크며, ③ 대형 기업의 경우 플랫폼 기업으로 성장할 수 있기때문이다. 가령 대규모 수주가 매출과 이익이 크게 늘어나는 조선 회사나 감가상각을 제외한 현금 흐름이 많고 안정적인 수익이 나오는 통신 회사가 회계이익에 기반한 PER로 기업 가치를 평가하는 게 부적절한 것과 비슷하다. 조선 회사들은 당장의 회계이익보다는 신규 수주와 수주 잔량이, 통신 회사는 회계이익이 아닌 EBITDA(세전·이자지급전이익)나 현금 흐름 지표인 영업현금흐름^{OCF}이나 미래현금흐름^{FCF}으로 평가하는 편이 적절하다. 마찬가지로 클라우드 구독형 기업의 평가에는 Booking(예약), Billing(청구), Deferred Revenue(이연 수익), RPO$^{Remaining Performance Obligation}$(수주 잔고), ARR$^{Annualized Recurring Revenue}$(연간 지속가능 매출) 등의 지표가 많이 사용된다.

이들을 본격적으로 살펴보기에 앞서 SaaS 기업들이 고객과 어떻게 계약하고 대금을 수령하는지 간단히 알아보자. 고객은 보통 1년, 2년, 3년 등 기간을 설정해 계약을 체결하고, 상황에 따라 월간 계약도 한다. 다만 계약 기간이 길면 일반적으로 할인 폭도 크다. 사용료는 월간, 분기, 연간으로 나눠 지불하는데, 첫 기간의 사용료는 계약 시점에 선불로 지급한다. SaaS 고객은 대체로 기업이라 보통은 계약 기간을 장기간 유지하고, 한번 기간을 설정하면 대개 계약이 유지되기 때문에 총 계약 규모는 아직 기간 종료 전이라 회계상 매출로 인식하지 못해도 실현 가능성이 높은 매출로 볼 수 있다. 다만 금융 회사의 대출처럼 경상적인 해지율을 고려해 미래 수익의 추정치를 조정한다.

[3] 구독형 소프트웨어 기업의 기업 가치 측정

사례를 통해 구독형 소프트웨어 기업의 매출 증가를 보자. 예를 들어 한 회사가 2023년 2분기(2023년 4-6월) 동안 2년 계약으로 연간 1만 2,000달러(분기별 지급, 첫 분기 지급액 3,000달러는 계약일인 5월 1일 지급)와 월 1,200달러씩 6개월간 지급하는 계약을 체결했다고 가정하자. 이 사례에서 2023년 2분기에 회계적으로 인식하는 매출Revenue은 계약 금액 중 현재 진행된 2개월치(5월과 6월)를 고려한 4,400달러(=1만 2,000달러×2/12+1,200달러×2)다.

- Booking(예약)은 특정 기간 동안 이루어진 계약 기간 전체 금액이다. 이 사례에서 이번 분기 Booking은 3만 1,200달러(=1만 2,000달러×2+1,200달러×6)다. 건설업 회계에서 이번 분기 신규 수주와 비슷한 개념이다.
- Billing(청구)은 해당 기간 동안 청구할 수 있는 금액이다. 이 사례에서는 첫 번째 계약의 첫 분기분과 두 번째 계약의 월간 청구액을 더하면 해당 분기 Booking은 5,400달러(=1만 2,000달러/4+1,200달러×2)다. Billing은 실제로 현금을 수령할 권리가 발생하기 때문에 Billing 규모가 크다는 것은 회사의 현금 흐름이 양호함을 의미한다.
- Deferred Revenue(이연 매출)는 Billing 중에서 아직 매출로 인식

하지 않은 금액이다. 이 사례에서는 1,000달러(=5,400달러−4,400달러)다.

- RPO(잔여성과의무)는 Deferred Revenue(이연 수익)과 향후 취소할 수 없는 계약상 의무인 Backlog(수주 잔량)의 합이다. 이 사례에서는 2만 6,800달러(=1,000달러+1만 2,000달러×(2-1/4)+1,200달러×4)다. 한편 cRPO(현재 잔여성과의무)는 향후 12개월 동안 제공해야 하는 RPO로 이 사례에서는 1만 7,800달러(1,000달러+1만 2,000달러+1,200달러×4)다. RPO는 건설업 회계에서 계약 잔액 내지 수주 잔고와 비슷한 개념이다. 건설업 회계가 적용되는 조선이나 건설 회사가 기업 가치 평가 시 수주 잔고를 중요하게 보는 것처럼 SaaS 기업들도 이를 중요하게 보고 많은 기업이 그 내역을 적극 공시한다.

- ARR은 연간 구독을 기준으로 예상할 수 있는 반복 수익을 보여주는 지표다. 1년 미만 구독과 중간에 취소한 구독은 제외한다. 이 사례에서는 1만 2,000달러다. 구독 서비스의 연간 수익을 측정하는 데 자주 사용된다.

이 지표들은 SaaS 기업들이 매출을 어떻게 인식하고 예측하는지 이해하는 데 중요하다. 예를 들어 조선 회사가 신규 수주와 수주 잔량을 기준으로 가치를 평가하는 것처럼, SaaS 기업들도 RPO 혹은 ARR 증가세를 기반으로 기업 가치를 평가한다. 이들 기업의 가치가 전통적인 기업들보다 높은 이유다. 물론 이 경우 구독 서비스의 성장세가 정체

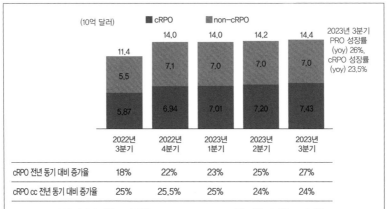

	2022년 3분기	2022년 4분기	2023년 1분기	2023년 2분기	2023년 3분기
cRPO 전년 동기 대비 증가율	18%	22%	23%	25%	27%
cRPO cc 전년 동기 대비 증가율	25%	25.5%	25%	24%	24%

* cRPO: 12개월 이내에 매출로 인식할 RPO, non-cRPO: 12개월 이후에 매출로 인식할 RPO, cc: 환율 변동의 부작용을 상쇄하기 위해 고정 환율을 적용하는 것

출처 : 서비스나우

되면 기업 가치 계산 기준이 현재 수익에 맞춰져 가치가 급락할 수 있다. 코로나 팬데믹 호황의 역기저가 발생한 2022년 SasS 기업들의 주가가 급락한 이유다. 하지만 구독 서비스 성장이 확인되면 전통적 회계이익에 기반한 수익이 아닌, 미래 구독 매출에 기반한 실적 기반 기업 가치로 회귀한다.

그런 측면에서 2023년 3분기 실적이 발표된 이후의 소프트웨어 기업들을 다시 볼 필요가 있다. 코로나 19에 의한 변동성이 소멸된 상태에서의 성과를 반영한 실적이기 때문이다. 실제로 2023년 3분기 실적 발표 이후 일부 소프트웨어 기업의 주가가 빠르게 상승했다. 구독 서비스에 기반한 성장을 확인한 진짜 실력 있는 기업일 가능성이 크기 때문이다. 기업 대상 구독 서비스는 지속성이 커, 이번에 좋은 실적을 보인 기업들은 2024년에도 실적이 견조할 가능성이 높다. 그리고 이런 기업을 평가할 때는 구독 서비스 성장에 기반한 앞선 지표들에 근거한 가치로 평가해야 제대로 투자할 수 있다.

(4) 클라우드 기반
소프트웨어 산업의 주요 분야

클라우드 도입 이후 소프트웨어 산업이 전반적으로 크게 성장했지만 특히 사이버 보안, IT 서비스 관리^{ITSM}, 데이터 웨어하우스와 데이터 레이크 등에서 성장했다. 이 분야들에서는 클라우드에 최적화된 신생 기업들이 전통 강자를 제치고 선두로 부상 중이다. 클라우드 환경에 맞춰 의미 있는 사업화를 이루어 낸 기업들이 주도하고 있다.

사이버 보안은 중요도가 크다. 여기 의구심이 들면 클라우드 사업 자체를 영위할 수 없을 정도다. 특히 사이버 해킹이 국가 안보 이슈로 부각되고, 모바일 기기와 IoT가 확산되는 환경에서 클라우드 방식의 보안이 더욱 중요해지고 있다.

클라우드에서는 물리적 보안 체계와 중앙 집중형 방식^{Hub-and-Spoke}이 아닌, 인공지능을 활용한 소프트웨어 차원의 보안이 필요하다. 이를 통해 개별 디바이스가 클라우드로 연결되는 과정에서 나타나는 이상 징후를 사전 혹은 사건 발생 즉시 포착하고 대응하는 방식^{Direct-to-Cloud}으로 보안이 진화한다.

이 과정에서 전용 WAN과 물리적 방화벽으로 보안 문제를 처리하던 과거의 강자인 IBM, 오라클Oracle, 시스코Cisco, 시멘텍Symantec, 맥아피McAfee 같은 기업은 상대적으로 약화되고, 클라우드와 인공지능에 기반한 보안 시스템을 구축한 신생 기업인 크라우드스트라이크Crowdstrike, 지스케일러Zscaler, 옥타Okta, 그리고 전통 보안 회사에서 클라우드 환경 변화에 잘 적응한 팔로알토 네트웍스Palo Alto Network, 사이버아크CyberArk 같은 기업이 부상했다. 향후 IoT와 우주 통신이 늘어나고 오프라인 세계가 디지털과 하나가 되는 디지털 트랜스포메이션이 확산될수록 관련 기업의 가치도 빠르게 올라갈 것이다.

ITSM은 IT 서비스를 설계, 구축, 제공, 운영 및 제어하기 위해 고객 기업 내 IT 관리 부서에서 수행하는 활동이다. 이를테면 회사 전산실에서 사내 인사 시스템 솔루션을 관리하고 그 회사에 최적화된 차세대 전산 시스템을 구축하는 업무가 여기 해당된다. ITSM은 네트워크나 IT 시스템 관리 같은 기술 중심의 사내 IT 자원을 관리하는 ITOMIT Operation Management(IT 운영·관리)과 달리 고객이 직접 사용하는 IT 서비스에 초점을 맞춘다는 점에서 차이가 있다. 디지털 트랜스포메이션이 강조되면서 ITSM의 중요도가 더 커졌다.

최근 많은 기업이 온라인상에서 업무 과제를 공유하고 소통하는 데 사용되는 소프트웨어 대부분이 SaaS 형태이다. 다만 SaaS 소프트웨어는 그 수가 많고 자주 바뀌어 이들의 효과적인 관리가 중요 과제다.

예를 들어, 새 직원이 입사했을 때 그에 관한 정보를 모든 SaaS 프로그램에 정확하게 입력하고 그가 원격으로 접속했을 때 필요한 권한과 다양한 SaaS 소프트웨어를 신속하게 제공해야 한다. 또한 회사에 새로운 소프트웨어를 도입할 때는 해당 소프트웨어와 기존에 사용하던 온-프레미스 및 SaaS 소프트웨어가 효과적으로 연동되게 하고 사용자가 소프트웨어를 쉽게 이해하고 사용할 수 있도록 지원해야 한다. 이 복잡한 과제를 해결하기 위해 많은 기업이 클라우드 기반의 IT 관리 도구를 도입하고 있다. 특히 IT 운영에 인공지능을 적극 활용하는 AIOps Artificial Intelligence for IT Operations(IT 운영을 위한 인공지능) 도입은 ITSM을 통합적으로 관리하고 자동화하는 데 큰 도움이 된다. 빅데이터, 최신 머신러닝 및 고급 분석 기술을 활용해 IT 운영의 효율성을 높여 주어서다.

서비스나우ServiceNow는 정체된 ITSM 시장에서 클라우드 기반 서비스를 제공하며 시장 성장을 견인해 업계 1위로 자리 잡았다. 2021년 매출이 전년 동기 대비 23.6% 증가하면서 40.1%의 시장 점유율을 차지했다. 2위인 아틀라시안Atlassian도 클라우드에 기반한 회사로, 양사 점유율을 합치면 60%가 넘는다. 이들로 ITSM의 전통 강자인 BMC, HP, CA(현재 브로드컴에 피인수), IBM 등은 시장 점유율 10% 이내의 하위 사업자로 추락했다.

데이터 웨어하우스와 데이터 레이크는 기업이 수집한 데이터를 효율적으로 저장, 관리하는 플랫폼이다. 인공지능 시대에는 기업이 가진 다양한 데이터가 강력한 자산이 될 수 있다. 그러나 많은 기업이 데이터를 디지털 형태로 잘 정리하고 관리하지 못하고 있다. 많은 데이터가 직원들의 기억과 경험이나 종이 서류 같은 비디지털 형태로 남아

있거나, 디지털화되었더라도 온-프레미스 시대의 정형화된 데이터베이스 틀에 맞춰 구축되어 있다. 또 비정형 데이터는 제대로 분석되지 않고 삭제되는 경우가 많다. 이런 관리 방식은 클라우드에 기반한 디지털 시대에 기업의 성장만이 아니라 생존을 위협할 수 있다. 최근의 보안은 회사 내에서 로그인 정보를 포함한 로그 정보의 패턴을 인공지능에 실시간 업데이트해 사이버 해킹을 사전에 파악하고, 혹시 있을 공격에 따른 대응책을 준비한다. 이에 필요한 기업 데이터는 시간이 지남에 따라 계속 바뀔 수 있다. 그에 맞는 빅데이터를 제대로 관리하지 못하면 아무리 뛰어난 SaaS 보안 회사를 이용해도 효과가 크게 반감된다. 더욱이 클라우드를 통해 막대한 빅데이터 처리가 가능해지면서 과거에는 사용하기 힘든 데이터들도 중요한 데이터가 되고 있다.

데이터 웨어하우스는 다양한 출처에서 온 데이터를 모아 분석하기 쉬운 형태로 정리하는 시스템이다. 이 과정에서 데이터는 추출Extract, 변화Transform, 통합Load되는데, 이를 ETL 과정이라고 한다. 데이터 웨어하우스는 데이터를 저장하기 전에 특정한 스키마Schema(구조)를 적용하여 사용자가 데이터를 쉽게 분석할 수 있도록 한다. 이와 달리 일반 데이터베이스 시스템은 데이터를 기록하고, 읽기와 쓰기 작업에만 초점을 맞춘다. 데이터 웨어하우스는 대규모 데이터 분석에 유용하게 사용된다. 대표적으로 아마존 AWS 레드시프트Redshift, 구글 빅쿼리BigQuery, 마이크로소프트 애저 시냅스 애널리틱스Azure Synapse Analytics, IBM DB2 웨더하우스DB2 Warehouse, 오라클 오토머스 데이터 웨어하우스Autonomous Data Warehouse, SAP 데이터스피어Dataspere, 스노우플레이크Snowflake 등이다. 스노우플레이크는 2012년에 설립되어 2020년에 상장된 회사로, 이 회사의 소프트웨어는 빅3 클라우드를 포함한 다양한 클라우드에서 작동한다. 스노우플레이크는 회사가 저장한 데이터를 판매하는 데이터 커머스 사업을 한다.

데이터 레이크는 다양한 형태(정형, 반정형, 비정형)의 데이터를 원형 Raw Data 그대로 특별히 정해진 목적 없이 효율적으로 저장하는 시스템이다. 딥러닝 기반 인공지능에서 사용이 확대되고 있는 비정형 데이터를 효과적으로 처리할 수 있어 더욱 주목받고 있다. 다만 데이터 레이크는 원데이터를 직접 다루고, 다양한 원데이터 속에서 필요한 데이터를 추출하기 위한 인공지능을 잘 사용할 수 있어야 해서 일반 사용의 사용이 쉽지 않다. 그래서 데이터 레이크는 데이터 레이크를 그대로 활용하는 방식Case 1과 데이터 레이크와 별도로 일반 사용자도 사용이 용이하게 별도의 ETLExtract, Transform, Load 처리된 데이터 마켓을 구축하는 방식Case 2으로 나뉜다. 스노우플레이크는 데이터 레이크에서 Case 2 방식을 적용한다. 비상장 기업이나 2023년 9월 펀딩에서 430억 달러 가치로 평가받은 데이터브릭스Databricks가 Case 1 방식의 대표 주자다. 데이터브릭스는 금리 상승으로 성장주가 어려웠던 2023년 9월에도 2021년 2월에 평가받은 280억 달러보다 53% 더 높은 기업 가치를 인정받았다.

데이터 웨어하우스와 데이터 레이크 기업들은 데이터 분석을 용이하게 하는 시스템으로, ERPEnterprise Resouece Planning(전사적 자원 관리)와 사업 영역이 겹친다. ERP는 대부분 기업의 중요한 IT 소프트웨어로, SAP

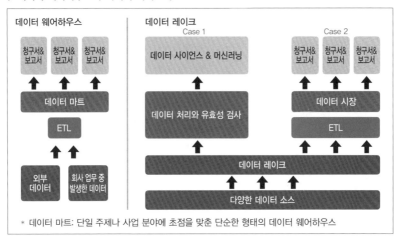

* 데이터 마트: 단일 주제나 사업 분야에 초점을 맞춘 단순한 형태의 데이터 웨어하우스

| 데이터 웨어하우스와 데이터 레이크 비교

	데이터 웨어하우스	데이터 레이크
데이터 형태	처리된 데이터	원데이터
데이터 목적	저장하는 현재 사용 중인 목적	저장 시점에 아직 미정
데이터 변형·유연성	변경이 어렵고 복잡	변경이 자유롭고 유연
데이터 활용	데이터 시각화, BI(비즈니스 인텔리전스), 데이터 분석	예측 분석, 기계 학습, 데이터 시각화, BI, 빅데이터 분석
사용자	비즈니스 전문가	데이터 과학자

와 오라클이 전통 강자다. ERP는 과거의 데이터베이스를 시스템을 기반으로 하기 때문에 클라우드 기반의 SaaS로의 전환이 가장 느린 분야다. 기업이 기존 데이터베이스 시스템에 익숙해 쉽게 바꾸지 않고 기존 ERP 관련 업체들도 주요 클라우드에서 SaaS를 제공하는 등 클라우

드 대응에 적극적이다. 따라서 기존 ERP 시장이 빠르게 소멸될 가능성은 제한적이나 클라우드와 인공지능 활용도가 늘어나면 데이터 웨어하우스와 데이터 레이크가 ERP를 빠르게 잠식할 것으로 보인다.

(5) 인공지능과 클라우드 성장에 적응한 구독형 소프트웨어 기업

지금까지 살펴본 것처럼 LLM 기반의 인공지능은 클라우드의 발전과 그와 함께 성장한 구독형 SaaS를 기반으로 만들어졌다. 투자자 관점에서 LLM 기반 인공지능에서 주목할 부분은 다음과 같다.

- LLM 기반의 인공지능은 많은 사람이 쉽게 사용할 수 있고 확장성도 넓어 빠르게 성장할 것이다. 오픈AI가 2023년 11월 6일에 시작한 첫 개발자 콘퍼런스인 DevDay 직후 불과 하루 만에 수많은 애플리케이션이 등장한 것을 통해서도 확인할 수 있다.
- LLM 기반의 인공지능은 그 어떤 소프트웨어보다 막강한 컴퓨팅 파워를 사용하기에 클라우드 없이는 존재할 수 없다. 오픈AI가 마이크로소프트의 투자를 받고 애저Azure를 사용하는 게 명확한 예다. 오픈AI의 샘 알트먼Sam Altman 축출 사건이 미수로 끝나고 이후 마이크로소프트의 입지가 강화된 것도 클라우드와 함께해야 하는 LLM 기반 인공지능의 특성을 보여 준다.

- 클라우드도 LLM 기반의 인공지능 없이는 성장의 한계를 보일 수 있다. 2023년 3분기 클라우드 메이저 3사의 매출 성장률 격차는 상당 부문 LLM 기반의 인공지능 집중도에 따라 달라졌다. 특히 마이크로소프트 애저는 오픈AI로 실제 매출이 증가했다. 앞으로 클라우드 수요의 상당수는 해당 클라우드가 어떤 LLM 기반의 인공지능을 효과적으로 제공하는지에 따라 달라질 수 있다. 클라우드 효율화에 필수인 컴퓨팅 파워도 해당 클라우드에 적용되는 LLM 기반의 인공지능에 따라 갈릴 것이다.

- LLM 기반의 인공지능으로 인해 2021년 급등 이후 2022년 닥친 한파를 딛고 강하게 반등한 구독형 소프트웨어 기업들의 주가 상승이 클 것이다. 인공지능으로 클라우드가 발달하고, 발달된 클라우드로 LLM 기반의 인공지능은 더 빨리 성장한다. 클라우드의 성장은 구독형 소프트웨어 성장으로 이어지고, 구독형 소프트웨어 성장으로 클라우드가 다시 발달할 것이다. 이런 선순환 구조가 겹쳐지면서 사회 전반에 디지털 트랜스포메이션이 빠르게 확산된다. 한편 앞으로 인공지능에 의한 변화의 폭은 임계점을 넘은 수많은 기술처럼 기하급수적일 것이다. 인공지능, 소프트웨어, 클라우드 모두 상대적으로 물리적 제약에서 자유롭기 때문이다. 소프트웨어는 영업 레버리지가 크고 사용자 플랫폼이 중요하다. 따라서 과거 주가 대비 저평가된 기업보다 2022년 불황에서 살아남은 강자들과, 새로운 클라우드 환경에 잘 적응하고 기술력이 좋은 일부 회사들로 중심이 한정될 전망이다.

- LLM 기반의 인공지능은 IT 하드웨어 중 하이퍼-스케일 데이터센 터와 고성능 반도체 시장과 관련된 일부 분야가 큰 수혜를 받을 것이다. 이제 클라우드 메이저 3사와 강력한 자본력을 구비한 빅 테크 기업들(애플, 메타, 테슬라 등), 그리고 주요 경제권 국가들(유 럽 각국, 중동 각국, 중국, 러시아, 일본, 한국 등)의 핵심 IT 기업들에게 LLM 기반의 인공지능 개발 가속화는 선택이 아닌 필수다. 성공 여부는 불확실하지만 하이퍼-스케일 데이터센터와 고성능 반도 체 시장의 성장세는 한동안 지속될 수밖에 없다. 2023년 11월 21 일에 발표된 엔비디아의 2023 회계연도 3분기 실적과 가이던스 가 시장의 높아진 기대치도 상회한 것에서 확인된다. 물론 엔비 디아는 중국 우려로 실적 발표 직후 주가가 재조정받았지만 LLM 기반의 인공지능에 따른 수요 증가 그 자체는 부인할 수 없는 사 실이다. 이어 다룰 반도체 산업에서 자세히 이야기하겠다.

(6) 기업 평가의 핵심 소프트웨어 엔지니어링

투자자 관점에서 클라우드와 소프트웨어의 미래는 소프트 웨어 엔지니어링의 중요성에 크게 의존하고 있다. 이미 실리콘밸리에 서는 소프트웨어 엔지니어의 역량과 평판이 기업 평가의 핵심 요소로 자리 잡았으며, 다른 산업으로도 확산되고 있다. 클라우드와 소프트웨어의 기하급수적 발전은 IT 분야를 넘어 오프라인 실생활에까지 영향을 미치고 있다. 변화의 중심에는 소프트웨어 엔지니어들이 있다.

소프트웨어 엔지니어는 전 세계적으로 수요가 높고 언어와 지역에 따른 제약도 적어 세계 어디로든 이동할 수 있다. 이에 따라 소프트웨어 엔지니어를 어떻게 확보하고 유지할지가 미국 내 주요 기업들의 회사 경쟁력을 좌우하는 핵심 요소가 되고 있다. 물론 2021년의 버블이 진정되면서 소프트웨어 엔지니어 수급 문제가 다소 풀렸지만, 글로벌 상위권 실력자들은 LLM 기반의 인공지능으로 다시 부족해졌다.

미국에서는 수년 전부터 비슷한 경력의 소프트웨어 엔지니어가 로스쿨 내지 MBA 졸업자의 연봉을 크게 넘어섰고, 막 대학을 졸업한 소프트웨어 학과생의 연봉이 다른 분야보다 30-40% 높은 게 일반적이다. 또한 많은 경우 고정 급여가 아니어도 입사 기준으로 막대한 스톡옵션을 부여한다. 미국 기업들 중에서 임원 이외에 이러한 강력한 스톡옵션 혜택을 받는 이들은 대부분 소프트웨어 엔지니어들이다.

미국 기준으로 소프트웨어 엔지니어 상당수가 높은 급여를 받기 때문에 회사 선택 시 기업 문화와 평판도 중요하게 따진다. MZ세대인 이들은 오픈 소스 기반으로 개발이 이루어지는 환경에서 금전적 보상이 많아도 수직적이고 권위적인 기업 문화를 가지고 있거나 사회적으로 지탄받는 행위를 하는 기업들을 거부할 가능성이 크다. 아마존을 포함한 실리콘밸리 빅테크 기업에서 회사가 기후 변화에 제대로 대응하지 않는다는 이유로 파업을 벌인 것으로도 확인된다. 자세한 내용은 3장 ESG 쪽에서 다룬다. 한편 위 조건이 충족되었다는 전제에서, 소프트웨어 엔지니어들이 선호하는 문화는 '경쟁적이고 업무 강도가 강하지만, 성과 보상과 경력 달성이 용이한 테슬라와 아마존 같은 문화'와 '업무 속도는 느리지만 조직원들 간 협력적이고 대우하는 세일즈포스나 어도비 같은 문화'로 나뉜다. 좋고 나쁨이 아니라 개인 가치관에 따른 선택이다.

투자자는 해당 기업이 어떤 문화에 기반하는지 여부와 그런 문화 자산이 잘 유지되는지 꾸준히 살펴볼 필요가 있다. 이를테면 테슬라는 강한 업무 강도로 많은 소프트웨어 엔지니어가 퇴사하기로 유명하지만 그럼에도 퇴사한 직원들이 당시 경험을 인상적으로 전하고 있어 많은 도전적인 소프트웨어 엔지니어들이 한 번은 입사하고 싶다는 이야기를 공공연히 한다. 테슬라의 소프트웨어 엔지니어 퇴사 자체에 현혹되기보다는 그 원인을 파악하고 테슬라 내부 문화가 흔들린 게 아닌지 확인하는 작업이 필요하다. 이런 흐름을 외부에서 파악하기 좋은 자료가 개발자 콘퍼런스와 퇴사한 직원들의 인터뷰다. 특히 개발자 콘퍼런스는 해당 기업 소속 소프트웨어 엔지니어들의 관심과 평판에 큰 영향을 미친다, 온라인상으로 공개된 현장 분위기와 이후 소프트웨어 커뮤니티 반응을 점검하는 것은 의미 있다.

이런 측면에서 소프트웨어 엔지니어들의 유출입은 투자의 중요한 선행지표다. 이미 생존에 필요한 경제적 부담이 적고 회사에 대한 정보도 많을 가능성이 클 뿐만이 아니라, 핵심 소프트웨어 인력의 유입은 해당 기업의 경쟁력으로 이어질 수 있다. 특정 한두 명보다는 전체 흐름을 볼 수 있어야 한다. 물론 일반 외부 투자자가 알기는 쉽지 않으나 언론 기사와 채용 사이트, 그리고 소프트웨어 엔지니어 커뮤니티 등에서 정보를 꾸준히 수집할 필요가 있다.

나아가 소프트웨어 엔지니어 문화와 거리가 먼 산업의 기업을 평가할 때에도 소프트웨어 엔지니어 친화적 문화로 잘 바뀌는지 지속적으로 점검하자. 예를 들어 2023년 말 기준 자동차업계는 소프트웨어에 기반한 생산 시스템과 제품을 만드는 데 전력을 다하고 있다. 현대차가 2023년 11월 언론에 공개한 싱가포르 혁신센터에서도 잘 드러난다. 자세한 내용은 '4. 클라우드와 소프트웨어의 발전으로 오프라인 현실에서 구현될 디지털 트랜스포메이션-(1) 오프라인 현실에서 구현될 디지털 트랜스포메이션'(88페이지)에서 다룬다. 어쨌든 핵심 소프트웨어 인력에게 매력적인 회사여야 이런 변화가 지속될 수 있다.

3

클라우드 성장의 관점에서 본
반도체 산업의 변화와 최신 동향

(1) 클라우드가
반도체 산업에 미치는 영향

클라우드는 IT 하드웨어의 꽃이라고 할 수 있는 반도체 산업에도 큰 영향을 줬다. 간단히 요약하면, 클라우드 기업들은 ① 팹리스와 파운드리 및 고가 반도체 시장의 성장을 촉진하고, ② 메모리 반도체보다 로직 반도체 성장을 유도하고, ③ 반도체 개발과 사업 전개 과정에서 소프트웨어 방식을 확산시킨다.

클라우드가 반도체 산업에 미친 영향을 다루기에 앞서 반도체 산업에서 클라우드가 얼마나 큰 규모인지부터 보자. 2023년 하반기의

HBM^{High Bandwidth Memory}(고대역폭 메모리) 열풍에도 불구하고, 대한민국에서 클라우드가 반도체 시장을 주도한다는 개념은 익숙하지 않다. 하지만 클라우드가 속한 서버 시장의 성장률이 다른 분야보다 월등히 높고, 규모 면에서도 조만간 스마트폰과 PC를 넘어설 가능성이 크다. 반도체를 사용하는 분야는 보통 스마트폰, PC, 서버·스토리지, 소비자용 가전, 산업용 가전, 자동차, 통신 인프라 등이 있다. 리서치 기업 스타티스타^{Statista}가 2023년 2월 22일에 공개한 자료에 따르면 2022년 사용처별 반도체 점유율은 스마트폰과 PC가 각각 23%와 19%로 서버·스토리지 점유율 16%를 상회했지만, 2030년에는 23%로 스마트폰(19%)과 PC(12%)를 상회할 전망이다. 서버·스토리지 분야의 성장은 클라우드가 주도하고 있다.

| 반도체 적용 분야별 매출 비중

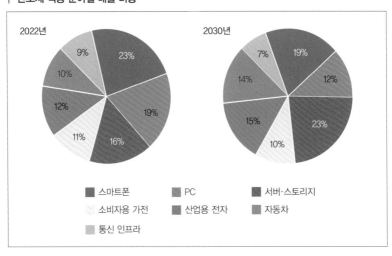

출처 : 스타티스타

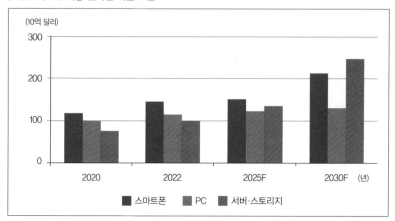

출처 : 스타티스타

　범용적 메모리 반도체의 대표 주자인 D램 시장에서는 클라우드에 기반한 서버 시장이 이미 모바일 시장을 넘어섰다. 2023년 2월 20일에 시장 조사 기관 트랜드포스Trandforce는 2023년에 서버용 D램이 모바일용 D램 시장을 추월할 것으로 전망했다. 가트너Gartner가 집계한 2022년 1분기 자료에서도 서버용이 모바일용을 앞섰다. 이런 추세는 더욱 강화될 전망이다.

　명실상부 최근 반도체 시장은 클라우드가 주도하고 있다. 최근 몇 년간 최고 성능의 반도체를 생산한 곳이 애플이었고, 또한 애플이 TSMC의 최신 공정을 선점하고 있어 얼핏 애플이 주도하는 스마트폰 시장이 더 중요하다고 여길 수 있다. 하지만 기업용 시장에서 빠르게 성장해 온 클라우드가 속한 서버 시장이 2024년에는 규모나 성장률 면에서 애플 중심의 모바일 시장을 넘어설 것이다.

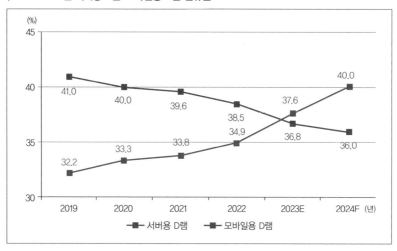

출처 : 트랜드포스

(2) 2024년 반도체 시장의 반등을 이끌 AI 반도체

2023년에 반도체 시장은 전년 대비 10% 이상의 역성장을 겪었다. 특히 메모리 반도체 시장이 가장 큰 타격을 입었다. 2024년에 어느 정도 회복될 것으로 보이지만, 2024년 시장 규모 전망치가 2022년과 거의 비슷해 사실상 2년간 성장하지 않았다고 할 수 있다. 그런데 엔비디아를 포함한 상당수 주요 반도체 회사의 주가는 2023년 내내 강했고, 2023년 상반기에 주가가 부진했던 메모리 반도체 회사들도 2023년 하반기에 강한 주가 흐름을 보였다. 반도체 기업들의 주가 강세는 전적으로 인공지능에 대한 기대감 때문인데, 인공지능에 사용되는 반도체 대부분이 클라우드에서 사용된다. 세계반도체무역통계World Semiconductor Trade Statistics, WSTS가 2023년 11월 28일에 공개한 자료에 따르면 2023년 로직 반도체(-0.9%)나 마이크로 반도체(-3.2%)도 메모리 반도체(-31.0%)만큼은 아니지만 역성장했다. 인공지능 반도체 호황이 로직 반도체나 마이크로 반도체 전체를 견인할 정도는 아니었음을 보여준다.

한편 2023년 12월 6일 AMD가 주최한 Advancing AI 콘퍼런스에서 CEO 리사 수Lisa Su는 인공지능 반도체 시장이 2027년까지 4,000억 달러 규모에 이를 것으로 전망했다. 1년 전 제시한 1,500억 달러 대비 2.7배나 증가한 수치로, 수는 최근 인공지능 시장의 빠른 성장 속도를

| 2014-2024년 전 세계 반도체 매출 추이

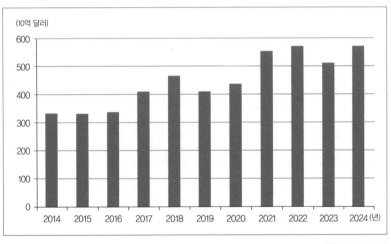

출처 : 스타티스타

2025년 AI 슈퍼 사이클이 온다

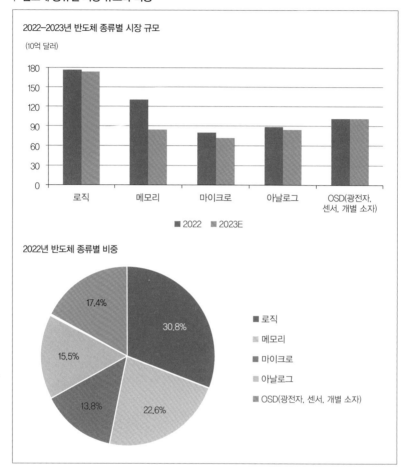

2022–2023년 반도체 종류별 시장 규모

(10억 달러)

■ 2022 ■ 2023E

2022년 반도체 종류별 비중

- 30.8%
- 22.6%
- 13.8%
- 15.5%
- 17.4%

■ 로직
■ 메모리
■ 마이크로
■ 아날로그
■ OSD(광전자, 센서, 개별 소자)

출처 : WSTS

반영해 전망치를 수정했다고 전했다. 인공지능 반도체 시장의 성장은 2023년 하반기에 이어 2024년에도 반도체 시장의 반등을 이끌 전망이다. 따라서 반도체 투자는 클라우드와 인공지능 관련 영역으로의 집중이 더욱 필요하다.

반도체 시장에서의 클라우드의 영향을 논하기에 앞서 참고 삼아 한 마디하면, 한국에서는 메모리가 아닌 반도체를 비메모리 반도체 혹은 시스템 반도체라고 한다. 한국에서만 통용되는 부적절한 단어다. 이를 영어로 바꿔 구글링하면 외국 자료는 거의 없고 한국 자료만 나오는 것을 봐도 알 수 있다. 실제로 반도체 종류별 점유율에서도 메모리 반도체는 2022년에 전체 반도체 시장의 22.6%에 그쳤고, 점유율 순위도 2위였다. 컴퓨터 개념적 측면에서도 메모리보다 당연히 로직 반도체나 마이크로 반도체가 더 중요하고 가격도 더 비싸다. 메모리 중심 관점에서 메모리 이외의 반도체를 하나로 묶은 용어를 사용하고, 그에 맞게 사고하는 것은 세계적 흐름과 괴리된 우물 안 개구리식 사고다. 잘못된 용어와 개념을 사용하면서 자칫 전 세계 반도체 시장의 중요한 변화를 잘못 파악하는 우를 범할 수 있다.

(3) 클라우드 기업들이 직접 반도체를 개발하는 이유

클라우드 회사들이 막대한 컴퓨팅 자원과 자사 데이터센터와 최적화된 맞춤형 반도체Applicationa-Specific Integrated Cuicuit(IC) Chip, ASIC Chip를 개발하는 추세다. 인텔이나 엔비디아 같은 범용 반도체와 달리 자사 데이터센터에 최적화된 반도체를 만들면 전력 소비를 최소화하면서 최고 성능의 반도체를 비교적 값싸게 조달할 수 있다. 다만 맞춤형 반도체는 반도체 설계와 생산 라인 비용 등 최소 비용의 기준이 높고, 최소한 1-2년 이상의 긴 시간이 소요된다. 클라우드 회사들이 직접 반도체 생산 설비를 구비하는 것은 비경제적이기에 결국 팹리스와 파운드리 고객이 될 가능성이 크다.

2023년 11월 15일에 마이크로소프트는 Ignite 2023에서 애저에 사용하기 위해 자체 개발한 AI 가속기용 반도체 마이아^{Mais}와 CPU 반도체 코발트^{Cobalt}를 출시했다. 경쟁사에 비해 늦은 행보다. 아마존은 2015년 이스라엘 반도체 설계사인 안나푸르나 랩$^{Annapurna\ Labs}$을 인수한 뒤 2017년 AWS 전용 CPU인 그래비션^{Gravition}을 출시했고, 2019년과 2021년에 각각 AI 가속기 인퍼런시아^{Inferentia}(추론용)와 트레이니엄^{Trainium}(학습용)을 출시했다. 이미 2022년 5월에 이전 버전에 비해 컴퓨팅 성능이 25% 상승한 그래비션 3이 출시되었고, 인퍼런시아와 트레이니엄도 2023년에 버전 2를 출시했다. 구글도 자체 AI 오픈 소스 소프트웨어 라이브러리 텐서플로우를 최적화한 AI 가속기 TPU$^{Tensorflow\ Unit}$를 2016년 5월에 출시해 2023년 8월에 5세대 TPU를 발표했다. 알리바바, 텐센트, 바이두, 화웨이 등도 인공 신경망 모델에서 작동하는 자체 NPU$^{Neural\ Processing\ Unit}$ 반도체를 개발했거나 개발 중이다. 이들은 차세대 반도체 기업들에도 적극 투자하는데, 구글은 차세대 인공지능 반도체를 개발하는 삼바노바 시스템즈$^{SambaNova\ Systems}$에 투자했다. 클라우드 기업들의 적극적인 반도체 시장 투자는 더욱 가속화될 것이다. 클라우드에서 중요한 역할을 하는 LLM 기반 인공지능을 만드는 데 필요한 AI 가속기 수요가 증가하고 있으며, 영향력이 큰 엔비디아 반도체가 고가라 비용 부담이 늘어나고 있기 때문이다.

클라우드 기업들이 자체 반도체 개발을 확대함에 따라 전체 반도체 시장은 고가 반도체 중심으로 더 빠르게 향하고 있다. 특히 팹리스와 파운드리는 더욱 빠르게 확산된다. 클라우드가 워낙에 많은 컴퓨팅 자원을 필요로 하고, 구독 모델을 통해 즉각적인 수익 창출이 가능하기 때문이다. 이로 인해 클라우드 기업들은 고성능의 비용 효율적인 고가의 반도체를 지속적으로 다량 구매한다. 반도체 관련 업체들에게는 빠르게 신제품을 출시해야 할 필요성을 지속적으로 상기시킨다. 하지만 반도체 시장이 점점 복잡해지면서 최신 공정을 유지하는 것만으로도 막대한 투자가 필요하다. 따라서 설계와 생산 공정 모두에서 세계 최고 수준을 유지하면서 지속적으로 신제품을 출시하는 건 어려운 일이 되었다. 더욱이 반도체 설계와 생산은 창의력과 효과적인 공정 관리처럼 서로 핵심 역량이 달라 한 회사가 전부 잘하기가 어렵다. 그래서 설계와 생산 중 잘하는 분야에 집중하여 하나라도 세계 최고 수준을 갖추고 부족한 부문은 협업하는 편이 빠르게 신제품을 출시하면서 세계 최고의 반도체를 만드는 정석이 되었다. 데이터센터 CPU를 포함해 데이터센터 반도체 시장의 최강자였던 인텔이 생산과 설계 모두를 잘하려고 했다가 실패해 영향력이 축소된 반면에 엔비디아와 AMD는 일찍부터 자체 생산을 포기하고 설계에만 집중해 영향력을 키운 예에서 단적으로 드러난다. 수직 계열화에 누구보다 열심인 애플과 테슬라조차 반도체 분야에서는 종합 반도체 회사보다 팹리스 모델을 선호한다. 결

　　　　　　　　　　　　　　2025년 AI 슈퍼 사이클이 온다

론적으로 클라우드 기업들의 자체 반도체 개발이 시장을 확대하고 있지만 이는 세계 최고 수준의 제품을 신속하게 출시할 수 있는 팹리스와 파운드리 회사들에게 더 많은 기회를 제공한다. 반면 현상에 안주하면 클라우드 기업들이 개발하는 자체 반도체에 시장이 잠식될 위험도 있다.

(4) 새로운 반도체 기술과 이기종 컴퓨팅

클라우드 컴퓨팅의 성장은 클라우드 기업들이 자체적으로 만든 ASIC 반도체와 AI 가속기의 대표 주자가 된 엔비디아 GPU만이 아닌, 다양한 반도체 기술의 발전을 가져왔다. 그중 DPU^Data Processing Unit 와 FPGA^Field Programmable Gate Array가 눈에 띈다.

DPU는 데이터센터에 특화된 반도체로 ① 데이터센터 내 수많은 서버를 하나의 컴퓨팅 환경처럼 관리하고, ② 외부 장치와 네트워킹을 하는 동시에, ③ 데이터센터로 들어온 데이터의 이상 여부를 확인하고 데이터 컴퓨팅을 담당하는 특정 반도체(CPU, GPU 등)로 보내는 역할을 한다. 데이터센터를 중세 시대의 성으로 구성된 도시라고 가정한다면, DPU는 도시를 관리하는 관리자, 수문장, 안내인 역할을 수행한다. 대표적으로 엔비디아가 있는데, 2020년에 컴퓨터 네트워킹 제품을 공급하는 멜라녹스^Mellanox를 인수해 자사 GPU 역량을 접목한 DPU 블루필드^{Bluefield}를 출시했다.

FPGA는 사용자가 프로그래밍 가능한 반도체다. 특수한 환경이나 제한적인 수요에 맞춰 맞춤형 반도체를 만드는 데는 너무 많은 돈이 필요해 반도체 논리 회로를 수정할 수 있는 FPGA를 구입해 사용한다. 이 반도체는 범용 반도체에 비해서는 비싸고 맞춤형 반도체에 비해서는 최적화에 제약이 있다 보니, 제한적 수요가 있는 군수용(미사일, 비행기 등)이나 통신망 구축 단계에서의 통신 장비 등에 주로 사용되었다. 그런데 FPGA가 데이터센터 AI 가속기 분야에서 주목받고 있다. AI 가속기 알고리즘이 빠르게 발전함에 따라 FPGA의 시간과 비용 면에서 장점이 크게 부각되고 있어서다. FPGA는 자체 프로그래밍과 제한된 시

| AMD의 Versal AI 코어 시리즈

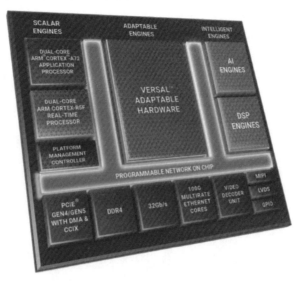

출처 : AMD

2025년 AI 슈퍼 사이클이 온다

장으로 인텔(알테라)과 AMD(구 자일링스)가 과점하고 있다.

  클라우드 컴퓨팅의 성장에 따라 여기 관련된 반도체들도 전보다 복잡한 기능을 수행해야 한다. 이제 하나의 칩만으로 모든 기능을 수행할 수 없다. 그래서 클라우드 컴퓨팅과 관련된 반도체들은 여러 반도체와 관련 부품을 하나의 시스템이나 칩으로 통합하는 이기종 컴퓨팅으로 나아가고 있다. 이를테면 AI 가속기는 GPU, CPU 메모리 등 다양한 부품이 결합되어 있고, 간혹 다양한 회사들이 만든 프로세서들을 결합하거나 관리하기 위한 FPGA를 추가해 하나로 만들어진다. 국내에서도 핫한 HBM도 엔비디아 AI 가속기에 속하는 메모리 반도체다. 반도체 성능 개선은 점점 어려워지는 반면에 데이터센터와 인공지능의 컴퓨팅 파워 수요는 점차 커지기 때문에, 과거에는 따로 연결하던 다양한 반도체를 하나로 묶어 성능 최적화를 모색하는 이기종 컴퓨팅이 더욱 중요해지고 있다. 애플, 테슬라, 엔비디아, 인텔, AMD 등에서 만들어진 인공지능 연산에 사용하는 반도체 상당수가 이기종 컴퓨팅으로 만들어진다. 결론적으로 다양한 부품을 잘 호환하기 위한 소프트웨어 역량과 더불어 다양한 반도체와 전자 부품 간 전자 이동을 원활하게 하면서 하나로 패키징하는 역량이 중요해졌다. 2023년 들어 HBM을 위한 TSV^Through-Silicon Via(실리콘 관통 전극)와 고급 패키징^Advanced Packaging이 주목받는 이유가 클라우드의 인공지능 서버 구축으로 이기종 패키징 반도체 수요가 크게 늘었기 때문이다.

(5) 중요도가 레벨-업된
고급 패키징 기술

고급 패키징은 2023년 전 세계 반도체 공정에서 가장 많이 언급된 주제다. 2021년까지는 EUV였다. 당시 삼성전자가 TSMC 대비 ASML의 EUV 장비를 충분히 확보하지 못해 이재용 삼성전자 회장이 네덜란드로 날아갔고, EUV 펠리클 국산화 이슈로 국내 여러 기업의 주가가 급등하기도 했다. 하지만 최근 EUV 이슈는 크게 주목받지 못하고 있는데, EUV 관련 글로벌 메이저 회사인 ASML, 호야, 레이져테크의 주가가 2021년의 고점을 2023년 말까지 회복하지 못했다. 반도체 공정에서 EUV를 통한 공정 개선이 한계를 보이고 있어서다. 대안으로

| 고급 패키징의 적용 분야별 매출 성장

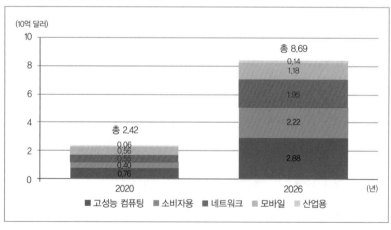

출처 : 맥킨지&컴퍼니

여러 반도체와 전자 소자들 간의 연결을 최적화시켜 전체 효율을 높이는 고급 패키징이 반도체 전체 성능 개선을 주도하고 있다. 적어도 2024년까지는 이 흐름이 이어질 가능성이 높다. 트랜스포스는 클라우드 사업자들의 공격적인 인공지능 서버 구축으로 2024년 고급 패키징 생산 능력이 2023년에 비해 30-40% 급증하리라 전망했다. 맥킨지&컴퍼니도 패키징 시장이 2020년 24.2억 달러에서 2026년 86.9억 달러에 이를 것으로 전망했다.

원래 반도체 패키징은 실리콘 웨이퍼에서 단일 칩을 잘라 내고 이를 에폭시 수지 같은 패키징 재료로 감싸고 전기적·기계적 접속을 위한 부품을 결합하는 과정이다. 일반적으로 전공정 장비에 비해 매우 값싼 장비와 저렴한 인건비를 활용하는 저부가가치 공정이었다. 하지만 고급 패키징은 여러 반도체와 전자 부품을 하나의 패키징으로 통합해 ① 반도체가 차지하는 공간을 줄이고, ② 반도체 간 주고받는 신호 지연을 최소화하면서, ③ 전기적 성능을 개선한다. 이를 위해 '웨이퍼와 PCB 사이에 RDL[Redistribution Layer]와 인터포저[Interposer] 같은 새로운 층'이 생기고, '여러 개의 웨이퍼로 된 다이[Die]들이 2.5차원 내지 3차원 공간에 배치'된다. 이때 RDL과 인터포저는 노광과 패터닝 등 전공정 수준의 반도체 공정이 필요하다.

고급 패키징 분야에서 가장 앞선 회사는 TSMC다. CoWoS[Chip on Wafer on Substrate]는 TSMC가 자랑하는 대표 패키징 기술인데, 회사 홈페이지에는 이것이 클라우드와 인공지능, 네트워킹과 데이터센터, HPC[High Performance Computing](슈퍼컴퓨터처럼 빠른 속도로 복잡한 계산을 수행하는 고성능 컴퓨터)에 사용된다고 나온다. 즉, 이 기술은 클라우드와 인공지능에 직접 사용된다. (참고로 TSMC가 모바일 기기에 적용하는 고급 패키징 기술은 InFO다.)

고급 패키징을 제대로 구현하려면 미세하고 복잡하게 만들어진 다이들이 이상 없이 서로 전기 신호와 전원을 효과적으로 주고받아야 한다. 그래서 ① 플라즈마나 레이저를 활용한 매우 미세한 절삭, 드릴링,

| 패키징 기술 타임라인

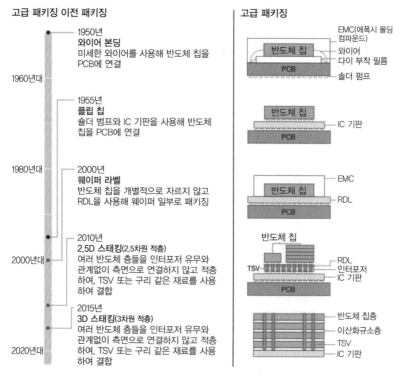

출처 : 맥킨지&컴퍼니

접합 등을 포함한 가공, ② 가공 과정에서 발생한 미세한 이물질을 효과적으로 제거하는 세정, ③ 다양한 반도체를 이상 없이 패키징 재료로 감싸는 몰딩, ④ 이 과정을 통한 패키징이 제대로 이루어졌는지 파악하기 위한 계측과 검사 등의 공정이 전통적 패키징보다 훨씬 정밀하고 복잡하다.

클라우드 기업이 메모리 반도체보다 로직 반도체와 소프트웨어에 더 많이 투자하는 것은 비용 측면에서 이점이 있어서다. 클라우드는 잔여 컴퓨팅 파워가 남아도는 시간이 길어질수록 원가가 늘어난다. 수시로 들어와 처리되어 나가는 데이터는 단 몇 십 분에 1초, 아니 몇 백 분의 1초라도 빨리 처리하면 이익이 크게 는다. 데이터 처리 속도가 빨라질수록 메모리 수요가 줄기 때문이다. 빠른 데이터 처리를 위해

| CoWoS-R과 CoWoS-L 개요

CoWos-R

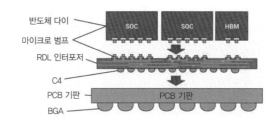

CoWos-L

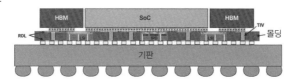

출처 : TSMC

로직 반도체가 필요하고, 데이터 처리 과정에서 잠시 데이터를 저장하기 위해 메모리 반도체가 필요하다. 그런데 로직 반도체와 메모리 반도체는 비싸고 데이터 처리량이 늘어날수록 비례적으로 증가한다. 반면 클라우드 기업들은 소프트웨어를 통한 성능 최적화가 물리적 한계를 넘어서는 성능 향상을 가져온다는 사실을 발견했다. 클라우드는 수많은 서버가 24시간 가동하고 컴퓨팅 파워 배분과 처리가 초단위로 이루어지기 때문에, 소프트웨어 개선만으로도 처리 가능한 데이터 처리 규모 개선이 매년 기존 대비 수십 %씩 향상될 수 있다. 특히 소프트웨어는 물리적 한계를 받지 않아 일정 규모를 넘어가면 투입 자원 대비 성능 개선 폭이 기하급수적으로 증가한다. 식당에 비유하면 좌석 수가 적어도 회전율이 높아 수익이 극대화되는 것과 비슷하다. 여기서 좌석과 매장 크기가 메모리라면 조리와 서빙과 결제와 좌석 정리를 신속하게 하는 게 로직 반도체의 역할이다. 식당이 매우 크다면 손님의 동선을 실시간으로 파악해 사전 주문을 받거나 주문량을 미리 예측해 준비하거나 고객 동선과 메뉴 준비 상황을 알려 주는 솔루션 등으로 회전률을 높일 수 있다. 클라우드에서 소프트웨어의 역할이다.

(6) 클라우드 시장과 메모리 반도체

클라우드 회사들은 메모리, 로직 반도체, 그리고 소프트웨어를 사용해 경쟁력을 강화한다. 경쟁 강도에 따라 공급 부족이 발생하면 총비용이 증가하므로 공급 부족 문제를 신중하게 고려한다.

현재 메모리 반도체 회사는 상위 몇 개 업체로 과점화되어 있고 대안도 마땅치 않다. 더욱이 클라우드 회사들의 규모가 크고 고성능 반도체를 많이 사용하기 때문에 클라우드 회사들의 메모리 수요가 약간만 증가해도 가격이 높이 뛰어 메모리 반도체의 전체 비용이 크게 증가한다. 대표 사례가 삼성전자가 아마존 AWS 메모리 반도체 주문 증가로 역대 최대 실적을 기록한 2017년과 2018년이다. 하지만 2019년부터 2023년까지 5년간 삼성전자는 2017년 수준도 회복하지 못했는데, 2017-2018년이 삼성전자 입장에서는 이례적인 호황이었고 반대로 아마존 입장에서는 이례적인 비용 지출이 있었다는 의미다. 2018년 대비 2023년 기업들의 클라우드 인프라 지출액은 약 3.8배 증가해 연평균 성장액이 31%를 상회한 반면 2023년 삼성전자 실적은 2018년에 비해 크게 미달했다. 삼성전자 메모리 사업이 2023년에도 2018년 클라우드 기업에 판매한 고마진 메모리 실적을 회복하지 못해서다. 이런 결과는 클라우드 기업이 2017년과 2018년 이후 메모리 반도체 수요를 줄이기 위해 많이 노력했고, 실제로 성과가 있었음을 보여 준다고 하겠다.

반면 소프트웨어는 많은 회사가 경쟁 중이고, 심지어 클라우드 기업들이 직접 나설 수도 있어 총비용 관리가 용이하다. 클라우드 수요에 부합되는 일부 소수 소프트웨어업체들은 단기적으로 실적이 크게 개선될 수도 있다. 로직 반도체의 경우 각 분야별 업체 수는 제한적이지만 다양한 로직 반도체를 조합할 수 있고 로직 반도체에 의한 전체 성

	2017년	2018년	2019년	2020년	2021년	2022년	2023년
영업이익	53,645	58,887	27,769	35,994	51,634	43,377	6,567
당기순이익	42,186	44,345	21,739	26,408	39,907	55,654	15,487

능 개선 폭이 커질 수 있다. 다만 엔비디아 AI 가속기처럼 대체가 어렵고, 가격이 비싼 경우는 예외적이라 클라우드 기업들이 자체 반도체로 대체하려고 적극 나서고 있다.

2024년에 반도체 시장은 전체 규모 면에서도 2023년의 부진을 딛고 반등하리라 전망된다. 또한 LLM 기반 인공지능 확대로 클라우드 시장의 설비 투자가 크게 늘면서 클라우드 회사들의 반도체 지출도 증가할 가능성이 높다. 클라우드 회사들은 비용 측면에서 최대 이슈가 되고 있는 엔비디아의 AI 가속기 구입을 늘려야 하기에 다른 분야, 특히 메모리 반도체 지출은 오히려 줄일 수 있다. 다만 AI 가속기에 내장되는 HBM 반도체의 수요는 더 빠르게 증가하면서 메모리 회사들의 실적에 크게 기여할 전망이다. HBM 반도체는 범용적 성격의 전통적 메모리 반도체와 달리 패키징 기술을 기반으로 개별 수요처에 맞춰 제작된다. 온 디바이스를 포함해 앞으로 나올 인공지능과 관련된 메모리 반도체도 HBM과 비슷할 것이다. 메모리 반도체 시장도 인공지능과 관련된 고가 제품들이 전체 시장의 성장을 주도할 텐데, AI 가속기와 비슷하게 패키징과 소프트 산업에서 나타난 개방형 생태계과 고객과의 협력 능력이 중요하다.

(7) 클라우드 환경에서 주목받는 ARM 기반 반도체

CPU는 명령어를 처리하는 회로 구조에 따라 CISC와 RISC 방식으로 나뉜다. CISC 방식은 회로 구조가 정교하고 다양한 명령어를 처리할 수 있다. 인텔과 AMD의 CPU가 여기 해당한다. RISC는 CISC에 비해 회로 정밀도가 떨어져 이를 보완하기 위해 소프트웨어 의존도가 높지만, 반면에 전력을 적게 사용하고 처리 속도가 빠르다. ARM은 RISC 기술을 기반으로 한 설계 라이선스를 제공해 고객들이 RISC 기반으로 반도체를 설계하는 것을 지원하는 회사다. 즉 ARM에 기반한 반도체는 인텔 같은 CISC 기반 반도체보다 소프트웨어 의존도가 높은 방식으로 발전한다.

ARM에 기반한 반도체는 저전력과 빠른 처리 속도라는 장점을 극대화할 수 있고 컴퓨팅 파워를 적게 사용하는 핸드폰에서 주로 사용되었다. 이후 ARM에 기반한 반도체는 핸드폰 성능 개선과 함께 개선되면서 고성능 컴퓨팅 파워가 필요한 하이퍼-스케일 데이터센터로 확대되었다. 클라우드 환경에서는 ARM의 장점인 저전력과 빠른 처리 속도가 중요하기 때문이다. 하이퍼-스케일 데이터센터의 운영비 중 가장 많은 부분이 전력 사용료고, 클라우드는 속도가 빨라질수록 곧장 매출 증가로 이어질 수 있으며, 강력한 컴퓨팅 파워를 지원하는 클라우드는 소프트웨어의 성능을 향상시킨다. 클라우드가 소프트웨어 중심으로 성능을 개선하는 데 적극적이어서 ARM에 기반한 반도체가 유리했다. ARM 대주주인 소프트뱅크는 2022년 4/4 분기의 실적 발표 자리에서 "클라우드 메이저 3사 내 ARM에 기반한 CPU 점유율이 0%에서 5%로 성장했다"고 밝혔다. AWS의 그래비션 CPU와 엔비디아가 출시한 DPU인 블루필드 코어, 그리고 엔비디아의 서버용 CPU인 그레이스 Grace가 전부 ARM을 기반으로 만든다. 한편 최근 클라우드에서 많이 사용되는 AI 가속기는 이기종 컴퓨팅 방식으로 여러 반도체를 하나로 결합하여 만들어지는데, 그 안에 들어가는 CPU도 대부분 ARM에 기반하여 만들어진다. AMD의 Versal AI 코어 시리즈(74페이지)와 엔비디아 차세대 인공지능 반도체 블랙웰에 들어가는 그레이스 CPU도 ARM에 기반한 CPU다.

(8) 인공지능이 이끄는 반도체 설계와 생산 공정 혁신

클라우드 기술 발전으로 팹리스의 확산이 가속화되어 반도체 설계가 중요해졌다. 특히 반도체 미세화로 인한 성능 개선이 점차 한계에 직면해 감에 따라 반도체 설계의 중요성이 더욱 커지고 있다. 최근에는 인공지능을 사용해 반도체 설계 및 생산 공정을 최적화하려는 시도마저 나타났다. 클라우드 회사들은 강력한 컴퓨팅 능력을 바탕으로 인공지능 기술을 발전시키고 있다.

구글은 2023년 6월 딥마인드 연구 팀이 인공지능을 활용해 구글

TPU 반도체 설계를 보다 효율적으로 자동화했다. 구글은 인공지능을 통해 인간은 몇 달이 걸리는 작업을 6시간 이내에 완료할 수 있다고 밝혔다. 구글의 인공지능이 설계한 반도체는 2023년 6월 진행된 프로그래밍 콘테스트에서 2위 반도체보다 30% 향상된 효율성을 보여 주었다. 마이크로소프트도 2023년 11월 회사 홈페이지의 기술 커뮤니티에 시놉시스와의 협력을 통해 반도체 설계에 생성형 AI를 도입한다고 발표했다. 한편 엔비디아는 2022년 3월 개발자 콘퍼런스인 GTC 2023에서 TSMC, ASML, 시놉시스와의 협업을 통해 2나노 노광 공정을 개선하는 인공지능 개발을 발표했다. 반도체 장비 회사들도 인공지능으로 성능을 개선하려는 시도 중인데, 어플라이드 머티어리얼즈의 AIx 플랫폼과 어드밴테스트의 ACE EASY 플랫폼이 대표적이다. 심지어 반도체 공급망 전반을 분석하고 공정 제어 플랫폼을 제공하는 PDF 솔루션 같

| 어드밴테스트의 ACE EASY

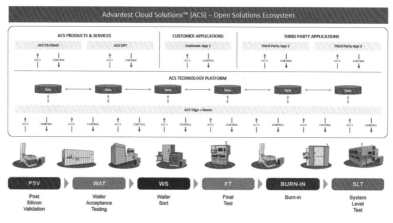

출처 : 어드밴테스트

은 회사도 등장했다.

반도체 개발과 생산 과정에서 클라우드를 활용한 플랫폼을 구축한 기업들은 당연히 클라우드 소프트웨어 기업들처럼 생태계 구축과 구독형 과금 같은 소프트웨어 방식의 사업 모델을 적용한다. 어드밴테스트나 PDF 솔루션도 클라우드에 기반한 플랫폼을 구축했다. 소프트웨어 방식의 사업 모델은 자체 반도체를 출시하는 회사로도 확산되는데, 엔비디아가 대표적이다. 엔비디아가 GPU와 AI 가속기 시장에서 절대적 위치를 점유한 것은 엔비디아 반도체 자체의 성능만이 아니라 GPU를 구입하는 기업들이 GPU를 자신들의 목적에 맞도록 설정할 수 있는 소프트웨어이자 플랫폼인 쿠다CUDA 때문이다. 엔비디아는 이런 소프트웨어와 플랫폼의 중요성을 누구보다 잘 아는 기업이다. DPU인 블루필드를 출시하면서도 쿠다와 비슷한 도카DOCA를 출시했다. 그리고 GPU 생태계를 확장하기 위해 인공지능이 필요한 다양한 산업의 기업과 협업하고, 이를 기술 콘퍼런스를 통해 꾸준히 공유하는 것도 전형적인 소프트웨어 기업의 방식이다. 최근에는 아예 소프트웨어 매출 확대를 표명하고 비싼 AI 가속기 GPU와 인공지능 솔루션을 클라우드 방식으로 제공하고 구독형으로 과금하는 NGC를 출시했다. 엔비디아의 전략들은 자사 고객이 다른 회사 제품으로 이동하기 어렵게 만드는 자물쇠 효과를 일으켜 엔비디아의 경쟁력을 강화한다.

반도체 생산을 담당하는 파운드리의 역할도 변하고 있다. 이제 파운드리는 단순히 반도체를 더 작게 만들거나 패키징하는 것을 넘어 팹리스 고객들이 자신들의 요구에 맞게 반도체를 잘 설계할 수 있도록 지

| TSMC의 오픈 이노베이션 플랫폼 파트너스

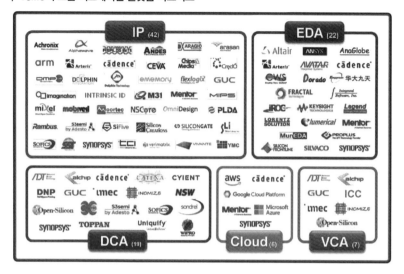

원하는 역할을 하고 있다. 이를 위해 파운드리는 IP와 EDA 업체들과 함께 디자인하우스 생태계를 구축하고 있다. TSMC의 오픈 이노베이션 플랫폼Open Innovation Platform, OIP을 예로 들 수 있다. 그동안 TSMC가 독보적이었는데, 2023년 이후 삼성전자와 인텔 같은 후발주자들도 역량 강화에 최선을 다하고 있어 관련 기업들의 몸값이 올라가고 있다.

클라우드 영향을 받아 반도체 시장이 직간접적으로 빠르게 바뀌고 있다. 변화는 꽤 오래 지속되었지만 2023년 인공지능의 본격화로 가시화되었고, 2024년에는 더욱 발전할 것으로 보인다. 특히 2024년은 클라우드 기업들과 인공지능에 대한 투자 확대가 본격화되고 반도체 시장의 성장 가능성이 높아 변화가 더욱 가속화되리라 여겨진다.

4

클라우드와 소프트웨어의 발전으로 오프라인 현실에서 구현될 디지털 트랜스포메이션

(1) 오프라인 현실에서 구현될 디지털 트랜스포메이션

클라우드와 소프트웨어 기술의 발달로 IT 기술이 온라인은 물론이고 오프라인 세계의 생산성을 크게 향상시키고 있다. 이 기술은 강력한 컴퓨팅 파워를 저렴하게 제공하고 위성통신을 통해 전 지구적 규모의 통신망 활용을 가능케 한다. 최근 수년 동안 발달한 전기차와 자율주행 기술, 민간 중심의 혁신적인 우주 산업, 재생 에너지 등의 분야에서도 IT 기술이 중요한 역할을 한다. 따라서 과거에 많이 회자되었지만 상용화에 한계가 있었던 IoT, 디지털 트윈, 스마트 팩토리, 자율주행 등이 대중화될 가능성이 커지고 있다. 2024년은 우리 주변에서 이를 경험하기 시작하는 해가 될 것이다.

변화는 B2C보다 B2B 내지 B2G에서 먼저 적극적으로 나타날 가능성이 크다. 아직 초기 비용이 비싸고 전문 기술이 필요해 대규모 투자가 가능한 기업이나 정부가 초기 고객이 될 전망이다. 러시아·우크라이나 전쟁으로 국가 안보와 군사 기술에 대한 관심이 높아지고, 방위 산업에 대한 투자와 혁신이 가속화되고 있다. 테슬라는 자동차 회사의 혁신을 강요하고 있고, 스페이스X는 재사용이 가능한 로켓과 상업 우주여행을 통해 우주 산업의 패러다임을 바꾸고 있다. 엔비디아, 마이크로소프트, 오픈AI는 자동차, 우주항공, 방위 산업, 로봇 공학 외에도 산업 전반의 혁신을 촉진하고 있다.

(2) 군사 분야의 디지털 트랜스포메이션

러시아·우크라이나 전쟁은 전 세계 곳곳의 전략 전술에 큰 변화를 가져오고 있다. 인공위성을 이용한 통신망과 감시 시스템, 유도 시스템, 드론 같은 경량화된 전자 제품을 활용한 전술이 도입되면서 이에 대응하는 시스템을 구축하고, 사이버 해킹에 대응할 필요성이 전장의 현실로 다가왔다. 전 군의 통신망과 지휘 시스템을 하나로 통합하는 C6ISR 시스템(C6은 'Command, 명령', 'Control, 통제', 'Communication,

통신', 'Computer, 컴퓨터', 'Cyber, 사이버', 'Combat, 전투'를 의미한다. 이 여섯 가지를 'Intelligence, 정보', 'Surveillance, 감시', 'Reconnaissance, 정찰'로 통합하여 관리하는 개념이다)을 구비하고, 인공지능 기술에 기반한 자율주행 무기 개발이 당면 과제로 부상했다. 군에서는 군 전용 위성통신 및 감시 위성 같은 고도의 통신망과 IT 자원 확보가 중요해졌다. 기존 군과 방위 산업 기업들만으로는 한계가 있어 IT와 우주항공 혁신 스타트업의 협력을 이끌어야 한다. 전 세계는 이와 같은 변화에 빠르고 적극적으로 대응하고 있다. 러시아·우크라이나 전쟁과 사이버 전쟁 등의 기술적 변화를 더 이상 방치하기 힘들다는 현실적 위기의식에서 나온 결과다.

JADO^{Joint All-Domain Operation}는 미군의 모든 방어 영역(육지, 바다, 공중, 우주 및 사이버)에서 자원(플랫폼, 감시 자산, 무기 체계)을 임무의 계획, 분석, 실행 측면에서 통합하는 개념이다. 2023년 미군은 JADO 관점에서 각 군이 보유하고 있는 C2 즉, 명령과 통제 시스템을 하나로 통합하는 데 박차를 가했다. 또한 2023년에 미군 산하 우주개발청^{SDA} 예산을 2022년 동기 대비 35%나 늘려 미국 미사일 방어 시스템에 필수인 전술 저궤도 인공위성 네트워크 NDSA^{National Defense Space Architecture} 구축에 열심이다. 그 외에도 유인 전투기와 무인 자율주행 전투기를 결합하는 발키리^{Valkyrie} 프로젝트 같은 무인화 기술 개발에 집중하고 있다. 팔란티어, 크라토스 디펜스, 스페이스X, 블랙스카이 테크놀로지, 플래닛 랩스 같은 기업과의 협업 또한 강화하고 있다.

대한민국 군도 2023년 자체 인공위성을 포함한 우주 자산 확보에 주력했다. 북한의 미사일과 드론 공격 같은 새로운 전술에 대응할 필요가 커졌기 때문이다. 2023년 12월 미국 스페이스X 로켓을 통해 첫 번째 군사 위성을 발사했다. 2025년까지 고해상도 3차원 데이터를 제공할 수 있는 SAR^Synthetic Aperture Radar 위성 4기와 전자광학^EO 및 적외선^IR 장비를 탑재한 위성 1기를 발사하는 425사업의 일환이었다. 당시 한국군은 군사 위성을 발사할 발사체가 부족해 스페이스X를 사용했지만, 앞으로는 국내의 군 내지 민간 발사체를 지원하고 활용한다는 계획이다. 또한 방위사업청은 2023년 11월 28일 상용 저궤도 위성을 이용한 군용 통신 사업 추진을 표명하고, 국방신속획득기술연구원(사업관리기관), 한화시스템(사업시행기관)과 계약했다. 한화시스템은 이 사업을 위해 자사가 주주로 참여하는 영국 저궤도 인공위성 사업자인 원웹의 위성통신 활용을 포함한 다양한 활동을 계획하고 있다.

군의 행보는 무기 체계의 도입과 운영 전반에 대한 변화를 수반한다. 과거 군은 크고 비싼 무기 시스템, 즉 대형 전투기, 탱크, 함정과 잠수함 등에 의존했지만 최근에는 빠르게 개발하고 소모성으로 사용하다 새로운 기술이 나오면 바로 교체하는 경량화된 무기 시스템을 선호하는 추세다. 또한 러시아·우크라이나 전쟁에서 러시아가 값싼 드론과 미사일·자주포에 큰 피해를 보면서 무기 체계 그 자체보다는 무기 체계를 서로 연결하고, 아군과 적군의 전력을 빠르게 파악할 수 있는 정보통신망과 유도 기술이 더 중요하다는 인식이 커지고 있다. 미군 해병대가 일찍이 2020년 3월 병력 감축을 감수하고 전차, 장갑차, 공격 헬기, 수직 이착륙기, 스텔스 전투기 등을 축소하면서 장거리 정밀 타격 로켓, 무인 비행기와 무인 보트, 레이저 무기 등을 강화하는 군 개혁을 단행한 것도 같은 맥락이다. 물론 모든 군이 미국 해병대처럼 선제적으로 변화에 대응하기란 쉽지 않고, 또 러시아·우크라이나 전쟁의 여파가 나타난 지 몇 년이 안 되었으며 무기 체계를 바꾸는 자체가 어려운 일이라 당장 가시적 변화가 나타나지 않을 수 있다. 하지만 미군뿐만이 아니라 한국 군도 무기 체계와 전략 전술의 변화를 모색하고 있고, 그 중심에 클라우드와 소프트웨어 기술이 있다는 사실은 시사점이 크다.

전 세계 각 군의 행보는 인공지능, 클라우드, 위성통신과 감시, 자율주행, 통합 통신망 같은 첨단기술을 오프라인에 빠르게 적용해 상업화하는 데 큰 도움이 될 것이다. 군은 안보적 관점에서 경제성 논리에 좌우되는 민간 분야에 비해 첨단기술을 과감하게 적용할 수 있고, 이렇게 적용된 기술은 민간에 바로 적용될 수 있다. 예를 들어 군에서 적극 사용한 위성통신과 감시 및 자율주행은 곧장 무인 화물선이나 무인 트럭에 적용할 수 있다. 또한 군 프로젝트에 참여한 인공위성 사업자들이 군에서 활용한 경험과 고정비 절감을 바탕으로 민간 시장에 공격적으로 나설 수 있다. 실제로 미국 인공위성 사업자인 막사 테크롤로지, 블랙스카이 테크놀로지, 플래닛 랩스는 2022년 NRO와 각각 수십 억 달러 규모의 인공위성 이미지 제공 계약을 통해 사업을 유지 및 확장했다. 스페이스X도 그동안 미군과 NASA의 대규모 계약들로 큰 수익을 거뒀다. 다국적 기업들은 전 세계 공장의 제품과 자산 현황 및 이동 경로를 실시간으로 파악하고 다른 정보들과 결합해 실시간 최적의 의사 결정 시스템을 구현할 예정인데, 이를 앞당기는 데 군의 역할이 클 수 있다.

(3) 자동차 산업의
디지털 트랜스포메이션

전 세계 제조 공정이 클라우드와 인공지능을 포함한 소프트웨어 기술을 기반 삼아 빠르게 바뀔 것이다. 확실한 생산성 개선만 담보된다면 제조 공정은 (기업들이 대규모로 투자할 준비가 되어 있기 때문에) 인공지능을 실생활에 도입하는 초기의 유망 분야 중 하나다. 특히 인공지능을 적용한 디지털 트윈과 생성형 AI가 스마트 팩토리의 중요 요소로 자리 잡고 있다. AI에 기반한 제조업은 공장에서 발생하는 수많은 데이터를 분석하고 최적의 의사 결정을 위해 딥러닝 같은 인공지능 솔루션을 사용하는 것을 말한다. 이를 통해 예측 유지·보수, 수요 예측과 재료 사용, 공정 최적화, 품질 관리 등에서 사전 혹은 적시 대응이 가능해져 생산성을 개선한다. 기존의 공장 자동화가 사전에 정해진 공정에서 사람의 역할을 자동화하는 데 집중했다면, AI에 기반한 제조업은 지속적으로 업데이트되는 정보를 활용해 상황에 따라 생산 공정도 바뀔 수 있고, 인공지능에 의해 기존에 생각하지 못한 새로운 해결책을 도출하고 이를 바로 적용할 수도 있다. 이를 위해 밸류체인Value Chain 전반에 걸쳐 데이터를 계속 업데이트하는 센서와 수집된 정보를 적시에 전달할 통신망, 그리고 그렇게 집계된 데이터를 분석하고 대안을 제시하는 인공지능이 중요하다. 또한 생산 자체도 유연하게 대응할 수 있는 협동 로봇과 3D 프린팅이 부각된다. 심지어 이런 작업이 특정 기업을 넘어 협력사와 고객 전반을 포함한 생산 밸류체인 전반에 나타날

| AI에 기반한 제조업 구성 요소

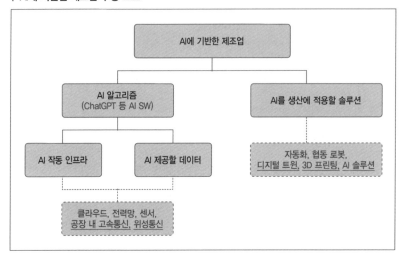

| 디지털 트윈을 활용한 생산 밸류체인 전반에 걸친 최적화

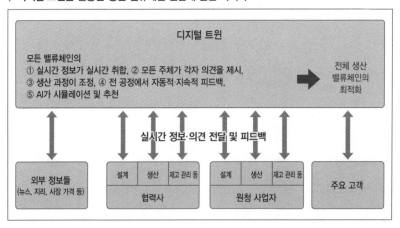

수 있다. 생산 공정 전반에서 디지털화를 준비하지 못한 기업은 애플 같

은 글로벌 기업이 주도하는 공급망에 참여하지 못해 도태될 수도 있다.

2023년 기준으로 자동차 산업은 클라우드와 인공지능 제조업 적용에 가장 앞선 분야다. 전적으로 자동차 생산에서 포드와 도요타에 이어 새로운 생산 방식을 개발했다고 평가받는 테슬라 때문이다. 테슬라는 디지털 트윈으로 공정 전반을 시뮬레이션함으로써 공정 도입 전 단계만이 아니라 후에도 지속적으로 개선해 나간다. 또한 유연하면서도 대량 생산이 가능하도록 생산 공정도 기존 컨베이어 방식이 아닌 셀 단위 방식을 적용한다. 이를 위해 생산 공정 내 이동은 AGV^{Automated Guided Vehicle}(표시된 긴 선이나 와이어 혹은 QR을 따라 움직이는 휴대용 로봇)와 AMR^{Autonomous Mobile Robot}(고정된 경로에 의존하지 않고 장애물을 감지하고 최선의 대체 경로를 선택해 움직이는 휴대용 로봇)을 활용하고, 생산에서는 소프트웨어 입력에 따라 다르게 생산할 수 있는 로봇과 협동 로봇, 그리고

| 테슬라 프리몬트 공장

3D 프린팅을 적절히 결합한다. 이 과정에서 가상현실과 증강현실 기술 및 IoT 기술이 적용되고, 전체 공정은 중앙 제어 시스템으로 제어된다. 모든 과정은 전반적으로 인공지능이 관리한다. 테슬라의 방식은 소프트웨어 개선을 통해 공장 생산성을 지속적으로 개선할 수 있고, 특정 공정에서 다양한 제품을 신속하게 생산할 수 있어 생산 유연성을 향상할 수 있다. 테슬라는 수년 전에 이 방식을 도입했는데, 지금까지도 지속적으로 생산성이 개선되고 있다.

2023년 말부터 다른 자동차 회사들도 테슬라의 방식으로 생산 공정을 새롭게 구축하기 시작했다. 독일의 벤츠, BMW, 아우디는 이미 테슬라 방식의 공장을 지었고, 2023년 11월에는 현대차가 테슬라 방식을 자동차 생산 공장에 적용한 현대차 싱가포르 글로벌 혁신센터HMGICS를 언론에 공개했다. 현대차 그룹은 해당 공정이 생산 유연성이 높아 앞으로 특정 공정에서 다양한 전기차종만이 아니라 UAMUrban Air Mobility(도심 항공 이동 수단), PBVPurpose Built Vehicle(개인화 설계를 기반으로 한 도심형 친환경 이동 수단), 전동 스쿠터도 함께 생산할 예정이라고 전했다. 또한 울산과 조지아 전기차 공장에도 적용할 계획이라고 밝혔다.

다이버전트 테크놀로지Divergent Technologies는 디지털 3D 소프트웨어와 인공지능을 활용해 전통적 차량 제조를 대체하려는 미국의 자동차 스타트업이다. 자체 스포츠카인 징거 21CCzinger 21C를 생산하고, 에스틴 마틴의 새로운 스포츠카인 DBR22의 후면 서브프레임을 OEM으로 납품하면서 널리 알려졌다. 다이버전트 테크놀로지는 2023년 11월 2.3억 달러의 시리즈 D 자금 조달을 받았다. 이 시점에서 에스틴 마틴과

| 다이버전트 테크놀로지의 생산 시스템 DAPS

메스세데스-AMG 등 7개 자동차 회사의 1급 공급업체인 동시에 대형 군사용 드론 생산업체인 제너럴 아토믹스 같은 미국 정부와 계약한 우주항공과 방위 산업체 6곳과도 파트너십을 맺었다고 밝혔다. 다이버전트가 자랑하는 DAPS Divergent Adaptive Production System는 이 회사가 구축한 소프트웨어 기반의 모듈식 디지털 생산 방식으로, 디지털 요구사항을 입력하면 기계가 자동으로 복잡한 구조를 계산하고 그에 따라 제조와 조립을 수행한다. 소프트웨어 업데이트를 통해 다른 차량 모델 제조에도 원활하게 이동할 수 있다.

(4) 우주항공 산업의
디지털 트랜스포메이션

우주항공도 인공지능을 기반으로 한 제조 혁신이 적극적으로 이루어지는 분야다. 테슬라처럼 역시 일론 머스크^Elon Musk가 이끄는 스페이스X가 혁신을 주도하고 있다. 우주항공은 자동차에 비해 3D 프린팅 활용에 더욱 적극적인데, 우주항공 제품들이 다품종 소량 생산과 다른 산업 대비 높은 수준의 특성이 필요하기 때문이다. 3D 프린팅은 복잡한 디자인도 생산이 용이하고 여러 부품을 조립하지 않고 한번에 출력할 수 있어 부품과 프로세스를 단순화하면서도 강도 등의 특성을 높일 수 있다. 3D 프린팅은 프린팅 기기에 입력하는 3D 모델링에 따라 성능이 크게 개선될 수 있는데, 3D 모델링은 인공지능을 활용한 소프트웨어에 따라 품질이 크게 달라진다. 테슬라는 2014년에 3D 프린팅을 활용한 로켓 엔진 부품을 생산한다는 기사가 나올 정도로 일찍부터 3D 프린팅을 생산에 도입했다. 2023년 기준 여러 기업이 3D 프린팅을 활용해 로켓 엔진을 포함한 주요 부품을 생산한다. 심지어 우주 스타트업인 랠러티비티 스페이스는 소프트웨어와 3D 프린팅에 기반한 생산 시설을 구축하고 2026년에 3D 프린팅으로 만든 재사용이 가능한 로켓인 테란 R을 발사할 계획이다. 록히드 마틴과 노스롭 그루만 같은 전통적 우주 산업 강자들도 생산 공정에서 3D 프린팅을 포함한 디지털 트랜스포메이션을 적극 적용하고, 이를 자사 홈페이지와 언론을 통해 홍보하고 있다.

출처 : 록히드 마틴, 노스롭 그루만

(5) 반도체 제조 공정의 디지털 트랜스포메이션

반도체 분야도 최근 몇 년간 클라우드와 인공지능을 활용한 변화의 조짐이 나타나고 있다. 마이크론의 부사장은 2022년 11월에 공개한 유튜브(https://www.youtube.com/watch?v=9XPZYwDbMo8&t=1s)에서 600명 이상의 데이터 과학자가 생산 공정에 인공지능을 적용해 상당 규모의 생산성 개선(신제품 개발 주기 50% 단축, 생산 과정 폐기물 22% 감축, 노동 생산성 18% 개선)을 이루었다고 밝혔다. 대한민국에서는 네패스 NEPES가 2023년 4월 이스라엘 AI 솔루션 개발사인 플래테인과 충북 공장을 AI 팩토리로 전환한다고 밝혔고, 삼성종합기술원 최창규 부사장은 2022년 12월 반도체 공정 전반에 인공지능을 적용해 향후 4년 내 10배 가치를 창출할 계획이라고 전했다. SK하이닉스도 2023년 11월 언론을 통해 현재 건설 중인 용인 반도체 클러스터(2027년 가동 예정)의 반도체 웨어퍼 이송을 완전히 인공지능으로 처리한다고 했다. 반도체 장비 회사들 중에서 인공지능 기술을 활용해 장비 성능을 높이려는 시도들도 늘어나고 있는데, ASML은 2023년 3월 엔비디아 등과 2나노 노광 장비의 노광 알고리즘을 개선하기 위해 협업하기로 했다. 앞에서 이야기했듯, 어플라이드 머티어리얼즈와 어드밴테스트 같은 반도체 장비 회사들은 장비 운영 과정에서 나온 데이터를 클라우드에 축적하고, 이를 기반으로 고객에게 최적의 솔루션을 제공하는 작업을 꾸준히 진행해 왔다. 반도체는 새로운 공정 도입에 상당히 보수적이고 각 회사별 공정 내역이 영업 비밀이라 장비 회사들의 데이터 수집이나 클라우드 활용이 쉽지는 않다. 그럼에도 전통 방식의 미세화 진행이 어렵고 인공지능 성능이 빠르게 개선되어, 많은 기업이 클라우드와 인공지능을 활용한 공정 개선을 적극 모색하고 있다. 그 외에도 다양한 산업에서 클라우드와 소프트웨어에 의한 생산 공정이나 물류 같은 오프라인 현장의 혁신이 보인다. 이미 디지털 트윈과 클라우드를 활용한 공정 개선 사례로 허니웰, 유니레버, 펩시코, 마이크론, 바이엘 같은 글로벌 기업이 언급되고 있다. 미국에서는 최적의 배터리 전해액 배합 비율을 생성형 AI로 찾아내는 아이노닉스^{Aionics} 같은 스타트업이 나왔다.

(6) 물류 분야의 디지털 트랜스포메이션

물류 분야에서 아마존은 물류 창고에 컴퓨터 비전과 머신러닝을 적용한 자율주행 로봇 프로테우스^{Proteus}와 로봇 팔 형태의 카디널^{Cardinal}과 스패로우^{Sparrow}에 이어 이족보행 로봇 디지트^{Digit}까지 도입했다. 글로벌 대형 레스토랑 기업들도 인공지능 도입에 적극적이다. 멕시칸 요리를 파는 치폴레는 2022년 레스토랑에 필요한 식자재들이 언제 얼마나 필요한지를 모니터링하고 예측하는 프레시테이스트^{PreciTaste} 시스템과 토트티야를 만드는 AI 기반 로봇 치피^{Chippy} 및 AI챗봇 페퍼^{Pepper}를 개발했다. 이를 위해 치폴레는 자체 벤처 캐피탈 펀드를 설립하고 관련 스타트업에 직접 투자했다. 맥도날드도 2023년 12월 6일 생성형 AI 솔루션을 적용하기 위해 구글과 전략적 파트너십을 맺었는데, 수천 개의 맥도날드 매장에 구글의 분산형 클라우드에 기반한 소프트웨어와 AI 솔루션을 적용한다고 전했다. 이들 이외에 도미노 피자, 얌브랜드, 스타벅스, 웬디스 등도 인공지능에 지속적으로 투자하고 있다. 국내에선 우아한형제들이 2023년 10월부터 테헤란로에서 자체 개발한 배달 로봇 딜리를 활용한 배달을 시작했다. 이들은 식당 자영업자들에게 실내외 음식 배달 서비스를 제공할 계획이라고 했다. 농업 및 건설·광산 등에서도 인공지능을 적용한 자율주행 제품들이 하나둘 시장에 자리 잡고 있다. 농기계 회사인 존디어^{John Deere}가 2021년 3월에 처음 출시한 시&스프레이^{See&Spray}는 인공지능으로 특정 잡초를 인식하고 선택적으로 제초제를 뿌리는 장비다. 출시 후 얼티미트^{Ultimate} 버전과 선택 키트 등으로 계속 확장하고 있다. 캐터필러^{Caterpillar}는 2023년 11월 프리몬트 맥모란과 애리조나 구리광산에 사용할 33대의 자율주행 트럭을 제공했는데, 당시 이미 15곳의 고객에게 620대 이상의 자율주행 트럭을 제공하고 판매한 140만 개 제품에서 수집한 정보를 통해 고객의 업무 효율성 개선을 지원했다. 국내에선 HD현대인프라코어가 2023년 9월 무인 자동화 솔루션인 Concept-X2로 작동되는 무인 굴삭기와 무인 도저 시연 장면을 언론에 공개했다. 이밖에 건설과 엔지니어링, 전력과 유틸리티 및 교통망 관리 등에서도 인공지능을 활용한 생산성 개선 시도가 계속 진행 중이다.

(7) 헬스케어 분야의 디지털 트랜스포메이션

헬스케어 분야는 의약품 제조보다 신약 개발과 임상·진료에서 클라우드와 인공지능 적용이 두드러진다. 특히 코로나 19에 큰 성과를 기록한 mRNA 백신을 통해 인공지능으로 신약을 개발하는 일이 대중적으로 확산되었다. 아마존 AWS는 일찍이 2013년 노바티스^{Novartis}

와 협력해 1,000만 개의 화학물 조합에서 특정 암에 효과적인 조합을 찾는 사례를 공개했다. 이처럼 클라우드와 인공지능을 활용한 신약 개발은 10년 이상의 역사를 가진다. 코로나 백신 경험으로 대형 제약사들도 투자를 적극 늘리고 있다. 인공지능에 의한 신약 개발은 기존 신약 개발에 비해 개발 기간이 훨씬 짧아 2025년 전후로 인공지능으로 개발된 신약이 많이 나올 예정이다. 2023년 12월 기준 미국 FDA가 세계 최초로 승인한 유전자 편집 치료제와 이를 뒷받침하는 유전자 분석 기술도 데이터 분석이 핵심이라 인공지능이 신약 개발에서 점점 더 중요해지고 있다.

임상·진료도 인공지능을 활용해 효율적 의사 결정을 지원하거나 원격으로 수행하는데, 팬데믹을 거치면서 미국, 유럽, 일본 등 선진국을 중심으로 빠르게 확산되고 있다. 암젠은 자체 AI 플랫폼인 아토믹ATOMIC을 통해 내부·공공 데이터를 스캔하여 임상에 참여할 진료소와 의사를 식별하고 순위를 매겨, 임상 환자 등록 기간을 기존 최대 18개월에서 절반으로 줄였다. 사실 헬스케어 분야는 기술적 어려움보다는 기존 의료 집단의 이해관계와 제도적 변화가 더 중요하다. 여러 국가에서 코로나 팬데믹 이후 인공지능을 활용한 임상·진료를 꾸준히 확대하고 있다. 높은 의료비와 고령화, 그리고 의료 인력 부족 등의 문제를 인식하고 적극적으로 제도 개선에 나섰기 때문이다. 이 과정에서 AI로 임상·진료를 지원하는 전문 회사는 SaaS 기업으로 진화한다. 상당수가 2021년 전후 팬데믹 역기저 효과와 높은 밸류에이션으로 2020-2021년 고점 이후 2-3년간 힘든 시기를 보냈다. 그러나 고난을 딛고 살아남을 경우 더 크게 성장할 수 있고, 관련 산업의 성장과 투자가 여전히 진행 중이기에 꾸준히 관심을 가지고 지켜볼 필요가 있다.

(8) 점차 빨라지는 디지털 트랜스포메이션

일반 기업들은 클라우드와 인공지능을 활용한 생산성 개선을 자체적으로 개발하기 어렵다. 따라서 온라인에서의 클라우드 인프라 기업과 기업 대상 SaaS 기업들처럼 변화를 지원하는 기업들의 역할이 중요하다. 엔비디아는 기업들이 인공지능을 적용하는 데 필요한 반도체 외에 소프트웨어 솔루션도 제공한다. 엔비디아는 벤츠와 BMW 공장을 테슬라 방식으로 전환하기 위한 디지털 트윈 등을 지원했고, 아마존 물류 로봇에 필요한 시뮬레이션 솔루션을 제공했다. 마이크로소프트도 디지털 트윈, 자사 VR 기기인 홀로렌즈2, 로우 코딩Low-Coding 혹은 노코딩No-Coding 기술 등을 접목해 고객 기업들의 디지털 트랜스포메이션을 지원하고 있다. 오픈AI는 2023년 하반기 API를 공개하면서 기업 서비스와 결합하는 모델을 적극 추진하고 있다. 오픈AI의 인공지능과 결합된 서비스가 초기에는 온라인 서비스 위주로 진행되고 있지만, 오프라인의 디지털 전환 솔루션과 결합할 경우 큰 성과를 보일 수 있다. 치폴레에서 음식 조리, 배달, 고객 주문 대응 등을 로봇에 적용할 수 있다면 훨씬 실용적이고 즉시 사용할 수 있을 것이다. 오픈AI가

2023년 11월의 이사진-경영진과의 갈등 이후 마이크로소프트의 영향력이 더 커진 것은 기업 대상 사업 확장 측면에서는 유리하게 작용할 수 있다.

디지털 트랜스포메이션은 팬데믹을 거치면서 메타버스와 웹3.0 같은 다양한 시도가 이루어졌다가 이후 역기저 효과와 금리 인상으로 다소 둔화되었다. 하지만 둔화기에도 클라우드와 인공지능을 적용하려는 시도는 다양한 분야로 확장되었고, 2023년 ChatGPT 출시로 다시 한번 시장의 관심을 모았다. 이번 변화는 짧게는 코로나 팬데믹부터 3-4년, 길게는 클라우드와 구독형 소프트웨어가 도입된 17-18년 이상 진행된 흐름의 결과다. 클라우드와 인공지능 기술은 신기하고 멋있게 보이지만 당장 우리 현실에 큰 변화를 주지 못하는 기술이 아니라, 그동안 축적된 기술적 역량을 기반으로 바로 가시적 변화를 일으킬 도구들이다. 온라인에서도 큰 변화가 나타나겠지만 온라인을 넘어 오프라인 현실을 바꾸면 더 크게 체감할 것이다. 이 책에서 언급한 많은 디지털 트랜스포메이션 사례가 2022-2023년에 집중되었는데, 이는 변화가 이미 무르익었음을 의미한다. 『2025년 AI 슈퍼 사이클이 온다』에서 인공지능의 발전 자체보다 오프라인 세계의 디지털화, 즉 '디지털 트랜스포메이션'이 투자 관점에서 더 중요하다고 강조하고 있는 이유도 여기 있다.

5

미·중 패권 전쟁과
러시아·우크라이나 전쟁으로 가속화된
IT 산업에서의 안보의 중요성

(1) 러시아,
중국과의 갈등과 IT 산업

디지털 트랜스포메이션의 방향과 수혜 기업을 살펴볼 때 중요한 고려 요소 중 하나가 안보다. 2017년 이전까지 투자자에게 안보는 주로 방위 산업에 관련된 마이너한 주제였다. 하지만 미국 대통령으로 도널드 트럼프가 취임한 2017년 이후 안보는 투자자에게도 중요한 이슈가 되었고, 특히 IT 분야는 화웨이 제재와 미국 반도체 규제와 육성에서 보듯 안보의 최전선이 되었다. 8여 년이 지난 현재, ChatGPT로 대표되는 인공지능 시대의 도래와 함께 그 중요도는 더 커지고 있다.

러시아와 중국의 군사력 강화와 하이브리드 전략의 채택은 IT 산업의 안보적 중요도를 높여 주었다. 하이브리드 전략은 사이버 공격, 허위 정보 유포, 경제적 압박 등의 비군사적 방법과 군사 행동을 결합해 적국을 공격하는 전략인데, 직접적인 군대 파견을 통한 전쟁 부담을 최소화하면서 군사적 목적을 달성하는 방식이다. 러시아가 2023년 이후 적극 발전시켜 에스토니아, 조지아, 우크라이나 등을 상대로 큰 성과를 거두었으며, 미국과 서방의 반대편에 있는 나라들로 퍼졌다. 이후 국가 차원에서의 사이버 해킹과 온라인상의 선전 및 선동이 중요한 화두가 되었다. 특히 중국의 행보가 주목받았다. 2015년에 중국은 우주 작전, 사이버 전쟁, 정보전, 전자전 업무를 수행하는 전략 지원군을 육해공군과는 별도의 편제로 만들었다. 전략 지원군은 같은 시기에 만들어진 로켓군과 함께 시진핑 시대의 중국 인민해방군의 중심으로 자리 잡았다. 중국은 공식적으로 국가 차원의 사이버 공격으로 알려진 2007년 에스토니아 사이버 공격보다 이른, 2003년 미국과 영국 정부의 전산 시스템을 공격한 타이탄 레인Titan Rain 사건의 배후로 여겨진다. 미국은 2017년 미국 시민 1.47억 명의 개인정보가 유출된 소비자 신용 평가사인 에퀴팩스Equifax 해킹 사건을 포함한 다수의 해킹 사건에 중국 인민해방군이 직접 개입했다고 보고 있다.

　트럼프 대통령이 2019년 세계 최대 통신 장비 회사인 화웨이를 제재하고 중국 클라우드가 역성장한 것은 이와 같은 맥락에서 이해할 수 있다. 2017년부터 2018년까지 트럼프 행정부에서 국가안보 보좌관을 지낸 H. R. 맥매스터가 4가지 안보 위협 요소로 "첫째, 러시아와 중국,

둘째, 테러 조직, 셋째, 북한과 이란, 넷째 인터넷 공간과 사이버 정보전을 비롯한 치명적인 기술 개발"을 제시한 것이 당시 분위기를 잘 보여 준다.

미국과 서방 국가들은 안보적 위협에 대응하기 위해 IT 기술을 활용한 전술과 무기 체계 변화에 주력하고 있다. 2021년 영국 국방부가 공개한 경쟁 시대의 방어Defence in a Competitive Age에 잘 드러난다. 영국은 육해공을 넘어 우주와 사이버 영역에 이르는 전반적인 대응, 즉 하이브리드 위협과 재래식 위협에 모두 대응할 수 있는 군을 지향했다. 이를 위해 장거리 로켓, 방공, 드론, 전자전 및 사이버전 장비, Skynet 6 위성통신, 정보·감시 위성 별자리, 디지털 백본을 구축하기 위한 클라우드와 보안 네트워크에 총 수백억 파운드를 투자했다. 미 국방부가 2018년 인공지능 활용을 연구하는 JAICJoint Artificial Intelligence Center를 설립하고, 2022년 인공지능과 데이터 강화와 통합을 담당하는 디지털과 인공지능 최고 책임자실을 신설해 JAIC를 대체한 것도 이러한 맥락에서 봐야 한다. 러시아·우크라이나 전쟁은 IT 산업의 안보적 측면을 더 부각시켰다. IT 산업 관점에서 간략히 정리하면 ① 스타링크를 통한 위성통신과 감시, ② 효과적인 지휘 통제와 정보통신 기술을 결합한 C6ISR, ③ 사이버 해킹과 온라인 선전 및 선동, ④ 무기 체계에 사용될 반도체 국산화, ⑤ 민간 IT와 우주 산업 기업과 군과의 제휴 등에서 중요성이 커졌다. 이 흐름은 러시아·우크라이나 전쟁의 휴전 여부와 상관없이 수년간 이어질 가능성이 크다. 러시아·우크라이나 전쟁이 일방적 승리로 귀결되기 힘들어 러시아 위협이 계속될 가능성이 크고, 종전되더라도 중국과의 갈등이 다시 두드러질 수 있다. 러시아와 중국이 미국에 도전하는 기조를 유지하는 상황이 지속되면, 2023년 이스라엘-하마스 전쟁에서 보듯 지구 여러 곳(중동과 북아프리카, 중앙아프리카, 중앙아시아, 동유럽, 인도와 파키스탄, 중남미, 한반도 등)에서 군사적 갈등이 새롭게 떠오를 수 있다.

LLM 기반 인공지능은 IT 산업의 안보적 측면에서 새로운 과제가 되었다. 미국 정부는 인공지능에 따른 국가 안보 위협을 일찍부터 준비했다. 2018년 에릭 슈미트Eric Schmidt 전 구글 CEO를 의장으로 하는 독립위원회인 국가인공지능안전보장위원회National Security Commission on Artificial Intelligence, NSCAI를 설립하고, 2021년 3월 발간한 최종 보고서에서 "인공지능 시대에 중국을 방어하거나 경쟁할 준비가 충분하지 않다"라고 결론 내렸다. 미국 회계감사원GAO은 2023년 4월 19일 공개한 「인공지능이 국가 안보를 어떻게 변화시키고 있는가How Artificial Intelligence Is Transforming National Security」에서 "인공지능이 전쟁의 성격을 포함하여 사회 모든 부문을 변화시킬 것"으로 예상하며, "인공지능 기술을 채택하고 효과적으로 통합하지 못하면 국가 안보가 저해될 것"이라고 지적했다. 조 바이든 대통령은 2023년 10월 30일 인공지능에 관한 광범위한 행정명령Executive Order on the Safe, Secure, and Trustworthy Development and Use of Artificial Intelligence에 서명하면서, 국가 차원에서 인공지능 규제에 관한 큰 틀을 제시했다. 2023년 11월 1일 영국에서 개막한 콘퍼런스 AI Safety Summit 2023은 인공지능의 안전과 규제를 논의하는 최초의 글로벌 정상 회담이었다. 리시 수낵Rishi Suna 영국 총리가 주관한 이 회의에 미국, 중국, EU 등 28개국이 참여해 국제 협력을 촉구했다. 인공지능의 빠른 발전 속도와 파괴력을 고려할 때 당연한 움직임이었다.

중국도 2023년 10월 20일 제3차 일대일로 포럼에서 '글로벌 인공지능 거버넌스 이니셔티브'를 발표했다. 시점이 미국의 대중 반도체 추가 제재 발표 직후인 동시에 영국이 주관한 AI Safety Summit 2023 직전이라는 점에서 미국과 유럽 중심의 인공지능 이니셔티브에 대항하는 성격으로 해석할 수 있다. 중국이 강조한 것은 인권 같은 보편적 가치가 아닌 주권국 간의 동등한 권리와 기회다. 인공지능의 발전과 활용 과정에서 중국이 개인정보 등을 무시하고 다른 나라의 안보를 위협한다고 의심받는 상황에서 방어 논리로 주권을 내세운 것이다. 그리고 이를 중국의 영향력이 큰 개발도상국에 확산하기 위해 중국 중심의 일대일로 자리에서 발표했다. 한마디로 안보 관점에서도 중요해진 인공지능을 지금과 같이 유지할 것을 표명한 셈이다. 중국의 행보는 미국을 중심으로 한 서방 진영 국가들을 다시금 자극하면서 국가별 인공지능 경쟁이 민간을 넘어 국가 간 경쟁으로 치닫게 됨을 의미한다.

(2) 반도체 시장 판도를 바꾸는 미국

디지털 트랜스포메이션의 확산은 모든 산업의 생산성을 크게 높인다. 그리고 이로 인해 IT 기술의 안보적 중요성이 더욱 강조되고 있다. 오늘날의 전쟁은 국가적 역량을 총동원하는 총력전 개념으로, 국가 핵심 산업의 생산성이 전쟁의 승패를 좌우한다. 그런데 디지털 트랜스포메이션이 본격적으로 확산되면 한 나라의 생산성은 클라우드와 소프트웨어 기반의 IT 기술에 좌우될 수 있다. 과거에는 세계 최고의 자동차를 만들기 위해 엔진과 구동 모터 같은 기계와 소재 분야의 기술이 제일 중요했다면, 오늘날에는 온라인 시뮬레이션과 디지털 트윈 기술, 그리고 이를 가능케 하는 클라우드와 인공지능 기술이 더욱 중요하다. 2021년과 2022년에 미국 국방부가 자체 예산으로 자국 내 첨단 반도체 생산을 위해 수십억 달러를 지원하고, 2021년 미국 국방부의 예산을 결정하는 국방수권법의 일부로 미국 반도체 생산을 확대하는 CHIPS Congress passed the Creating Helpful Incentives to Produce Semiconductors 법안이 처음 제안된 것도 이러한 맥락에서 이해해야 한다. 디지털 트랜스포메이션 경쟁력 관점에서 미국의 유일한 병목이 첨단 반도체의 자체 생산력 부재이기 때문이다.

2023년 12월 11일 미국 정부가 CHIPS 법안의 첫 번째 연방 보조금 대상으로 방산 기업인 BAE 시스템스를 선정한 데도 안보적 관점이 중요하게 작용했다. CHIPS 법안은 2022년 8월 총 527억 달러 규모의 보조금을 지급한다는 내용으로 미국 의회를 통과했다. 이 중 미국 내 대규모 제조 시설을 건설하기 위한 총 390억 달러에 달하는 1차 CHIPS 법안 인센티브가 2023년 2월에 나왔지만, 그동안 해당 자금이 업체에 배분되지 않은 채로 복잡한 협상이 진행 중이었다. 그런데 이번 선정으로 본격적으로 업체들에 자금이 배분될 것임이 확인되어, 미국 증시에서 수혜가 예상되는 반도체 주식들이 일제히 상승했다. 여기서 그 첫 대상이 전통 반도체 회사가 아닌 방위 산업 대표 주자인 BAE 시스템스라는 사실은 시사점이 크다. 물론 BAE 시스템스도 F-15와 F-35 전투기에 사용되는 반도체의 미국 내 생산을 4배 늘리면서 3,500만 달러의 보조금을 받았지만 상징성이 큰 첫 기업으로 선정된 것은 자체로 의미가 있다. 실제로 지나 러몬도 미국 상무부 장관은 방산업체를 첫 계약자로 선정한 것은 "미국 정부가 국가 안보에 초점을 맞추고 있음을 강조하기 위함"이라고 했다. 또한 "중요한 첨단기술을 세계의 한 지역이나 한 국가에만 의존함으로써 국가 안보를 놓고 도박을 할 수 없다"고 덧붙였다. 한편 같은 날 그는 화웨이의 신형 스마트폰 Mate Pro 60에서 확인된 반도체 혁신에 대해 '가능한 한 가장 강력한 조치'를 취할 예정이라고 밝혔다.

IT 산업 투자에서 안보 이슈는 당분간 지속될 것이다. 그 범위도 일부 통신 장비나 반도체를 넘어 IT 산업 전반이 될 전망이다. 2020년 트럼프 정권 때 이슈가 되었다 잠잠해진 미국 내 틱톡 규제가 2023년 다시 강화된 것이 대표 사례다. 미국 정부는 2023년 3월 미국 언론인을 염탐한 혐의로 틱톡에 대한 조사를 시작하고, 강제 매각 또는 미국 내 사업 금지를 명령할 수 있는 법안을 도입했다. 2023년 4월 기준으로 틱톡은 이미 미국 전체 50개 주 중 34개 주의 연방·주 정부와 공공 부문 직원의 스마트폰에서 차단되었다. 한편 미국 정부는 첨단 반도체 기업과 클라우드 기업들이 중국 기업과 거래하는 것을 제한하는 조치도 지속할 계획이다. 2023년 11월 미국 반도체 장비 회사인 어플라이드 머티어리얼즈가 중국 반도체 회사인 SMIC에 대한 수출 제한을 위반한 혐의로 조사받았고, 엔비디아는 최첨단 AI 가속기의 중국 판매에 제한을 받았다. 미 정부의 제제가 지금보다 더 확대될 수 있으므로 투자자는 이 부분을 장기적이고 중대한 위험으로 판단해야 한다. 또한 미국과 선진국에 기반한 디지털 트랜스포메이션 기업의 중국 의존도가 높을 경우 심각한 위험으로 간주하고, 기업이 이를 줄이기 위한 노력을 적극적으로 수행하는지 늘 점검해야 한다.

IT 산업을 안보적 차원에서 바라보는 접근은 필연적으로 규제를 수반하지만 긍정적인 측면도 있다. 인공지능과 디지털 트랜스포메이션 같은 산업의 초기 단계에서 정부가 표준을 설정하면 사업의 불확실성이 제거되고 국가 차원에서의 대규모 지원책이 나올 수 있다. 첨단 반도체 생산처럼 기존의 글로벌 공급망을 재편하려는 국가 차원의 대규모 지원책은 민간 차원에서는 나오기 힘든 변화를 촉진할 수도 있으며, 이 과정에서 새로운 투자 기회가 발생할 수 있다. 그러니 투자자는 규제에 따른 위험을 최소화하면서도 정부 지원에 따른 새로운 기회를 극대화하는 대응에 집중할 필요가 있다.

미국 정부가 자국 내 첨단 반도체 생산을 유도하면서, 인텔이 큰 수혜를 본 게 대표적이다. 인텔은 미국에서 10나노 이하 반도체 파운드리 생산이 가능한 유일한 업체인데 주요 방위 산업에 필요한 첨단 반도체를 납품하는 핵심 방위 산업체다. 인텔은 미국이 자랑하는 전투기와 함정 등의 전자전 시스템, 미사일을 포함한 유도무기, 군 지휘 통제와 사이버·우주 전장에 대비하는 C6ISR 솔루션의 들어가는 핵심 반도체 상당수를 공급한다. 미국 정부로서는 안보적 측면에서 인텔은 반드시 키워야 할 기업이다. 미국 국방부가 자체 예산으로 2020년 전후 인텔 패키징 기술 개발에 보조금을 지급한 것이나 인텔이 미국 반도체 지원 법안인 CHIPS 법안에 가장 큰 수혜를 본 것도 이런 이유다. 더욱이 인텔은 2021년 팻 겔싱어^{Pat Gelsinger} 취임 이후 이전의 과오를 딛고 새롭게 부활하는 과정이라 미국 정부의 지원이 더해지면서 순풍에 돛 단 것처럼 회사가 긍정적으로 바뀌고 있다.

인텔은 미국 내 반도체 공장 건설 정책을 통해 미국 내 공장 건설에 따른 보조금 수령 외에도 경쟁사인 TSMC가 대만이 아닌 미국에서 첨단 공장을 건설하는 과정에서 발생한 지연으로 간접적인 수혜를 봤다. TSMC는 2022년부터 미국 애리조나에 400억 달러를 투자해 2024년부터 생산에 들어갈 2개의 팹을 짓고 있었다. 그런데 TSMC는 2023년 7월 투자자들에게 애리조나 공장의 생산 시점이 2025년으로 연기한다고 했다. TSMC가 미국 현지 직원 및 사업자들과 문화적 충돌로 비용과 기간이 늘어났기 때문이다. TSMC가 애리조나 공장을 짓기 시작한 2022년 이후 파운드리 분야에서 후발 기업들과의 격차가 줄어든 데는 단순히 기술적 어려움을 넘어 자신들이 익숙한 대만에서 생산을 집중하지 못한 것도 중요하게 작용했다. 그리고 TSMC의 지체는 후발주자인 인텔에게 큰 기회가 되었다.

(3) 미국의
글로벌 반도체 전략

미국 정부는 반도체 생산기지를 중국의 공격 위험이 높은 대만에서 다른 나라로 분산시키려는 정책도 추진하고 있다. CHIPS 법안에는 미국 내 공장 설립 이외에 전 세계 반도체 공급망을 지원하기 위한 ITSI International Technology Security and Innovation(국제 기술 보안 및 혁신) 펀드에 5년간 매년 1억 달러씩 총 5억 달러를 지원한다는 내용이 있다. 미국 입장에서 반도체 공급망 구축에 필요한 국가들에게 이 자금이 제공될 수 있다. 일본이 2022-2023년 적극적으로 자국 반도체 산업을 육성책들을 발표한 것이나 동남아시아 국가들이 반도체 산업 유치에 나서는 것은 미국 정부의 지원이 있어서다. 일본은 반도체 장비와 소재 분야의 강점을 넘어 생산 분야에도 적극적으로 나서고 있는데, 일본 반도체 기업들에게 긍정적인 영향을 미친다. 동남아시아 국가들 가운데는 베트남과 말레이시아, 그리고 싱가포르가 적극적인 행보를 보이고 있다. 실제로 미국의 인도 태평양 지역 전문 언론지《디플로매트 The Diplomat》는 2023년 12월 1일 기사에서 반도체 생산의 마지막 공정인 패키징-테스트 분야의 대만 의존도를 낮출 대안으로 동남아시아를 제시했고, IT 정보를 제공하는 IDC는 2023년 10월 2일 발간한 자료에서 2027년 대만의 파운드리와 패키징-테스트 전 세계 점유율은 2022년보다 각각 3%와 4%씩 감소한 43%와 47%일 것으로 전망했다.

일본 반도체 산업에 대해서는 국내에서도 많이 언급되었기에 생략하고, 동남아시아 반도체 산업을 집중적으로 보고자 한다. 2023년 9월 바이든 대통령이 하노이를 방문해 양국 관계를 격상하고 베트남을 반도체 글로벌 공급망에서 잠재적으로 중요한 플레이어로 지목함에 따라서 베트남은 반도체 산업 유치에 더욱 박차를 가하고 있다. 로이터는 2023년 10월 기사를 통해 "베트남이 10년 안에 첫 번째 반도체 공장 건설을 원한다"라면서 "베트남 정부 관계자는 최근 몇 주 동안 6개 미국 반도체 회사들과 회의를 열었다"고 전했다. 여기에는 글로벌 파운드리와 TSMC가 포함된다고 덧붙였다. 말레이시아는 전 세계 반도체 패키징, 조립, 테스트 서비스 분야에서 13%의 점유율을 차지하는 6번째로 큰 반도체 수출국이다. 말레이시아의 지정학적 안정성과 자연재해 위험이 적은 지리적 특성이 결합된 결과다. 말레이시아에는 2023년 말 세계 최대 규모의 인피니온 실리콘 카바이드 반도체 공장과 인텔이 70억 달러를 투자한 3D 패키징 공장이 건설 중이다. 싱가포르에는 글로벌 파운드리의 가장 큰 파운드리 공장이 있는데, 글로벌 파운드리는 싱가포르 공장의 증설을 적극 추진하고 있다. 니케이 아시아는 2023년 10월 23일 기사에서 TSMC 자회사로 특수 칩 파운드리 회사인 뱅가드 인터내셔널 반도체가 싱가포르에 차량용 반도체 생산을 위한 최초의 12인치 반도체 공장을 건설할 것이라고 전했다. 한편 말레이시아와 싱가포르는 지리적으로 가깝고 반도체 전공정과 후공정의 상호 보완 관계로 시너지를 기대할 수 있다. 2023년 12월 11일 엔비디아는 베트남에 반도체 설계 허브를 세우겠다고 밝히고, 그 직전에 말레이시아를 방문해 말레이시아를 잠재적 인공지능 제조 허브로 보고 있다고 했다.

이런 변화들은 일본과 동남아시아에 선제적으로 진출한 기업들과 그렇지 않은 기업들의 경쟁력 차이를 확대시킬 수 있다. 전통적인 반도체 제조 강국인 대만과 한국에 집중하는 기업들의 상대적 위상이 약화될 수 있음을 의미한다. 글로벌 투자자들은 이제 해당 기업들의 글로벌 거점을 안보적 관점에서 재평가하는 작업에 더욱 주목할 것으로 보인다.

6

디지털 트랜스포메이션 관점에서 본
투자 포인트와 주목할 글로벌 기업

(1) 클라우드 기업

디지털 트랜스포메이션의 기본은 클라우드다. 다만 클라우드는 단기적으로 보면 현재와 같은 과점적 구조에서는 큰 변화가 나오기 힘들다. 따라서 기본적으로 클라우드 메이저 3사는 긍정적으로 볼수 있으나 그 안에서도 우열이 갈린다. 선호도 순서로 마이크로소프트, 구글, 아마존인데 기술적 리더십과 고객 및 협력사들과의 네트워크, CEO의 리더십 등에서 차이가 크다. 특히 마이크로소프트MSFT는 일반 기업에 근무하는 현장 근로자들에게도 디지털 트랜스포메이션을 지원할 수 있는 노코딩No-Coding 혹은 로우코딩Low-Coding 솔루션을 포함한 다양한 기업용 소프트웨어와, 오픈AI와의 제휴를 통한 인공지능 역량까지 갖춤으로써 투자자들로부터 최선호주로 꼽힌다. 2023년에 주가가 많이 올랐음에도 당분간 긍정적 시각을 유지하리라 예상한다. 반면 아마존은 IT 기반의 문화가 다소 약해서 선점 효과에도 불구하고 점유율 하락이 우려된다. 특히 클라우드 산업이 인공지능 활성화로 큰 변화에 직면했기에 기술적 리더십과 CEO의 리더십에 따른 변화가 더욱 중요해졌다. 한편 후발 클라우드 기업들에는 크게 기대하지 않는다. 무엇보다 안보 이슈로 중국 클라우드 기업들의 어려움은 지속될 것으로 보인다.

(2) 소프트웨어 기업

클라우드 다음으로 주목할 분야가 소프트웨어다. 2023년 3분기까지 좋은 실적을 보인 기업 대상 소프트웨어 기업들은 2024년에 더욱 강세를 보일 전망이다. 대표적으로 서비스나우^{NOW}, 세일즈포스^{CRM}, 어도비^{ADBE}, 먼데이닷컴^{MNDY}, 아틀란시안^{TEAM}, 유아이패스^{PATH}, 다이나트레이스^{DT}, 스노우플레이크^{SNOW}, 크라우드 스트라이크^{CRWD}, 퀄리스^{QLYS}, 지스케일러^{ZS} 등이 있다. 보안 기업들의 강세가 유독 눈에 띄는데, 하드웨어를 포함한 기업인 팔로알토 네트웍스^{PANW}와 체크 포인트 소프트웨어^{CHKP}가 강세를 보였다. 보안 기업들의 중요성은 더욱 커질 것이다. 일반 투자자 입장에서는 어느 회사가 유망한가를 알기가 쉽지 않지만 팬데믹이 지난 2023년에 강세를 보인 기업은 어느 정도 신뢰할 만하다.

기업 대상 소프트웨어 회사들 중에서 온라인을 넘어 오프라인 영역에서 생산성 개선을 이끌고 있는 곳들은 주목할 필요가 있다. 제품 개발을 지원하는 컴퓨터 지원 설계CAD, 컴퓨터 지원 엔지니어링CAE, 제품 수명 관리PLM 솔루션을 제공하는 PTCPTC와 알테어 엔지니어링ALTR, 그리고 사물 인터넷IoT 데이터를 효과적으로 활용하는 플랫폼을 제공하는 삼사라IOT가 대표적이다. 이들은 2023년에 주가 강세를 보였는데, 수익을 많이 봤으니 매도하기보다는 검증을 거쳤고 관련 사업의 성장 가능성이 여전하다는 면에서 2024년에도 긍정적으로 접근할 필요가 있다. 이들보다는 다소 부진했으나 반도체 공정 개선 솔루션을 제공하는 PDF 솔루션PDF은 2024년 반도체 시장 회복과, 반도체 공정에서의 인공지능 활용 확대와 맞물려 주목할 필요가 있다.

미국에서는 클라우드와 소프트웨어 기업들이 디지털 트랜스포메이션을 주도하지만 일본과 한국으로 넘어오면 상황이 달라진다. 두 나라에는 다양한 분야에서 엄청난 영향력을 행사하는 '재벌' 시스템이 존재하고 소프트웨어 마인드도 약해 미국처럼 독립적인 클라우드나 소프트웨어 기업에게는 기회가 제한적이다. 따라서 재벌 계열 기업들 중 디지털 트랜스포메이션을 주도할 수 있는 소프트웨어 역량을 갖춘 기업에 주목할 필요가 있다. 클라우드와 소프트웨어에서의 전문성은 미국 기업들에 밀리지만 장점도 있다. 재벌에 속한 IT 기업은 IT 전문 기업에 비해 재벌 계열사들에 대해서 잘 알 수 있어 현업에 최적화된 디지털 트랜스포메이션을 진행할 수 있다. 단점은 IT 분야의 전문성이 다소 떨어지고 내부에서 충분한 먹거리가 있어 기술 변화에 제대로 대응하지 못할 수 있다는 것이다. 다만 한국적 상황에서는 대규모 일감을 제공하는 기업들이 대부분 재벌 계열사일 가능성이 높아 단점보다 장점이 당장 더 크게 작용할 것이다.

(3) 히타치와 NEC

일본 기업 히타치(6501)와 NEC(6701)를 주목하라. 재벌 시스템에서 시작했지만 다양한 오프라인 기업들을 제대로 이해하여 이들의 디지털 트랜스포메이션을 잘 지원하면서도 소프트웨어 중심의 핵심 경쟁력도 탄탄해 글로벌 경쟁력을 갖추었다는 평이다. 두 기업은 클라우드와 인공지능 중심의 핵심 역량을 강화하고 동시에 불필요한 사업들을 정리했다. 일찍부터 해외 사업을 확대하면서 계열사 안에서 안주하면서 자칫 경쟁력이 약화될 수 있는 위험을 잘 극복했다. 또한 정부와 많은 대기업을 대상으로 디지털 트랜스포메이션을 진행한 노하우를 쌓았고, 여기 필요한 일부 하드웨어 관련 사업들을 유지하면서 소프트웨어만 집중할 때 올 수 있는 한계를 극복하고 하드웨어와 소프트웨어를 턴키로 제공할 수 있게 되었다. 특히 히타치는 전기 중심의 에너지 전환도 주력 산업으로 영위하고, 지배 구조도 일본 대기업의 롤모델이 될 정도로 우수하다. 자세한 내용은 2장과 3장에서 다룬다.

(4) 대기업의 SI 회사들이 유망한 한국

한국은 일본보다 재벌의 영향력이 더욱 커 일본과 다르게 접근해야 한다. 먼저 디지털 트랜스포메이션의 고객이 될 핵심 기업들의 상당수가 재벌에 속한다. 또 재벌은 가급적 그룹 내에서 자체적으로 물량을 주려고 한다. 2023년 말 기준, 가장 앞선 디지털 트랜스포메이션 공장을 제시한 현대차 그룹의 싱가포르 혁신센터에서도 잘 드러난다. 전체 공장 솔루션 제어와 디지털 트윈은 현대오토에버가 담당하고, 공장 내 물류 이동 로봇인 AGV와 AMR은 각각 현대로템과 현대위아가 담당했다. 그리고 중간에 상황을 감시하거나 제품의 하자를 검토하는 사족 보행 로봇은 (2020년에 현대가 인수한) 보스톤다이내믹스 몫이었다. 이처럼 한국에서의 디지털 트윈 솔루션은 네이버나 카카오 같은 IT 전문 기업이나 KT 같은 대형 통신사들이 아니라, 해당 재벌 그룹의 물량을 독점할 수 있는 대기업 계열의 SI 회사들이 더 유망하다. 디지털 트랜스포메이션 초기에 큰 투자를 집행할 여력이 있는 회사들 대부분이 대규모 공장을 갖춘 대기업 계열사일 가능성이 크기 때문이다. 즉, 당장의 글로벌 경쟁력보다 막대한 내부 물량 확보가 더 중요하게 여겨진다. 삼성과 현대 그룹의 움직임을 보면 공장의 디지털 전환에 본격적으로 나서려는 조짐이 역력하다. 투자자 관점에서는 물량을 많이 줄 수 있는 대기업 계열 상장 SI들에 주목할 필요가 있다. 삼성에스디에스(018260)와 현대오토에버(307950)가 대표적이다. 이밖에 자체 물량을 어느 정도 확보할 수 있는 롯데정보통신(286940)과 포스코 DX(022100)도 관심을 가지고 지켜볼 만하다.

(5) 반도체 분야의 유망 기업들

반도체는 디지털 트랜스포메이션을 구현하는 최고 핵심 부품이다. 다만 종류가 여럿이고, 그 안에서 디지털 트랜스포메이션에 따른 수혜는 분야별로 천차만별이라 인공지능과 직접 관련된 반도체에만 집중하는 쪽이 효율적이다. 2024년에 인공지능 반도체와 관련하여 집중해서 볼 분야는 ① AI 가속기와 파운드리, ② EDA[Electronic Design Automation]·IP·디자인하우스, ③ 고급 패키징과 검사·테스트다. 해당 분야의 기업들을 선별할 때에는 생태계 구축과 안보 논리까지 종합하여 고려할 필요가 있다.

엔비디아[NVDA]는 AI 가속기 분야의 절대 강자다. 2023년의 주가 급등은 반도체 성능만이 아니라 쿠다를 중심으로 강력한 생태계를 구축한 이유가 크다. 또한 데이터센터에 사용할 DPU와 CPU 개발을 통해 과거 인텔처럼 데이터센터에 들어가는 주요 하드웨어들을 한번에 제공한다는 점도 높게 평가할 수 있다. 비싼 AI 가속기는 클라우드 구독형으로 판매함으로써 물량 부족과 가격 부담을 완화했다는 것도 인상적이다. 엔비디아는 여러 업체와의 협업을 통해 꾸준히 GPU 기반의 인공지능 확산을 위해 노력한다. 다양한 인공지능 소프트웨어를 개발함으로써 소프트웨어 기업으로 진화하고 있다는 점도 긍정적으로 평가할 수 있다. 반도체 회사라고 해도 하드웨어 반도체에 집중하는 전략으로는 클라우드 소프트웨어 중심의 반도체 시대에서 살아남기 힘들다. 이와 같은 강점들로 디지털 트랜스포메이션이 더욱 가속화될 2024년에 엔비디아의 강세는 이어질 가능성이 크다.

AMD와 퀄컴 같은 AI 가속기 회사들도 눈에 띈다. 다만 2023년 말 기준으로 이들의 성공 가능성은 조금 더 지켜봐야겠다. 인공지능 학습 영역에서 엔비디아의 벽을 넘지 못하는 가운데, 클라우드 기업들의 자체 인공지능 반도체들이 인공지능 추론 영역을 확대했다가 자칫 샌드위치 신세가 될 수 있어서다. 엔비디아의 아성을 위협하기 위해서는 엔비디아가 구축한 강력한 개발자·고객 생태계를 넘어서는 독자적인 생태계를 구축해야 하는데 어려운 일이다. 이외에도 수많은 반도체 스타트업이 인공지능 반도체를 개발 중이나 생태계 구축에 큰 제약이 있어 엔비디아 AI 가속기의 100배 정도의 하드웨어 성능이 구현되거나 기존 생태계를 위협하는 큰 강점을 가지지 않는 이상, 투자 관점에서 당장에 기대할 여지는 제한적이다.

물론 과거 국내 인터넷 검색 시장에서 다음이나, 워드프로세서 시장에서 한컴 같은 회사가 AI 가속기 시장에서도 나타날 수 있다. 현재 여기 가장 근접한 회사는 AMD^AMD다. AMD는 2023년 12월 엔비디아 H100보다 빠른 MI300X를 출시했는데, 엔비디아 AI 가속기가 공급되는 데 긴 시간이 걸리고 또 엔비디아 제품 대비 가성비가 좋아 엔비디아 대안으로 자리 잡을 수 있다. AMD는 쿠다 생태계에 대응하기 위한 인공지능 소프트웨어 생태계를 지원하는 오픈 소스 소프트웨어 플랫폼인 ROCm을 제공한다. MI300X와 함께 발표한 ROCm6이 인공지능 지원이 잘 되어 있고 엔비디아 쿠다로 코딩한 것을 전환한다는 점을 강조한 부분이 인상적이다. ROCm은 HIP^{Heterogeneous-Compute Interface for Portability}라는 C++ 언어를 기반으로 하는데, HIP는 엔비디아 쿠다 어플리케이션을 이식 가능한 C++ 코드로 쉽게 변환할 수 있게 해 준다. 일각에서는 HIP가 쿠다 코드를 95% 가까이 변환하고, 실제 엔지니어들 리뷰도 "번거롭지만 쓸 만하다"는 평가다. 한컴이 최신 MS오피스 문서도 볼 수 있는 버전을 재빨리 출시한 것과 유사하다.

파운드리는 인공지능 반도체 관점에서 중요 분야다. 최근 이슈인 AI 가속기를 포함한 첨단 반도체들의 공통 문제가 생산 병목 현상으로, 공급이 충분하고 원활하지 못하다는 점인데 파운드리가 이것을 해결하기 때문이다. 첨단 반도체 파운드리 분야에서는 TSMC^{TSM}라는 절대 강자가 있다. 2023년 12월 6일 시장 조사 회사인 트렌드포스의 자료에 따르면 TSMC는 2023년 3분기에 전 세계 파운드리 점유율 57.9%로, 2위인 삼성전자(12.4%)와의 격차를 더욱 벌렸다. 7나노 이하 고급 반도체로 한정할 경우, TSMC의 점유율은 더 높을 것으로 추정된다. 실제로 2023년 3분기 점유율을 전한 트렌스포스는 TSMC가 7나노 이하에서 전체 매출의 약 60%를 차지했고, 3나노 공정만으로도 전체 매출의 6%를 차지했다고 전했다. 2024년 반도체 시장은 고급 반도체 중심의 성장이 기대되기 때문에 TSMC의 본격적인 반등을 기대해 볼 만하다. 시장 점유율과 고객 네트워크 등 사업적인 측면만 고려하면 TSMC의 독주가 지속될 수 있다.

여기에 안보 관점을 적용하면 상황이 달라진다. 미국 정부가 반도체를 안보적 관점에서 접근하면서 중국의 위협을 받을 수 있는 대만 기업인 TSMC를 불안하게 보는 조짐이 역력하기 때문이다. 미국이 자국 내 첨단 반도체 생산을 늘리는 한편 일본과 동남아시아를 새로운 반도체 생산기지로 육성하여 대만 의존도를 낮추려는 행보가 나타나고 있다. 이와 같은 외부적인 요인으로 TSMC가 사업에만 집중하지 못할 수 있다. 이처럼 안보 관점도 접목해 보면, 파운드리 최고 선호주는 TSMC보다 인텔INTC일 것이다. 팻 겔싱어 취임 이후 인텔은 지속적으로 파운드리 강화에 막대한 투자를 하고 있다. 미국 정부의 입장에 부합해 미국 내 공장 증설 외에도 말레이시아 패키징 공장과 아일랜드 파운드리 공장을 포함한 미국 우방 지역 위주로 전 세계에 파운드리 생산기지를 확대한 반면, 미국과 지정학적 경쟁을 벌이는 중국에 위치한 반도체 생산 시설을 (파운드리가 아닌 SSD 사업이지만) 2021년 SK하이닉스에 매각함으로써 정리했다. 인텔은 또한 2023년 12월에 출시한 메테오레이크를 통해 7나노급 반도체 시장으로의 복귀를 알렸다. 인텔은 원래 데이터센터 하드웨어 전체를 턴키로 공급할 역량을 갖춘 강자였고, 패키징을 포함한 반도체 성능 최적화에도 강점을 지녀 미세화 공정만 확보된다면 빠르게 파운드리 시장에서 성장할 수 있다. 이런 기대감이 기존의 사업인 PC용 CPU 축소 등의 악재보다 더 큰 모멘텀이 될 전망이다. 물론 오랜 시간이 걸리는 변환이기에 진척 사항이 늦어지면서 흔들림이 클 수도 있다. 2024년 1월 25일 실적 발표 이후의 주가 급락이 그 위험을 잘 보여 준다. 그럼에도 지난 수년간 진행된 과정은 2024년 하반기로 갈수록 조금씩 더 가시화되면서 2024년 전체로 보면 좋은 주가 수익을 낼 것으로 기대한다.

반도체에서 클라우드 업체의 영향력이 커지고 있고, 심지어 클라우드 기업들이 직접 반도체를 생산하며, 안보 이슈도 더해져 각자 자신의 필요에 따른 반도체 설계가 늘고 있다. 또 반도체 성능에서 웨이퍼 미세화보다 설계를 포함한 소프트웨어 측면의 중요성이 커지는 중이다. 이런 관점에서 수혜를 볼 수 있는 분야가 반도체 설계를 지원하는 툴과 서비스를 제공하는 EDA·IP·디자인하우스 업체들이다. 대표적인 회사가 글로벌 EDA 과점 회사인 시놉시스^{SNPS}와 케이던스 디자인 시스템^{CDNS}다. 다른 반도체 관련 기업들에 비해 주가 상승폭이 크고 꾸준하지만, 최근의 반도체 변화에 큰 수혜를 볼 수 있고 또 시장 지배력과 생태계도 강해 당분간 주가가 상승할 가능성이 크다. IP 기업 중 2023년 하반기에 상장한 ARM은 사업 특성상 가격 인상이 쉽지 않고 높은 시가총액에 상장되어서 상승 여력은 제한적이다. 반도체 칩 내부의 전자회로를 설계하는 디자인하우스는 대형 파운드리와의 제휴가 중요하다. 그래서 보통 TSMC, 삼성전자 같은 대형 파운드리 회사들과 밀접한 배타적 제휴 관계를 맺는다. 디자인하우스 중 상장된 회사는 TSMC와 제휴하고 대만에 상장된 GUC와 알칩^{Alchip}, 삼성전자와 제휴한 에이디테크놀로지(200710)가 있다.

반도체 공정에서 중요성이 커지고 있는 고급 패키징과 그와 밀접한 검사·테스트 관련 기업들 중 세계적으로 기술력이 입증된 선두 업체들은 2023년에 이어 2024년에도 주목해야 한다. 주요 장비 회사들 가운데 고급 패키징과 직접 관련된 회사로는 반도체 절삭과 가공 분야 세계 1위인 디스코(6146), 반도체 몰딩 장비 분야의 부동의 세계 1위 토와(6315), 고급 패키징 전용 본딩 장비 분야에서 세계 1위 기업이지만 네덜란드에 상장된 BESI와 싱가포르에 본사를 두고 홍콩에 상장된 ASM 퍼시픽 테크놀로지(00522, 홍콩), 이기종 컴퓨팅 결합에 사용되는 레이저 어닐링과 고급 패키징에 사용되는 인터포저 노광 공정용 장비를 생산하는 비코 인스트루먼츠VECO, 역시 고급 패키징에 사용되는 노광 장비를 생산하는 캐논(7751)과 우시오전기(6925) 등이 있다. 또한 검사·테스트와 직접 관련된 장비 회사들 중에서 반도체 웨이퍼·패널의 광학 계측과 결함을 검사하고, 그에 따른 소프트웨어를 포함한 솔루션을 제공한 온투 이노베이션ONTO, 반도체 검사·측정과 반도체 공정 제어와 수율 관리 솔루션을 제공하는 KLAKLAC, 이스라엘 기반 반도체 전공정에 걸친 검사와 계측 장비를 공급하는 컴텍CAMT, 반도체 테스트 장비 시장의 세계 1위인 어드밴테스트(6857) 등이 있다. 이들 모두 2023년 부진했던 반도체 경기에서도 주가 흐름이 좋았는데, 해당 산업의 성장세가 가파르기 때문에 2024년에도 강세를 보일 가능성이 크다.

한편 고급 패키징이 강조되면서 전통적으로 저부가가치 서비스에 그쳤던 OSATOutsourced Semiconductor Assembly And Test 관련 업체들 중에서 고급 패키징으로 사업을 확대 중인 일부 상위 업체들도 주목할 필요가 있다. 업계 1위와 2위는 각각 ASE 테크놀로지ASX와 앰코 테크놀로지AMKR

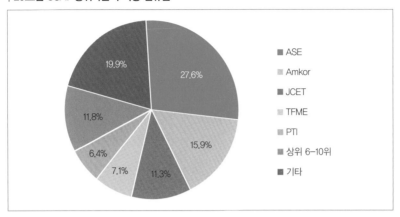

ASE
Amkor
JCET
TFME
PTI
상위 6-10위
기타

27.6%
19.9%
15.9%
11.8%
11.3%
7.1%
6.4%

출처 : IDC 2023

로, 미국에 상장되어 있다.

클라우드와 인공지능은 서로의 성능 개선과 시장 확대에 영향을 미친다. 2023년에 인공지능의 한 단계 레벨-업은 2024년에 클라우드 성장과 그로 인한 여타 다른 소프트웨어의 성능이 개선됨으로써 현실 세계의 디지털 트랜스포메이션이 더욱 확산됨을 의미한다. 변화를 주도하는 기업과 변화의 중심에 있는 산업들은 성장 기회를 잡을 수 있다.

(6) 디지털 트랜스포메이션 중심에 있는 테슬라

테슬라는 디지털 트랜스포메이션의 중심에 있는 회사로,

2024년에 눈여겨볼 필요가 있다. 테슬라는 2021년 11월 고점을 찍고 2022년 내내 주가가 하락하다가 2023년 상반기에 다소 반등했지만, 하반기에 들어서면서 전기차 시장의 성장 둔화와 X(구 트위터) 인수 후유증 등으로 다시 하락하면서 빅테크 대비 부진한 성과를 보였다. 연일 신고가를 기록하는 엔비디아와 마이크로소프트에 비하면 초라한 성적이다. (ESG를 다루면서 설명하겠지만) 무엇보다 테슬라는 지배 구조와 사회 관점에서 많은 약점이 있다. 이는 2023년 1월에 기대를 다소 하회하는 실적 발표와 맞물려 큰 폭의 주가 하락으로 이어졌다. 그럼에도 ESG 관점에서의 한계는 미국과 테슬라라면 수개월 내 다소 완화할 수 있다는 전제 하에서, 2024년 연간 전체적으로 좋은 주가 수익을 기록할 가능성이 크다. 엔비디아와 마이크로소프트가 인공지능 활성화 초반부에 수혜를 봐 강세를 보였다면, 테슬라는 인공지능이 생활에 확산되는 본격적인 디지털 트랜스포메이션 시기에서 강점이 도드라지는 기업이기 때문이다. 테슬라 인공지능과 반도체 역량, 테슬라봇, 스페이스X의 인공위성통신과 이미지, 그리고 일론 머스크의 인공지능 스타트업 X.AI가 결합되어 본격적인 시너지를 낼 가능성이 크다. 당장 스페이스X의 저궤도 위성통신 활용 시 테슬라가 자동차 OTA를 위해 각국 통신사에 지급하던 비용을 절감할 수 있고, 자율주행 성능을 획기적으로 높일 수 있다. 테슬라의 인공지능은 이미지에 기반하고 있는데, X의 정체된 언어 데이터와 X.AI가 결합한 언어 모델과 결합해 다모드Multimodal AI를 준비한다면 빠르게 경쟁력을 확보할 수 있다. 테슬라봇은 공장 자동화를 넘어 다양한 범위로 활용할 수 있고, 여기 필요한 반도체와 인공지능은 테슬라 자체적으로 조달할 수 있다. 스페이스X의 저궤도 위성통신과 테슬라 자동차와 테슬라봇을 결합하면 특정 공장이나 한정된 영역을 넘어 전 지구적인 디지털 트랜스포메이션 솔루션을 제공할 수 있다. 이를 위해 필요한 전력 관련 솔루션도 테슬라 에너지 사업부에서 내재화할 수 있다. 무엇보다 이 모든 서비스가 2023년에 꽤 진행되었거나 씨를 뿌렸기에 2024년 하반기부터 가시화가 가능하다. 일론 머스크 개인의 리스크에도 불구하고 2024년에는 테슬라를 주목해야 한다.

(7) 방위 산업 기업

방위 산업도 2024년에 디지털 트랜스포메이션 본격화에 먼저 대응하고 정부 예산을 기반으로 실제 집행이 빨라질 수 있는 산업이다. 특히 우주, 지위 통제와 통신 등 C6ISR, 자율주행 분야에 강점을 가진 기업에 주목하자. 록히드마틴LMT과 노스롭 그루만NOC 같은 전통 대기업만이 아니라 크라토스 디팬스&시큐리티 솔루션KTOS, 에어로바이런먼트AVAV, 팔란티어PLTR, 사이언스 애플리케이션 인터내셔널SAIC 같은 혁신적인 중소형 기업들에도 관심을 가질 필요가 있다. 우리나라도 비슷한 분야에서 정부 차원의 적극적 투자와 해외 수출이 함께 나타나고 있고, 2024년 22대 총선 이후 우주항공청 설립을 포함한 우주 관련 정책들이 확정될 가능성이 크다. 한화시스템(272210), 한화에어로스페

이스(012450), LIG넥스원(079550), SNT다이내믹스(003570) 등에 주목할
필요가 있다.

(8) 헬스케어 기업

2024년 1월 엔비디아와 리커전 파마슈티컬스RXRX가 함께 인
공지능 신약 개발 플랫폼인 '바이오니모'를 개발한 데서 알 수 있듯,
신약 개발에 인공지능을 활용하는 사례가 크게 늘 것이다. 여기에 임
상·진료 분야도 클라우드와 인공지능을 적극 활용하리라 예상한다. 관
련 기업으로는 리커전 파마슈티컬스 이외에도 아이큐비아IQV, 릴레이
테라퓨틱스RLAY, 시뮬레이션스 플러스SLP, 서타라CERT, 앱셀라바이오로
직스ABCL, 트위스트 바이오사이언스TWST, 슈로딩거SDGR 등의 다양한 중
소기업과 이들 기술을 적극 도입한 글로벌 제약사(암젠, 머크, 노바티스,
아스트라제네카, 다케다, 얀센, 로슈, GSK 등) 등이 있다. 다만 기업용 소프트
웨어와 달리 아직은 가시적인 성과가 없고 언제 성과가 나올지 불확실
해 투자 시 보다 장기적인 관점에서 신중하게 볼 필요가 있다. 그러나
빠르게 변화되는 인공지능 시장의 변화를 고려한다면 흥미롭게 지켜
볼 필요가 있다.

(9) 외식 프랜차이즈 기업 외

건설기계와 농기계, 그리고 트럭 등에서 자율주행이 얼마나 진행될지, 기업 대상 위성통신이 얼마나 확산될지, 그리고 오픈AI 같은 인공지능 기업들이 LLM 모델의 수익화를 위해 기업을 대상으로 한 API 공개를 얼마나 빨리 진행할지 등에 따라 해당 산업에서 이 기술들을 선제적으로 도입한 기업이 수혜를 볼 수 있다. 대표적으로 주목하는 산업이 외식 프랜차이즈다. 외식 프랜차이즈 산업은 한정된 공간에서 제안된 작업을 수행하고 인건비 비중이 높다. 게다가 대형 프랜차이즈 기업들은 디지털 트랜스포메이션을 적용할 초기 비용을 감당할 여력이 충분해 2024년에 큰 변화가 나타날 수 있는 분야를 말할 때 빼놓을 수 없다. 디지털 트랜스포메이션 적용 시 원가를 절감하고 빠르게 메뉴 개발을 진행하면서 고객 데이터를 확보해 기업 가치를 늘릴 수 있다. 선제적으로 투자하고 있는 치폴레CMG, 맥도날드MCD, 도미노피자DPZ, 스타벅스SBUX, 얌브랜드YUM 같은 기업들을 주목하자. 온라인 기업들은 이미 클라우드와 인공지능을 적극 활용 중이나 그럼에도 이전보다 늘어난 데이터 처리 용량으로 이미지나 동영상 전송과 데이터 처리가 더 원활해질 수 있다는 점에서 XR 산업과 버튜버 관련 기업 등이 수혜를 볼 수 있다.

(10) 디지털 트랜스포메이션 솔루션 제공 기업

마지막으로 디지털 트랜스포메이션 구현을 위한 기초 인프라와 관련 기업들을 보려고 한다. 에너지 관련 부문은 에너지 전환에서 다루어 생략한다. 먼저 클라우드와 디지털 트랜스포메이션을 구현할 공장·빌딩에서 통신 솔루션을 제공하는 아리스타 네트웍스ANET가 있다. 얼핏 비슷해 보이는 시스코 시스템즈CSCO와 달리 꾸준히 주가가 상승하고 있는데, 클라우드 중심의 변화된 환경에 적응하고 그에 맞는 역량을 갖췄는지가 중요하기 때문이다. 차세대 클라우드와 전 지구적 디지털 트랜스포메이션 구축에 핵심 역할을 할 우주 통신과 이미지 제공도 중요하다. 다만 이 분야에서 가장 앞선 스페이스X는 상장 전이고, 우주 관련 기업들 상당수가 아직은 실적이 미약해 당장 주식 투자 대상으로 접근하기보다는 꾸준히 점검하면서 장기적으로 접근해야 한다. 한편 디지털 트랜스포메이션 구현을 위한 센서나 컨트롤러 영역도 중요하다. 이들 기업들은 2023년 전반적인 설비 투자 침체 등으로 주가는 부진했지만 장기 모멘텀은 여전하고, 2024년 설비 투자가 회복될 수도 있다. 워낙에 여러 기업이 있어 전부 언급하기는 힘들지만, 인공지능과의 접목을 통한 자동화 솔루션에 경쟁력을 갖춘 로크웰 오토메이션ROK과 오므론(6645)을 주목하고 있다.

2장

에너지 전환,
본격화되는
전기 중심 에너지로의 전환

1. 주력 에너지가 바뀌는 진정한 산업혁명의 도래: 화석연료에서 전기로

2020년 이후 전 세계적으로 화석연료에서 전기 중심 에너지로의 전환이 빠르게 진행되고 있다. 전기 사용 비율을 늘리는 것만이 아니라 화석연료를 사용하는 교통, 생산, 냉난방, 인프라 등 사회 시스템 전반에 걸친 구조적 변화다. 18세기의 1차 산업혁명과 비견될 만큼의 큰 변화로, 디지털 트랜스포메이션과 밀접한 관련이 있다. 이미 높은 신재생 에너지 비중을 달성한 미국과 유럽은 진행에 더욱 박차를 가하고 있다. 이에 반해 한국은 전기 중심 에너지 전환 속도가 미국과 유럽만이 아니라 중국, 일본, 인도보다도 낮다. 미국과 유럽이 선도하고 많은 나라가 지지할 전기 중심 에너지로의 전환은 전 세계 경제 판도를 바꿀 것이다.

2. 전기 중심 에너지 전환이 필요한 이유

디지털 트랜스포메이션의 물결이 전기를 새로운 에너지의 핵심으로 밀어 올리고 있다. AI의 부상과 데이터센터의 전력 소비 증가는 전기 중심 에너지 전환을 가속화하며, 전기차와 차세대 운송 수단이 이와 같은 전환을 더욱 명확하게 만든다. 전 세계가 디지털로 연결되며, 공장부터 주거까지 모든 것이 전기를 중심으로 재편되고 있다. 안보와 에너지의 교차점에서 전기는 다양한 생산 방법을 갖고 있고 자급자족이 가능하여, 특히 안보에 큰 이점을 제공한다. 기후 위기 이슈도 크다. 변화의 중심에는 에어컨, 히트펌프, 철도 등의 산업이 있다. 이외에도 다양한 산업 분야에서 수혜가 기대되나 준비된 기업들에게만 해당된다.

3. 전력망, 전기 중심 에너지 전환의 최대 병목

전력망은 향후 전기 중심 에너지 전환에서 가장 큰 투자 기회를 제공할 전망이다. 전력망 병목이 심각해짐에 따라 전기차와 신재생 에너지 발전보다 전력망 투자에 집중하는 경향이 두드러진다. 전력망 병목이 심각해진 이유는 ① 지연된 투자, ② 긴 투자 기간과 대규모 투자 금액, ③ 기존 발전 대비 더 많은 전력망 투자가 필요한 신재생 에너지 확대 등이다. 디지털 투자는 변화하는 전력망 환경에 대응하기 위한 투자에서 중요하다. 인공지능을 접목해 원격제어, 이상 상황 사전 예측과 대응, 날씨 등 환경 변화에 따른 동적 송·배전 관리, 자가 복구 등이 가능해진다. 전력망은 사용자가 많아질수록 가치가 상승하기 때문에 규모를 확대해 국가 간 전력망을 연결하기도 한다. 따라서 신재생 에너지 기반의 전기 시대 구축에 전력망 확장은 필수다. 투자자 관점에서는 HVDC^{High-Voltage Direct Current}(초고압 직류 송전)의 성장과, 미국과 유럽 등의 선진국을 중심으로 이루어지고 있는 전력망 시장의 확대를 주목할 필요가 있다. 이 변화에 잘 대응할 수 있는 글로벌 기업 중심으로 전략을 짜야 한다.

4. 원자력 발전과 BESS, 전기 중심 에너지 전환 시대에 가치의 재발견

2023년 이후로 원자력 발전과 BESS^{Battery Energy Storage System}(배터리 에너지 저장 시스템)이 전력망과 함께 전기 중심 에너지 전환 측면에서 새롭게 평가받고 있다. 온실가스를 줄이고 신재생 에너지의 간헐성^{Intermittency}을 보완하면서 에너지 안보를 보장하는 현실적인 대안으로 인정받기 때문이다. 전 세계적으로 원자력 발전은 20여 년간 정체된 반면 러시아와 중국의 영향력이 확대되고 있어 미국과 서방 국가들의 우려가 컸다. 그러나 최근 들어 분위기가 바뀌었다. 특히 미국 원자력 정책은 안보 관점에서 접근할 필요가 있다. 미국이 차세대 원자력 발전 개발을 표명하고 적극적으로 동유럽에 진출하는 것은 과거 유럽에서 사용되었던 러시아 천연가스를 미국 LNG로 대체했던 것과 비슷한 시도다. 이런 관점에서 2022년 러시아와 함께 이집트 원전에 참여했던 한국의 입장이 난처해질 수 있다. 국내 원자력 발전 기업에 투자할 때도 주의할 대목이다. 또한 미국은 자국 내 원자력 발전도 적극 모색 중이다. 유럽과 국제 사회도 원자력 발전에 우호적이 되었다. 다만 투자 관점에서 원자력 발전은 오랜 기간이 소요되며 고금리 시기에는 더욱 조심스럽게 접근해야 한다. BESS는 신재생 에너지의 성장과 맞물려 빠르게 성장하는데, 2020년 이후 BESS 기술 발달이 뒷받침되었다. 글로벌 BESS 시장에서는 상위 업체들의 과점화가 상당 부분 진행되었고, 배터리와는 차별화된 분야로 자리 잡았다. 미국은 2021년부터 가파른 EESS 성장을 보여 주고 있다. 유럽, 중동과 북아프리카, 호주, 인도의 성장세도 두드러진다.

5. 가상 발전소, 디지털 트랜스포메이션을 앞세운 분산형 발전의 첨병

가상 발전소Virtual Power Plants, VPP는 실재하는 발전 시설 없이 디지털 트랜스포메이션 기술을 기반으로 삼아 신재생 에너지와 스마트 전력망 확산으로 부상 중인 분산형 발전에 대응하는 새로운 발전소다. 중요 개념은 '이기종의 다양한 분산 에너지 자원'과 '디지털'이다. 한국에서는 상당히 낯설지만 전 세계적으로 규모가 상당하고, 신재생 에너지 성장과 맞물려 높은 성장이 기대된다. 가상 발전소 운영 기업만이 아니라 관련 솔루션 분야도 유망하다. 다수의 전기 중심 에너지 전환 대기업 외에도 많은 스타트업이 경쟁 중이다.

6. 전기 중심 에너지 전환의 차세대 기술

청정 수소는 어떻게 온실가스 배출이 없는 수소를 생산할지 여부가 핵심이라 신재생 에너지 발전 인프라 역량이 중요하다. 청정 수소는 신재생 에너지와 분산형 발전을 촉진하는 등 전기 중심 에너지 전환에 크게 기여할 것이다. 미국은 2023년 세액 공제를 포함해 청정 수소 전환을 위한 의미 있는 정책 변화를 발표했다. 분산형 발전이 주거용 건물에서 상업용 건물까지 확산되면서 분산형 전기 생태계 구축의 후반부에는 스마트 건축이 활성화될 것이다. 장기 에너지 저장 장치는 현재의 배터리 저장 장치와 수소 중간의 에너지 저장 장치로 현재 실증 단계다. 이밖에 핵융합과 우주 기반 태양광 발전 같은 차세대 발전도 꾸준히 개발 중이다.

7. 에너지 전환 관점에서 본 투자 포인트와 주목할 글로벌 기업

전기 중심 에너지로의 전환으로 전기를 주력으로 삼는 기업을 포함한 많은 기업이 수혜를 볼 수 있다. 최근 전력망, BESS, 원자력 발전 등으로 무게 중심이 바뀌고 있어 투자 대상도 달라지고 있다. 전기 중심 에너지 전환 과정에서 간접적으로 영향을 받는 IT, 소재, 건설 분야에 주목할 필요가 있다. 일본과 미국 중전기, 미국 산업용 전력 투자, 글로벌 냉난방 공조 시스템, 전력 반도체, 배터리 저장 장치와 원자력 발전, 신재생 에너지와 청정 수소, 글로벌 및 국내 건설, 에너지 전환에 따라 수요가 증가하는 원자재 등 각 분야에서 투자가 가능한 기업들을 살펴본다.

1

주력 에너지가 바뀌는
진정한 산업혁명의 도래:
화석연료에서 전기로

(1) 주력 에너지 교체가 가져올
산업과 일상의 변화

오늘날의 인류 문명을 만든 가장 최근의 사건은 18세기 1차 산업혁명이다. 증기기관과 기계의 도입으로 생산성이 크게 개선되면서 오늘날과 같은 풍요로운 물질문명을 이룰 수 있었다. 이후 2차 산업혁명(20세기 초, 컨베이어 벨트를 이용한 표준화)과 3차 산업혁명(1970년대 이후, 공장 자동화)이 진행되었지만, 1차 산업혁명과 비교할 바가 아니다. 그리고 2020년을 시작으로 현재 진행 중인 4차 산업혁명은 로봇이 스스로 판단하고 생산하며, 다품종 소량 생산이 가능해질 것으로 기대된다. 이 내용이 1장에서 다룬 디지털 트랜스포메이션이다.

'디지털 트랜스포메이션'이라고 명명한 4차 산업혁명이 2차와 3차와 달리 1차 산업혁명에 비견될 큰 변화인 이유는 기술과 산업의 변화만이 아니라 주력 에너지가 바뀌기 때문이다. 1차 산업혁명이 중요한 것은 사람과 가축의 힘에 의존하던 에너지가 화석연료로 바뀌었기 때문이다. 에너지 전환은 산업 체계와 사회 전반이 바뀌어 이전과 비교할 수 없는 큰 폭의 생산성 개선이 일어나는 기반이 된다. 2020년경부터 전 세계는 1차 산업혁명에서부터 시작된 화석연료에서 벗어나 전기 에너지 중심의 변화를 시도하고 있다.

우리의 일상이 전기 중심 에너지로 전환되면 어떻게 될까? 화석연료의 주요 사용처이자 도시 자원의 비효율적 활용을 강제했던 자동차는 테슬라와 중국 전기차 제조업체들의 빠른 성장으로 수십 년 안에 대부분 전기차로 전환된다. 전기차는 전기 연료 사용만이 아니라 네트워크와 연결되고 인공지능으로 제어되면서 불필요한 자원 낭비를 최소화하는 스마트카로 바뀐다. 육상 운송에서 전기 혹은 전기를 저장하고 운송할 수 있는 수소로 가동되는 철도와 전철, 그리고 화물차와 로봇으로의 전환이 일어난다. 항공기와 선박의 상당수도 전기로 가동되거나 수소 혹은 수소가 변형된 암모니아로 동력원이 변한다. 제품을 생산하는 공장이나 업무용 사무실도 전기를 주요 에너지로 사용하는 스마트 공장·빌딩으로 전환된다. 이는 온실가스 배출 규제 강화와 함께 친환경 전력 사용의 증가를 가져온다. 온실가스를 많이 배출하는 철강 등 금속 소재도 그린 수소를 활용한 제품이 대세로 자리 잡는다. 기업과 가정의 냉난방 시스템에서도 화석연료 대신 전기를 사용하는 경향이 두드러지고, 에너지 절감 솔루션이 확산된다. 생활에서는 스마트폰을 비롯한 전자제품 사용이 늘고, 이들을 구동하는 데 필요한 전기 사용도 는다. 전 세계는 인공위성과 통신망으로 연결되며, 네트워크와 인공지능이 전력 사용을 보다 효율적으로 만들어 준다. 당연히 전기 비중이 점점 더 커진다. 석유화학 산업도 나노 단위를 조작할 수 있는 신소재를 개발·가공하는 능력이 발달하고, 환경 이슈로 규제가 확대되면서 축소될 가능성이 있다. 화석연료 사용 과정에서 발생한 온실가스를 파악하고 탄소를 포집하는 데도 전기에 기반한 인공지능과 네트워크가 사용된다. 주요 선진국들은 화석연료 의존도를 줄이고, 고령화와 인구 감소로 인한 노동력 부족을 해결하기 위해 전기로 작동하는 로봇과 3D 프린팅 기술을 활용하여 필요한 시간과 장소에서 필요한 만큼만 생산하는 경제 모델을 촉진한다. 이러한 변화는 이미 상당 부분 진행되었으며, 장기적으로는 전체 에너지 소비에서 화석연료 비중이 크게 줄 것이다.

전기 중심 에너지로의 전환은 인공지능으로 대표되는 IT 기술이 모든 산업으로 퍼지는 디지털 트랜스포메이션의 확산과 밀접하다. 디지털 트랜스포메이션의 핵심인 네트워크와 인공지능은 전적으로 전기로 가동되고, 전기가 사용되는 많은 제품의 성능이 디지털 트랜스포메이션에 의해 좌우된다. 이를테면 테슬라는 인공지능과 통신망을 이용한 OTA 서비스로 판매 이후에도 연비와 성능을 지속적으로 개선하고 있다. 전기차의 연비와 충전 성능은 전력 반도체의 성능에 크게 좌우된다. 또한 인공지능과 네트워크는 화석연료를 사용하지 않는 전기 생산, 송·배전 시스템 구축, 친환경 신소재 개발, 온실가스 포집에도 중대한 역할을 한다.

2023년에는 ChatGPT로 대표되는 인공지능 기술의 발전으로 디지털 트랜스포메이션이 가속화된 것과 함께 전기 중심 에너지로의 전환도 빠르게 진행되었다. 2023년 하반기에 미국과 한국 증시에서 인공지능 관련 주가 강세를 보였던 한편 에너지 전환 관련 주들도 연일 강세를 기록했다. 에너지 전환에는 사회 시스템의 전반적인 변화가 수반되어야 하기에 5-10년 이상의 시간이 소요된다. 결론적으로 2023년 주식시장의 반응은 일시적 현상이 아니라 장기간 이어질 새로운 변화의 시작으로, 2024년에 더 확산될 것이다.

(2) 전 세계 전기 에너지 전환과 주요국의 대응

전기 중심 에너지로의 변환은 국가마다 속도가 다르다. 미국과 유럽을 중심으로 한 서구 경제권은 꽤 빠르게 진행 중이고, 일부 개발도상국은 에너지 인프라 구축 단계에서 전기 중심의 에너지 시스템으로 곧장 넘어가고 있다. 세계 최고의 전기차 생산과 소비 국가인 중국과 해외 공장 유치를 위해 전기에 기반한 제조 인프라 투자에 열을 올리는 인도, 베트남, 헝가리, 폴란드 등이 대표적이다. 반면 전기 중심 에너지로의 변화에 대한 사회적 합의를 마치지 못한 일부 선진국은 오히려 속도가 더디다. 대규모 투자가 필요하고, 이 과정에서 기존 시스템에 의존하는 다양한 이해관계자의 반발을 해결해야 하기 때문이다. 이해관계자는 거대 기업이나 정부 외에도 소상공인과 자영업자 혹은 택시 운전사 같은 일반 서민들, 그리고 대규모 투자로 예산이 축소되면 피해를 볼 수 있는 사회적 약자와 단체 등이 포함된다.

안타깝게도 한국은 경제력 대비 전기 중심 에너지로의 전환이 더디다. ChatGPT처럼 에너지 전환이 대중이 체감하는 변화보다는 주로 기업이나 정부 차원에서 진행되어 사람들은 변화를 잘 체감하지 못하고 있다. 전기는 이미 많이 사용 중이고, 우리가 사용하는 전기를 포함한 에너지원 대부분이 여전히 화석연료에서 나오고 있다는 점도 변화를 체감하지 못하게 하는 또 다른 이유다. 한국은 신재생 에너지 비중이 많이 낮고, 클라우드 중심의 디지털 트랜스포메이션에 뒤처져 있다. 반대로 전체 경제에서 화석연료 중심의 제조업 비중이 매우 크다. 그래서 신재생 에너지 확산과 탄소배출제로가 당장의 현실과는 무관한 이상적 논의고, 이를 내세우는 것은 경제적·실용적 관점이 아닌 정치적 관점이라 생각하는 경향이 강하다.

미국과 유럽은 신재생 에너지 비중을 높이고 있으며, 많은 국가가 이 흐름을 따르고 있다. 또한 원자력 발전을 보완 수단으로 활용하는 경향이 있다. 신재생 에너지 확대는 몇몇 선진국만의 이야기가 아니다. 변동성 재생 에너지의 비중도 점점 늘고 있다.

전기 중심 에너지 전환에 중요한 신재생 에너지의 비중을 보자. 미

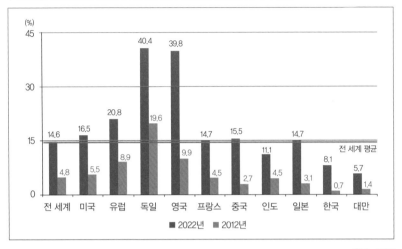

출처 : OWID

국(16.5%)과 유럽(20.8%) 같은 서구 선진국들은 이미 전 세계 평균 (14.6%)보다 높다. 유럽에서 영향력이 큰 독일과 영국은 40%에 가깝다. 심지어 유럽과 미국은 국가 차원에서 넷제로Net Zero 달성을 위한 구체적인 정책을 제시하면서 신재생 에너지 비중을 더욱 빠르게 끌어올리려고 한다. 반면 수출 위주의 경제 정책을 취하는 동아시아 국가들은 상대적으로 비중이 낮은데, 그중에서도 한국과 대만이 유독 낮다. 1인당 GDP가 상대적으로 낮고 전 세계에 제품을 수출하는 중국의 신재생 에너지 비중이 15.5%로, 경쟁국만이 아니라 전 세계 평균보다도 높다는 건 인상적이다. 한편 온실가스 배출 억제에 집중해 원자력과 수력을 더한 비화석연료 비중으로 보면 원자력 비중이 유독 높은 프랑스는 무려 87.8%에 달한다. 원자력 비중이 높은 한국은 원자력을 더해

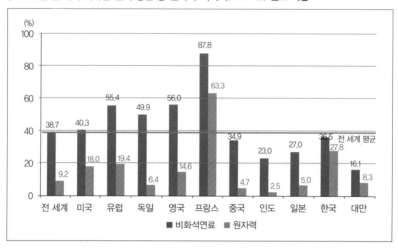

| 2022년 전 세계 국가별 전력 생산 중 원자력·비화석(수력 포함) 연료 비중

출처 : OWID

도 전 세계 평균을 하회한다.

신재생 에너지 중 변동성 재생 에너지Variable Renewable Energy, VRE는 풍력이나 일조량 같은 외부 요인들 때문에 발전 출력을 인위적으로 변동시키기 어려운 재생 에너지다. 태양광과 풍력은 변동성 재생 에너지에 속하고 수력, 바이오매스, 원자력, 지열은 아니다. 변동성 에너지는 생산량 예측이 어려운 간헐성이라는 한계를 가진다. 그럼에도 많은 나라가 변동성 재생 에너지 발전 비중을 꾸준히 늘리고 있다.

미국과 유럽이 이미 높은 신재생 에너지 비중을 달성했고 여러 나라가 이 흐름을 따르고 있다는 점에서 신재생 에너지와 전기를 기반으로 한 표준 구축과 시스템 전환이 생각보다 빨라질 수도 있다.

유럽에서는 탄소세 규제를 통해 현실화하고 있는데 자세한 내용은

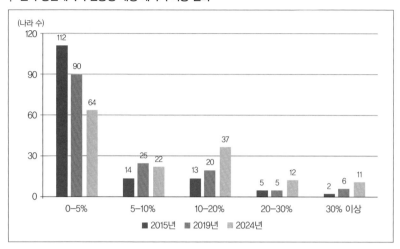

출처 : IEA

3장에서 다룬다. 탄소세 규제는 중국, 일본, 인도, 중동, 동남아시아 등에서도 지지받고 있다. 이들 국가들에서도 전기 생산에서의 비화석연료 비중이 꽤 올라왔기 때문에 그동안 비중이 낮았던 원자력만 높이면 미국과 유럽에 충분히 대응 가능한 정도다. 전기 중심으로의 에너지 전환은 디지털 트랜스포메이션과 친환경 산업의 발전에도 유리하다. 제조업과 석탄 사용 비중이 큰 중국이 디지털 트랜스포메이션과 친환경 산업에 공통으로 접목되는 전기차를 집중 육성함으로써 세계 최고 수준의 전기차 경쟁력을 갖춘 사례가 대표적이다. 2023년 12월에 폐막한 제28차 UN기후변화협약 당사국총회COP28를 개최한 아랍에미리트나 수출용 그린 수소 생산과 IT에 기반한 네옴시티NEOM City를 통해 도약을 노리는 사우디아라비아의 행보는 산유국인 중동도 석유 중심의 화석연료 시대에서 벗어나 전기 중심 시대로 나아가고 있음을 증명한다.

전기 중심 에너지 전환에 대한 대중의 인식 확산은 미국과 유럽의 친환경 단체들에서 시작되었다. 이들은 도덕적·정치적 이슈로 신재생에너지를 강조했는데 현실적인 어려움과 국제적 갈등으로 완전한 전기 중심 세상이라는 목표 도달에 어려움을 겪고 있다. 물론 온실가스 배출이 없는 친환경 전기 에너지라는 대의가 사라진 것은 아니다.

2023년에 유럽은 전기 중심 에너지 변환에 박차를 가하면서도 보다 현실적인 접근법을 취했다. 러시아·우크라이나 전쟁 이후 높아진 에너지 가격으로 타격이 컸기 때문에 전환에 더 속도를 내는 한편으로 그동안 간과했던 전력망과 원자력 분야를 보강했다. 그리고 높아진 에너지 가격으로 큰돈을 번 유틸리티 기업들이 2023년부터 전기 중심 인프라에 적극 투자하면서 전기 중심 전환에 앞장서고 있다. 장기적으로 보면 러시아·우크라이나 전쟁은 오히려 유럽의 전기 중심 에너지로의 전환을 앞당겼다고 볼 수 있다. 2024년에 변화가 더 커질 것이다.

바이든 정부는 전기 중심 에너지 전환을 적극 추진했다. 인플레이션 감축법IRA 외에도 2023년 하반기에 발표한 전력망과 수소 등에 대한 투자 프로젝트, 그리고 미국 청정 에너지 기술 상용화를 위한 장기적인 국가 계획(「상업적 이륙을 위한 경로Pathways To Commercial Liftoff」 보고서)이 있다. 2024년 11월 미국 대선에서 트럼프의 당선 가능성을 무시하지 못하게 되었는데, 트럼프가 당선되면 이런 정책들이 소멸되는 게 아닌지 우려하는 시각이 있다. 하지만 미국 정부의 장기적 전략은 정권에 상관없이 일관성이 있고, 그 수혜가 트럼프가 속한 공화당이 강세인 미국 남부를 포함한 지역에 집중되었다는 점에서 우려할 바가 아니다.

국제적 움직임에서도 전기 에너지 비중 확대가 이어질 전망이다. 2020년 10월 공개된 국제에너지기구IEA의 자료에 따르면 최종 에너지 총 소비량에서 전기 비중은 2020년 20%에서 2040년에는 24-31%까지 증가할 것으로 예측한다. 지속가능한 개발 시나리오를 가정한 전기 비중이 31%에 이를 경우, 2020년 석유 소비량의 절반도 안 되는 전기 소비량은 석유 사용량을 상회하게 된다. 또한 전력 비중이 가장 더디게 증가하는 시나리오에서도 2040년 전력 수요는 2020년 전력 수요보다 약 50% 증가한다. 미국 에너지 비영리 단체인 RMIRocky Mountain Institute가 2021년에 작성한 보고서에 따르면 미국 전기 수요는 2025-2035년에 2배 정도 증가할 것으로 전망된다. 전력 수요 확대를 뒷받침할 전력 인프라 분야는 향후 10년 이상 크게 성장할 것이다.

신재생 에너지를 중심으로 한 전기 중심 사회로의 전환을 독려하는 환경적 변화가 더욱 크게 다가오고 있다. 요약하면 ① 디지털 트랜스포메이션의 확산, ② 에너지 안보의 강조, ③ 기후 위기의 대중적 체감도 확산되었다. 미국과 유럽을 중심으로 빠르게 변화가 강화 중인데, 2023년에 변곡점을 넘어 스노우볼처럼 확대되었다. 하나씩 살펴보자.

전기 중심 에너지 전환이 필요한 이유

(1) 전기 먹는 하마
클라우드

2023년에 벌어졌던 전 세계적으로 가장 큰 사건은 ChatGPT로 시작된 인공지능의 등장일 것이다. 1장에서 거대 언어 모델LLM 기반의 인공지능이 디지털 기반의 혁신을 이끌 것임을 살펴보았다. 여기서 사회 전반에 디지털 트랜스포메이션이 확산된다는 것은 전기 중심 에너지 전환이 빨라질 수밖에 없다는 뜻이다.

LLM 기반의 인공지능은 전기라는 에너지 형태를 편식할 뿐만이 아니라 필요로 하는 전기 소모량도 막대하다. 이것의 성능은 구조가 아닌 규모에 의존하고, 규모는 파라미터 수와 데이터 크기, 그리고 연산 횟수에 좌우된다. 따라서 성능을 향상시키기 위해서는 규모를 키워 테스트하고, 작동시키기 위해서는 막대한 컴퓨팅 파워가 필수다. 그래서 현실적인 이유로 대부분이 하이퍼-스케일 데이터센터로 구성된 클라우드에서 구동시킨다. 한편 클라우드가 늘어나면 전기 사용도 덩달아 늘고, 인공지능 활용이 늘어날수록 클라우드의 전기 사용량도 늘 수밖에 없다.

국제에너지기구IEA에 따르면 2022년 데이터센터의 전력 사용량(암호화폐 채굴 제외)은 약 240-340TWh인데, 이는 전체 전력 수요의 1-1.3%다. 1TWh는 1TW(테라와트) 전력을 1시간 동안 공급할 수 있음을 의미하며, 1TW는 1,000GW인 동시에 100만MW다. 참고로 국내 원전 1호기가 보통 1,000-1,400MW, 즉 1-1.4GW이고, 1GW는 2021년 기준 국내 약 423만 가구의 한 달 전력 사용량과 맞먹는다. 2023년 10월 18일 공개된 「점점 늘어나는 인공지능의 에너지 발자국The Growing Energy Footprint of Artificial Intelligence」에 따르면 GPT-3을 훈련하는 데는 1,287MWh, 즉 약 1.3GWh의 전력이 필요하다. 그보다 상위 버전인 ChatGPT를 훈련하는 데는 더 많은 전력이 필요해 그보다 큰 인공지능을 개발 중에 있다. 그런데 훈련된 인공지능을 적용하는 추론 단계에서는 더 많은 전력이 필요하다. 이처럼 시간이 지날수록 필요 전력량이 많아진다. ChatGPT를 하루 지원하는 데 필요한 전력은 564MWh다. 구글이 2021년에 사용한 총 전력 소비량(18.3TWh) 중 인공지능은 10-15%지만, 2027년이 되면 최대 29.3TWh로 전망된다. 29.3TWh는 아일랜드 연간 전력 사용량과 비슷하다. 메타와 구글의 데이터에 따르면, 머신러닝 전체 전력 사용량에서 훈련 단계에서는 20-40%가 사용되는 반면에 인공지능 모델 적용에는 60-70%가 사용된다. 현재 LLM 인공지능 상당수가 아직 훈련 단계고 개발 경쟁이 치열하다는 점을 고려하면, 인공지능으로 인한 전력 사용량은 크게 늘 가능성이 높다.

클라우드의 전력 사용에 대한 우려가 과하다는 지적도 있다. 마이크로소프트는 2023년 11월에 발간한 자료에서 전 세계 데이터센터 작업 부하가 2010-2020년에 9배나 증가한 반면 전력 사용량은 10% 증가에 그쳤다고 했다. 구글은 2022년 7월에 과학 분야 미출판 연구를 공개하는 플랫폼인 테크알지브^{TechRxiv}에서 모범 사례를 통해 머신러닝 훈련에 필요한 에너지와 이산화탄소 배출량을 최대 100배까지 줄일 수 있어 기계 학습의 에너지 소비가 곧 줄 수 있다고 주장했다. 또 2019-2021년 구글 전체 머신러닝 에너지 사용량(연구, 개발, 생산 전반)은 총 에너지 사용량의 15% 미만으로 안정적으로 유지되었다고 덧붙였다. 현재 인공지능 개발에 많이 사용되는 GPU는 다른 유형의 반도체보다 에너지 효율적이고, 엔비디아 GPU을 대체하고자 개발 중인 반도체 상당수는 저전력에서 가동되는 반도체를 지향한다. 미스트랄 7B^{Mistral 7B}와 메타의 라마^{Llama} 같은 인공지능 모델은 오픈AI의 GPT4보다 최대 100배 적은 에너지를 사용한다. 하지만 이런 의견의 상당수가 클라우드와 인공지능을 주도하는 측에서 나오고 있으며, 주장의 출처들이 2023년 ChatGPT 출시 이후 치열해진 인공지능 개발 열기를 충분히 반영했는지에 관해서는 의구심이 든다. 결론적으로 데이터센터와 인공지능의 전력 사용량을 획기적으로 줄이는 기술이 나오지 않는 한, 클라우드와 인공지능에 따른 전력 사용량은 기하급수적으로 증가하는 클라우드와 인공지능 발전 속도보다는 다소 느릴지라도 가파르게 증가할 것이다. 실물 세계가 뒷받침되어야 하는 전력 인프라 분야는 클라우드와 인공지능에 비해 느린 속도로도 충분히 빠른 성장이라고 볼 수 있다. 또한 이런 한계를 잘 아는 동시에 막대한 자금력을 갖춘 클라우드와 인공지능 빅테크 기업들이 전체 전기 사용량에서 신재생 에너지 비중을 늘리기 위해 투자에 적극 나서면서 신재생 에너지 중심의 전력 산업 성장을 촉진할 수 있다.

(2) 전기차 확산은 피할 수 없는 미래

전기차 확산은 화석연료 중심의 육상 운송 시스템을 전기 중심으로 바꾸는 데 핵심 역할을 한다. 전기 연료 사용만이 아니라 전기차 전반이 디지털화되어 있음은 테슬라를 통해 잘 알 수 있다. 향후 자동차는 CASE(Connected[연결된], Autonomous·Automated[자동화된] Shared&Service[공유된&서비스], Electric[전동화된])가 일원화될 것이다. 즉 자동차의 디지털 트랜스포메이션과 전동화는 함께 진행된다. 내연 기관차가 소멸되고 전기차가 중심이 되는 것은 정해진 미래다. 2023년 4분기에 전기차 성장 기대감이 다소 꺾이고 내연 기관차 퇴출 시기 지연에 대한 논쟁이 있었지만, 흐름을 되돌릴 만큼은 아니다. 리서치 기관인 블룸버그NEF^{BloombergNEF}에 따르면 2016년에 전 세계적으로 70만 대가 판매된 전기차가 2023년에 1,400만 대 이상으로 늘었다. 하이브리드를 포함한 플러그인 차량으로 넓혀 보면 2022년 1,000만 대 이상 판매된 신차 판매량이 2027년에는 3배로 늘 전망이다. 보통 신제품 판매 비중의 5%가 넘으면 대중화 단계로 진입했다고 보는데, 전기차는 2023년 말 기준 23개국에서 이미 신차 판매의 5%를 넘었으며 중국은 무려 38%였다.

전기차가 빠르게 확산되면 그에 따른 인프라 구축도 빨라져 전기 중심 에너지 시스템이 확고하게 자리 잡을 것이다. 전기차 관련 인프라

| 전기차 점유율 추이: S자 곡선

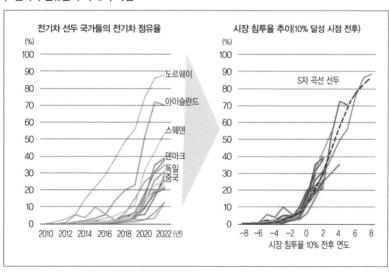

출처 : RMI

에는 충전 인프라, 전력망, 배터리 공급망을 포함한 글로벌 공급망, 그리고 정비 인력을 포함한 정비 시설 등이 있다. 이 중 충전 인프라는 별도의 충전기를 새로 설치해야 하는데, 국제에너지기구IEA는 전기차 충전기가 2022년에 270만 기에서 2030년에는 1,270만 기로 늘어날 것으로 예상했다. 한편 충전 인프라는 일반 주거 지역의 전력망에도 영향을 미친다. 전기차는 집에서 충전하는 비중이 높다. 주거 지역에서 사용되고 있는 어떤 전자제품보다도 많은 전기를 고압으로 사용하기 때문에 전력망을 새로 깔아야 한다. 이때 테슬라처럼 태양광 같은 신재생 에너지로 발전한 전기로 충전하거나 남는 전기를 가정용 ESS와 차량용 배터리에 저장했다가 친환경 전기가 필요한 사람들에게 팔 수도 있다. 전기차 판매 증가로 수많은 가정이 신재생 발전에 투자해 분산형 전원과 가상 발전소를 구축하는 데 기여할 수 있는 셈이다.

이외에도 현재 논의 중인 차세대 운송 수단 내지 개념도 전기 중심 에너지 전환에 힘을 보탠다. UAM(도심 항공 이동 수단), PBV(개인화 설계를 기반으로 한 도심형 친환경 이동 수단), WIG^{Wing-in-Ground}(위그선) 선박(해수면 위의 낮은 고도에서 해수면과 직접 접촉하지 않고 공기역학적 힘으로 작동되는 선박), MaaS(디지털 기술을 통해 여러 유형의 이동 수단을 사용하는 구독형 서비스 유형) 모두 디지털과 전기 중심으로 논의되고 있다. 이들이 전기차 확산과 함께 전기 중심 시대를 앞당길 것이다. 이밖에 다양하게 시도 중인 자율주행선박과 UUV^{Unmanned Underwater Vehicle}(수중에서 자율적으로 작동할 수 있는 잠수정 차량) 모두 디지털과 전기 관점에서 진행되고 있다. 모두 지금보다 앞으로의 성장 가능성이 크다.

[3] 전 세계 공장의
디지털 트랜스포메이션

전 세계 공장의 디지털 트랜스포메이션은 생산 분야에서 전기 중심 에너지 전환에 중대한 역할을 한다. 디지털 트랜스포메이션된 공장은 ① 공장 전체에 다양한 센서가 장착되어 실시간으로 정보를 취합하고, ② 그렇게 취합한 정보들을 보내거나 혹은 분석한 정보를 개별 기기로 전달하기 위한 전용 고속 통신망을 구축하고, ③ 기존 공작기기만이 아니라 AGV와 AMR을 포함한 다양한 협동 로봇을 작동하고, ④ 집계된 여러 데이터를 분석하고 디지털 트윈을 구축하는 등 공장 전체를 제어 및 컨트롤할 수 있는 솔루션을 개발 및 적용하고, ⑤ 이렇게 구축된 각종 전자 기기들이 원활하게 작동하기 위해서는 냉난방이 효과적으로 이루어져야 한다. 여기 필요한 센서, 전용 고속 통신망, 로봇, 공장 제어 및 컨트롤 솔루션, 냉난방 시스템 모두 전기로 작동된다. 과거 공장에서는 냉방에 크게 신경 쓰지 않았으나 수많은 전자 기기가 작동하는 스마트 공장에서는 데이터센터나 사무실처럼 효과적인 냉방이 필수다. 냉방 비중이 커지면 냉방과 난방을 함께할 수 있는 시스템이 주효한데, 화석연료보다 전기를 사용하는 편이 효과적이다. 이미 센서, 전용 고속 통신망, 로봇, 공장 제어 및 컨트롤 솔루션을 구축하는 데 전력 시스템을 구축해 두었을 테니 냉난방까지 묶어 관리하면 효율적이다. 이 과정에서 산업 자동화와 산업용 고객들을 대상으로 한 전력 관리 솔루션, B2B 냉난방이 하나로 통합되려는 경향이 강해진다.

실제로 글로벌 선두 기업들에서 나타나고 있다. 일례로 전력 관리 솔루션에 강점을 가진 슈나이터 일렉트릭Schneider Electric이 산업 자동화에 강점을 가진 록크웰 오토모티브나 ABB와 경쟁하는 사례가 늘고 있다. 공통적으로 디지털과 자동화를 내세우는 기업이다.

공장이 위치한 공단들도 이전보다 더 많은 전기를 공급할 수 있는 전력 시스템을 구축하고자 노력하고 있다. 앞서 언급했듯 공장의 전기 의존도가 커지면서 공장에서 필요한 전력 수요가 크게 늘었다. 산업용 전력은 가정용에 비해 사용량이 훨씬 많아 고압 전력망 수요가 크게 증가한다. 따라서 과거의 전기 수요에 기반한 전력망을 갖춘 공단은 외면받을 수밖에 없다. 반대로 효과적인 전력망을 구비한 공단으로 공장을 이전하는 일이 잦아질 수 있다. 미국과 유럽만이 아니라 자국 내 제조업 육성에 적극적인 베트남, 인도, 헝가리, 폴란드 등은 2023년 전력 투자에 적극적이었다. 한국도 2019년 2월 스마트 산단 선도단지 2곳(창원, 반월·시화)을 선정해 스마트 그린 산업단지 프로젝트를 시작했다. 2023년 들어 용인 반도체 클러스터에 소형 원자로 건설까지 논의할 정도로 전기 공급은 뜨거운 이슈다. 특히 공장의 전기 중심 에너지 시스템 전환은 뒤에서 언급할 온실가스 배출 규제가 더해지면서 빠르게 진행되고 있다.

| 스마트 그린 산단 세부 추진 사업

출처 : 스마트 그린 산단

(4) 스마트 빌딩

상업용과 사무용 공간을 넘어 주거 공간도 공장처럼 디지털 트랜스포메이션이 확산되면서 전기 중심 에너지로의 전환이 급속도로 진행되고 있다. 스마트 빌딩은 HVAC(Heating[난방], Ventilation[환기], Air Conditioning[공조]), 조명, 경보, 보안 등 건물 전체의 다양한 시스템을 IT에 기반한 하나의 네트워크 인프라로 통합하는 것을 뜻한다. 스마트 빌딩은 꽤 오래전부터 회자된 개념이지만 인공지능을 중심으로 한 IT 기술 발달이 빨라진 최근 더욱 활발하게 논의되고 있다. 예를 들어 네

2025년 AI 슈퍼 사이클이 온다

이버는 제2 사옥인 세계 최초의 로봇 친화형 빌딩 네이버 1784를 세우고 다양한 기술을 테스트하고 있다. 이 건물은 삼성물산이 시공했다. 삼성전자와 네이버가 2023년 11월 13일 국내외 미래형 인텔리전스 오피스 사업 성장을 위한 업무 협약MOU을 체결한 데에는 이런 배경이 있었다. 앞서 맥도날드가 구글과 협업해 수천 개 매장에 생성형 AI 솔루션을 적용한 사례를 들었는데 이를 위해서는 상가도 이전과 다른 전력망을 갖추어야 한다. 사우디아라비아가 국가 프로젝트로 진행하고 있는 네옴시티는 이 움직임을 지역 단위로 확장한 대표 프로젝트다. 네옴시티는 디지털 기술로 도시 전체의 에너지 사용을 최적화하고 그에 필요한 에너지원을 신재생 에너지로 조달해 최첨단 친환경 도시를 지향한다. 한국에서는 네옴시티 내 일부 프로젝트인 더 라인만 언급하면서 그 의미를 과소평가하지만, 네옴시티는 디지털과 친환경 전기 중심 미래형 도시의 전형으로 회자될 것이다. 주거 공간도 비슷하게 바뀔 것이다. 전기차 확산과 전기 판매 가정 확산, 2023년 바이든 정부의 에너지 효율적인 주택 개조를 위한 43억 달러 지원, 미국과 유럽의 히트펌프Heat Pump 지원과 판매량 확대 등이 변화를 보여 준다. 히트펌프는 에어컨과 비슷한 방식으로 열을 전달하는 기기인데 가스보일러보다 에너지 효율적이고 전기를 사용해 탄소 배출에도 효과적이다. 정부의 지원이 집중되면서 수년간 두 자릿수 이상의 성장을 보였다. 최근 디지털과 결합한 스마트 히트펌프로 더 진화하고 있다.

(5) 국방과 우주항공

국방과 우주항공 분야도 디지털 트랜스포메이션에 의한 전기 중심 에너지 전환이 빠르게 이루어지는 분야다. 러시아·우크라이나 전쟁 이후 디지털과 네트워크에 기반한 C6ISR의 중요성이 증가했다는 점, 국방과 우주 산업에서 디지털 트랜스포메이션 적용 경쟁이 심화되었다는 점, 그리고 이 과정에서 우주 분야에 대한 적극적인 투자가 이루어지고 있다는 점은 1장에서 자세히 다루었다. 최근 차세대 전투기 사업을 포함해 여러 분야에 다양하게 적용 중인 자율주행 기술과 향후 널리 사용될 우주 통신 분야도 기본적으로 디지털과 네트워크 기술이 필수다. 디지털과 네트워크가 결합된 분야는 필연적으로 전기 사용이 늘어난다. 최신 전투기와 미사일에도 항공 전자 장비와 레이저, 그리고 인공지능 비중이 늘고 있는데, 여기에도 역시 막대한 전기가 필요하다. 특히 항공기와 정밀 탐지에 널리 쓰이는 AESA[Active Electronically Scanning Array](능동형 전자 주사식 위상 배열) 레이더는 기존 레이더보다 성능은 좋지만 고출력이라 더 많은 전력을 소모한다. 참고로 AESA 레이더에는 아직 상업적으로 많이 사용되지는 않으나 빠른 속도를 가진 질화갈륨[GaN] 반도체가 사용된다. 이처럼 무기와 우주항공 분야에서 IT 의존도가 커지면서 에너지원으로 전기가 유리한 환경이 조성되었다.

물론 아직까지는 대부분이 경유나 디젤 같은 화석연료로 구동되지만 미군과 민간 우주 기업을 중심으로 화석연료 사용을 줄이는 노력이 활발하다. 그 일환으로 미군은 차세대 소형 원자력 발전에 적극 투자하고 있다. 2023년 9월 미국 국방부는 군이 요구하는 차세대 이동식 원자로를 개발하는 프로젝트 펠레^{Project Pele}의 두 번째 개발자로 X 에너지를 선정했으며, 2022년 9월에는 미국 알래스카 주 아일슨 공군기지에서 사용할 마이크로 원자로 파일럿 프로젝트에 대한 제안 요청서^{RFP}를 발표했다. 이밖에도 수소와 태양광 사용을 늘리기 위해 노력하는데, 대기권 밖에서 태양광으로 발전한 뒤 해당 전력을 마이크로파 같은 형태로 변환해 지구로 보내는 방식도 포함된다. 군에서 원자력과 태양광 활용이 늘어나면 전자 무기 시스템 적용이 용이하고, 에너지(연료) 보급 부담은 줄어든다. 한편 민간 우주항공 분야에서도 에너지원을 수소와 전기로 바꾸려는 시도가 꾸준하다. 일본항공은 2023년 11월에 수소 항공기 개발 관련 3개 기업에 투자했고, 미국 항공사 JSX는 2023년 12월 프랑스 항공기 스타트업인 아우라 에어로^{Aura Aero}와 19인승 하이브리드 전기 항공기를 최대 150대 구입한다는 내용의 의향서에 서명했다. 기존 제품의 성능을 대체할 정도는 아니라 전기차보다는 변화가 더디지만, 디지털 기술과 전동화 기술이 빠르게 발전하고 있다.

우주 통신이 대중화되면 전 지구적으로 디지털 트랜스포메이션이 구현되면서 전기 중심 에너지 전환이 더 빨라질 것이다. 실시간 데이터 수집과 전송이 보다 용이해지기 때문이다. 이에 따라 더 많은 기기가 센서와 통신 장비를 갖추고, 전기 사용량이 크게 늘 것이다. 전기차는 자율주행이 보다 편리해질 것이며, 전 세계 공장과 이동 중인 원자재와 제품은 실시간으로 상황을 전하고, 변화되는 뉴스에 따라 의사결정이 바뀔 것이다. 이전보다 더 많은 제품이나 장소에 센서와 통신 관련 기기가 추가된다는 의미다. 그 결과 센서와 통신 기기의 가동을 지원하는 전력 시스템이 보다 광범위하게 확산될 것이다.

(6) 에너지 안보 면에서의 이점

미·중 패권 전쟁과 러시아·우크라이나 전쟁 이후 에너지를 경제 관점만이 아니라 안보 관점에서 접근하는 경우가 늘었다. 2022년 말 28개국 2만 4,000명을 대상으로 한 입소스Ipsos 조사에서 다수의 유럽 국가(노르웨이, 스웨덴, 폴란드, 이탈리아, 헝가리, 프랑스)가 에너지에서 가장 중요한 이슈로 에너지 안보를 뽑았다. 과거 수십 년과 달리 최근 수년 사이 미국 주도의 세계화가 약화되고 지정학적 갈등이 깊어지면서 국가 생존에 필수인 에너지 안보의 중요성이 높아졌다.

전기는 다양한 방식으로 생산할 수 있어 화석연료보다 에너지 안보에 유리하다. 전기 생산을 화석연료에만 의존하면 한계가 있겠지만, 전 세계적으로 어느 정도 자리 잡은 신재생 에너지를 적극 활용하면 자국 내 매장된 화석연료가 없어도 일정량의 자체 생산이 가능하다. 신재생 에너지의 문제점은 그린 수소의 발전과 우방 지역과의 전력망 연결을 통해 일정 부분 극복할 수 있다. 원자력 발전은 적은 연료로 장기간 대량으로 전기를 생산할 수 있어 화석연료 대비 안보적 불안 이슈 대응에 유리하다. 미국, 서유럽, 일본 등 선진국 입장에서는 러시아와 중국을 배제하고 정치적으로 불안한 중동 문제에 덜 개입하는 편이 안보적 측면에서 유리한데, 전기 중심 에너지 전환이 이 수요에 부합한다.

중국도 서방 국가들 이상으로 에너지 안보에 집중한다. 특히 시진핑 집권 이후 에너지 안보를 더욱 강조하고 있다. 시진핑 정부의 일대일로 정책에는 유사시 미국의 석유 봉쇄에 대응하기 위한 에너지 루트를 찾는다는 목적도 있다. 육로로 석유와 천연가스를 공급받을 수 있는 중앙아시아와 기존 중동 석유 운송 루트를 대체할 항구를 가진 파키스탄과 미얀마를 지원한 것으로도 알 수 있다. 그럼에도 중국 정부는 미국의 해상 공격 위험이 크고 대외 의존도가 높은 석유 비중을 낮추기 위해 가솔린차 대신 전기차 산업을 키우고 태양광 발전을 대대적으로 늘렸다. 중국이 전체 에너지에서 태양광 발전을 포함한 신재생 에너지와 석탄 비중을 동시에 늘리는 것은 온실가스 배출 관점에서만 보면 이해하기 어려운 행보다. 하지만 에너지 안보 측면에서 바라보면 둘 다 자국 내 비중을 높이는, 비슷한 행보라 할 수 있다. 미국과 유럽이 친환경과 에너지 안보를 동시에 고려해 화석연료 중 온실가스 배출이 큰 석탄은 줄이고 천연가스를 유지 내지 늘리면서 신재생 에너지 비중을 높이는 것과 달리 중국은 에너지 안보에만 집중하면서 나타난 현상이다.

미국도 최근 에너지 안보를 강조하고 있다. 2022년 입소스의 조사를 보면 에너지 안보가 가장 중요하다고 답한 비중이 33%로, 청정 에너지(26%)와 경제성(25%)을 제치고 1위를 차지했다. 바이든 취임 이후 미국이 적극 추진한 청정 에너지 정책은 기후 변화 대응 못지않게 안보 논리가 작용했다. 미국의 원자력 정책에서도 확연히 드러난다. 바이든 정부는 별도의 홈페이지를 통해 2023년 3월부터 「상업적 이륙을 위한 경로」라는 청정 에너지의 민간 확산을 위한 구체적 정책 방향을 각 분야별(첨단 원자력, 탄소 관리, 청정 수소, 산업용 탈탄소화, 장기간 에너지 저장, 가상 발전소 순서)로 정리한 보고서들을 공개했는데 가장 먼저 첨단 원자력을 제시했다. 하지만 청정 에너지 목적만은 아니라는 것이 이후 행보에서 나타났다. 미국 정부는 러시아의 원자력 발전 영향력이 큰 동유럽에서 러시아를 배제하고 미국 원전 사용을 독려하면서 체코에서는 신규 원전에서 러시아와 중국을 배제하고 기존에 사용 중인 러시아 원전의 핵연료도 미국과 프랑스산으로 교체했다. 또 원자력 발전을 하지 않던 폴란드에서는 미국 웨스팅하우스 주도로 신규 원자력 발전을 지원하고, 루마니아에 미국의 차세대 원전인 SMR^{Small Modular Reactor}(소형 모듈형 원자로)을 미국 외에 최초로 배치한다는 계약을 체결했다. 이를 위해 민주당 고위 인사인 존 케리^{John Kerry} 기후특사가 주도한 피닉스 프로젝트를 적극 추진했는데, 중동부 유럽의 석탄 화력 발전소의 미국산 SMR 교체가 목표다. 러시아·우크라이나 전쟁 이후 러시아 천연가스를 유럽에서 몰아내고 미국산 LNG로 대체한 것과 유사하다. 미국이 태양광과 전기차에 필요한 다양한 광물과 부품의 중국 의존도를 낮추고자 인플레이션 감축법^{IRA}을 추진하고, 자국 내 리튬 광산을 개발하고, 동맹국 중심의 공급망을 구축한 것도 중국을 배제하려는 에너지 안보 측면에서의 움직임으로 볼 수 있다. 다른 청정 에너지 정책도 친환경과 에너지 안보가 적절하게 결합된 것으로 봐야 한다.

원자력 발전과 신재생 에너지를 중심으로 한 미국의 전기 중심 에너지 전환은 대통령 교체와 상관없이 큰 틀에서 유지될 가능성이 크다.

유럽도 에너지 안보 측면에서 전기 중심 에너지 전환을 빠르게 추진하고 있다. 러시아·우크라이나 전쟁 이후 더욱 적극적으로 신재생 에너지를 강화하는 한편 원자력 발전과 전력망 강화에도 적극 나서기 시작했다. 유럽의 원전에 대한 우호적 변화는 2023년 10월 10일 프랑스·독일 정상회담에서 독일이 원자력 발전을 수용한 것과, 2023년 9월 26일 유럽 집행위원회 위원장이 체코의 원자력 발전을 지지한 것, 그리고 2023년 영국 리시 수백 총리가 웨일즈를 신규 원자력 발전 후보지로 언급한 것 등에서 확인되었다. 한편 유럽 집행위원회가 2023년 10월 4일 전기차 시장에서 중국산 배터리 사용에 대한 반보조금 조사를 공식적으로 시작한 것은, 2023년 9월 17일 로이터 보도에서도 언급된 것처럼, 리튬이온 배터리에 대한 중국 의존도 심화가 화석연료에 대한 러시아 의존도 심화처럼 에너지 안보에 위험하다고 판단했기 때문이다.

에너지를 안보 측면에서 접근하는 경향은 전 세계적인 현상이다. 그 결과는 원자력 발전을 포함한 신재생 에너지와 전력망 투자 등 전기 중심 에너지 전환을 가속화하는 쪽으로 나아가고 있다. 이 과정에서 국가별 보유 자원 여부에 따라 일부 화석연료 비중을 높일 수도 있지만 그럼에도 신재생 에너지와 전력망 투자가 줄어드는 경우는 거의 없다. 안보 이슈에 민감한 보수 성향으로의 정권 교체가 이루어진다고 해도 전기 중심 에너지로의 전환이 무산되거나 방향을 잃을 가능성은 매우 낮다고 봐야 한다. 오히려 에너지 안보 관점에서 투자가 늘어날 수 있다. 전기로의 에너지 전환은 장기간의 대규모 투자가 필수인데, 이를 위해서는 안보 측면에 투자하는 것이 효과적이고 보수 정치권에서 더욱 적극적이다. 정치적 불확실성으로 전기 중심 에너지 전환이 지연되리라 판단해 관련 투자에 소홀하면 투자 기회를 놓칠 수도 있다.

(7) 기후 위기
(히트펌프, 철도와 동행)

전기 중심 에너지로의 전환이 필요한 마지막 이유는 신재생 에너지의 필요성을 강조할 때 전통적으로 많이 언급되는 기후 위기 때문이다. 기후 위기는 2000년 미국 대선에서 엘 고어^Al Gore 후보가 제시했고, 2006년 그의 주장을 전달하는 《불편한 진실》이라는 다큐멘터리로 화제가 되었기 때문에 다소 진부하게 느껴질 수도 있다. 기후 문제는 계속 심화된다지만 당장 체감이 쉽지 않고, 진보 대 보수라는 진영 논리가 적용되면 정치 논쟁이 되어 버려 모두가 수긍하기 어렵다. 이런 경향은 특히 한국에서 심하다. 대중적으로 기후 위기는 당면 과제라는 인식이 매우 희박하다. 하지만 미국과 유럽에서는 최근 몇 년 사이에 기후 위기로 인한 피해가 크게 늘면서 여기 대응해야 한다는 사회적 공감대가 확산되었다. 여전히 정치적 성향에 따른 관점 차이가 존재하나 공감대는 확실히 커졌다. 2023년에 있었던 기후 위기 관련 미국과 유럽의 사례를 보자.

2023년에 미국 주택보험 시장은 기후 위기로 큰 타격을 입었다. 캘리포니아에서 이상 고온으로 대규모 산불이 발생해 엄청난 피해를 야기했고. 그 결과 올 스테이트^Allstate와 스테이트팜^State Farm 같은 미국의 대형 보험사들이 캘리포니아 주에서 주택보험 사업을 축소하거나 신규 보험 상품 판매를 완전히 중단했다. 콜로라도, 루이지애나, 플로리다 등에서도 산불과 허리케인이 빈번했다. 신용평가 기관 AB Best에 따르면 미국의 주택보험 산업은 3년 연속 보험 인수 부문에서 손실을 기록했다. 2023년 상반기 손실액은 총 245억 달러인데, 2022년 전체 손실과 맞먹는 규모다.

보험 회사들이 강경하게 나오는 것은 기후 위기로 인한 문제의 규모가 점점 커지고 있어서다. 2020년에 루이지애나가 허리케인 '로라'로 심각한 피해를 입은 데 이어, 2022년에는 플로리다가 허리케인 '이안^Ian'으로 주 GDP의 7.5-10%에 달하는 피해를 입었다. 미국 국립해양대기청은 2023년 10월 10일까지 미국에서 10억 달러 이상의 피해가 난 기상 및 기후 재난만 24건에 달한다고 발표했다. 1980년부터 2022년까지 연간 평균 8건과 2022년까지 최근 5년간 연평균 18건에 비해 크게 늘어난 수치다. 특히 텍사스에서 2023년 11월까지 발생한 10억 달러 이상 손해가 난 기상 관련 재해 16건은 지금까지 1년간 텍사스 주에서 발생한 10억 달러 이상 기상 관련 재해 건수 중 가장 많은 기록이다. 2023년 8월 하와이에서 발생한 산불은 미국 역사상 가장 치명적인 산불 중 하나로 기록되었는데, 최소 100명이 사망했고 피해 규모만 55억 달러에 달했다. 미국의 기후 위험을 연구하는 퍼스트 스트리트 재단이 2023년 9월 20일에 발표한 자료에 따르면 2023년에 미국에서 기후 변화로 발생한 화재에 따른 손실은 약 140억 달러다. 큰일은 이것이 2025년에는 약 240억 달러로 크게 증가할 것이다. 결국 보험 시장에 문제를 초래할 것이라는 전망이다.

　미국 주택보험 시장이 붕괴되면 부동산 관련 대출을 포함한 금융 시장도 타격을 받는다. 일련의 자연재해로 미국 재난보험료가 빠르게 상승하고 있다. 글로벌 데이터 분석사인 렉시스넥시스 리스크 솔루션 LexisNexis Risk Solutions은 2015년 1월 초부터 2023년 3월 말까지 미국 주택 보험료는 평균 21% 상승한 데 반해 기후 위기가 집중된 텍사스와 콜로라도는 약 40%, 플로리다는 57% 상승했다고 밝혔다. 대규모 폭풍과 화재로 보험료가 3배 상승한 지역도 있다. 2023년 여름에 스위스리 Swiss Re, 뮌헨리Munchen Re 같은 화재보험사들은 미국 재산·재해 화재보험료를 평균 20-50% 인상했다. 텍사스 보험국 데이터를 분석한 S&P 글로벌 분석에 따르면 2023년 11월 텍사스 보험료는 연초 대비 22%나 급증했다. 이 같은 보험료 인상에도 민간 보험 회사들이 주택보험 시장에서 아예 철수하는 일이 늘면서 그 부담이 고스란히 일반 보험 가입자들과 주정부에게 가고 있다. 미국에서 주택보험을 받지 못하면 기후 피해 발생 시 구제받지 못함은 물론 주택담보대출을 받을 수 없다. 해당 주정부가 기후 위기가 커지는 상황에서 주택보험료를 낮게 유지하려고 노력 중이지만 쉽지 않아 보인다. 플로리다 시민재산보험공사, 캘리포니아 FAIR 플랜, 텍사스 폭풍보험협회 같은 주정부 산하 보험이 민간 영역을 대체하고 있으나, 그만큼 주정부의 부담이 커지고 있다. 텍사스 폭풍보험협회는 2023년 11월에 재보험 비용으로 거의 2억 600만 달러를 지급했는데, 2022년보다 63% 증가한 수치다. 이처럼 기후 변화가 미국 부동산, 건설, 대출, 보험 등에 광범위하게 영향을 미치고 있다.

유럽도 만만치 않다. 2023년 봄에 가뭄으로 고생했는데, 스페인은 물 부족으로 올리브 작물이 피해를 보면서 공급량이 절반으로 줄어 올리브 가격이 급등했다. 독일은 라인강 수위가 낮아져 해상 운송이 타격을 봤고, 프랑스는 원자력 발전에 필요한 물이 부족해 원자력 발전을 축소했다. 2023년 7월 스페인을 포함한 남부 유럽은 역사상 가장 더운 7월을 보냈는데, 유럽 중기 기상예보센터가 수행하는 기상 재분석 프로젝트의 5세대 버전인 ERA5^{ECMWF Reanalysis v5} 데이터상 평균 기온은 25.6℃이었다. 그다음으로 더웠던 2015년과 2022년보다 0.3℃ 더 높다. 8월에는 이상 고온 현상이 북쪽으로 확장되면서 폭염 지역이 포르투갈에서 프랑스, 이탈리아, 북아프리카로 번졌다. 남부 유럽 대부분이 최대 2주 동안 38-46℃의 체감 기온에 해당하는 '매우 강한' 열 스트레스를 겪었다. 심지어 스페인 남부 일부 지역에서는 10-15일간 체감 온도 46℃ 이상의 '극심한' 열 스트레스를 겪었다. 이 기간에 폭염으로 인한 산불이 크게 늘었다. 특히 스페인과 그리스가 많은 피해를 봤다. 스페인은 2022년에 났던 10년 만의 최악의 산불로 2022년 유럽 전체 산불 피해 면적의 35%를 차지할 정도의 피해를 본 데 이어 2023년에도 3월부터 대형 산불이 연이어 발생했다. 그리스는 2023년 7월

17일부터 발생한 산불로 최소 28명이 사망하고 6억 유로 이상의 피해를 봤다. 유럽은 1년간 날씨 변화가 크지 않고 가정이나 사회 전반에 냉난방이나 홍수 등에 대한 기반 시설이 취약해 그 피해가 더욱 크다.

유럽 고급 부동산 시장이 기후 변화에 영향을 받고 있다는 지적도 나왔다. 《파이낸셜 타임즈》는 2023년 10월 4일 유럽인들이 기후 변화로 남부 유럽을 떠나 북부로 이동하는 상황을 전했다. 해당 기사는 여름철 폭염에 따른 더위와 가뭄으로 그동안 휴양지로 선호되던 프랑스 남부와 스페인을 포함한 남부 유럽의 부동산을 처분하고 유럽 중북부로 이동하는 부자들과 부동산 중개인의 이야기를 다루었다. 유럽 고급 부동산을 중개하는 루카스 폭스Lucas Fox 관계자는 고객들이 스페인 대신 영국, 독일, 러시아 등 북유럽으로 이동하고 있다고 했다.

2023년에 미국과 유럽의 대다수 언론이 미국과 유럽의 기후 재난으로 인한 피해를 집중적으로 다뤘다. 특히 미국 주택보험 시장 이슈는 기후 변화의 심각한 결과로 인식되었고, 각종 언론에서 기후 재난에 대한 구체적인 대책 마련을 촉구했다. 과거에는 정치적 성향에 따라 온실가스 배출이 기후 변화에 미치는 영향 자체를 부정하기도 했으나, 현재는 적어도 공식적으로는 없다. 특히 유럽에 비해 기후 위기에 부정적인 시각이 더 큰 미국에서조차 인식 변화가 크게 나타났다. 기후 위기로 인한 피해가 공화당의 영향이 큰 텍사스와 플로리다 같은 남부 지역에서 벌어졌던 것도 영향을 주었다. 2023년에 미국과 유럽에서 일반인이 기후 변화로 인한 피해를 체감하는 일이 크게 늘었고, 언론 보도도 활발해지면서 기후 위기에 대처해야 한다는 공감대가 광범위하게 확산되고 있다.

일각에서는 2023년 말에 집계된 바이든 대통령의 낮은 지지율을 근거로 내세워 미국 내에서 기후 정책을 부정적으로 본다고 평가하지만 미국의 기후 정책과 바이든 대통령의 기후 정책 지지에는 차이가 있다. 2023년 6월 28일에 공개된 퓨리서치의 설문 결과에도 잘 나타난다. 이 조사에서 바이든 대통령의 기후 정책에 대한 긍정 평가가 45%로, 부정 평가인 50%를 하회했지만 기후 변화 정책 자체에 대한 긍정은 높았다. 석유와 가스 회사 유정油井에서 메탄가스 누출을 봉쇄하는데 85%, 탄소 배출량에 따라 기업에 과세하는 데 70%, 2040년까지 발전소에서 일체의 탄소 배출을 제거하는 데 61%의 설문 참여자가 지지를 보냈다. 또한 미국이 기후 변화에 대응하기 위한 국제적 노력에 참여하는 데는 74%가 지지했는데, 공화당원들도 지지 의견이 54%로, 반대(44%)보다 많았다.

이와 같이 미국과 유럽에서는 기후 변화에 대한 위기의식을 기반으로 다양한 정책을 시행하고 있다. 투자자 입장에서 당장 체감할 수 있는 조치가 2023년 10월 1일부터 보고에 들어간 유럽 탄소국경조정제도Carbon Border Adjustment Mechanism, CBAM다. 수입 물품의 탄소 배출 정도에 따라 관세를 부과하는 정책으로, 유럽 그린딜의 일환으로 입법화되어 2026년부터 본격 발효된다. 탄소 배출이 많은 철강, 시멘트, 알루미늄, 비료, 수소, 전기 등 6개 품목으로, 과도기 단계에서 일부 다운스트림 제품을 추가할 수 있다. 이 조치의 근간이 된 유럽 그린딜 산업 계획은 2023년 2월에 통과됐다. 유럽의 기후 목표 달성을 위해 필요한 기술과 제품에 대한 제조 역량 강화가 목표다. 2023년에 EU 집행위원회는 그린딜 산업 계획 외에도 ① 2030년 기후 목표 달성을 위한 핏 포 55^{Fit for 55} 입법 패키지 채택을 2년 만에 마무리했고, ② 녹색 제조업 육성을 위한 혁신 기금에 40억 유로를 신규 배정했고, ③ 2022년 11월 출범한 유럽 수소은행을 통해 청정 수소 생산을 촉진할 경매 시스템을 시행했다.

미국의 경우 그동안 공급망 전체의 온실가스배출제로를 선언한 애플, 마이크로소프트, 아마존 같은 빅테크 기업과 캘리포니아 등 일부 주에서만 탄소배출제로 운동이 이루어졌다면, 바이든 정부부터는 연방 차원에서 진행되고 있다. 「상업적 이륙을 위한 경로」에서 확인할 수 있다. 바이든 정부 들어 세부 정책들이 계속 발표되고 있는데, 2023년 4분기에도 전력망 투자(10월)와 수소 허브(10월), 수소 연료세 공제(12월) 등이 발표되었다.

2023년 두바이에서 개최된 UN기후변화협약 당사국총회^{COP28}에서 기후 변화에 대한 국제적 인식과 대응이 확인되었다. 2030년까지 지구 온실가스 배출량을 2019년보다 43% 줄이고 2030년까지 재생 에너지 사용량을 3배, 에너지 효율을 2배 늘리기로 합의했다. 목표는 2050년까지 넷제로 달성이다. 이를 위해 51개국이 2030년까지의 국가 적응 계획을 이미 제출했다. 또한 글로벌 적응 목표를 추진하기 위해 2001년 설립된 기금에 일부 선진국이 전체의 절반에 해당하는 1.6억 달러를 제공하기로 약속했다. 이번 회의를 주관한 아랍에미리트^{UAE}의 술탄 알 자베르^{Al Jaber}는 UAE의 산업 및 첨단기술부 장관이고, 아부다비 국영 석유 회사 회장이며, UAE 재생 에너지 투자의 선봉에 있는 에너지 기업 마스다르^{Masdar}의 회장이기도 하다. 알 자베르와 그가 심혈을 기울인 COP28은 중동이 화석연료에서 벗어나 기후 변화를 위한 에너지 전환에 적극적으로 나섬을 상징적으로 드러낸다. 실제로 사우디아라비아와 아랍에미리트는 청정 에너지 시대에 대응하기 위해 국가적 역량을 집중하고 있다. 물론 국제 합의가 강제성을 띠거나 당장에 무엇을 바꾸는 건 아니나 대한민국처럼 규모가 있는 나라라면 이런 합의가 미치는 영향을 무시할 수 없다. 이렇게 기후 변화에 대한 국가적 공감대는 전 세계로 확산되고 있다. 중국도 높은 신재생 에너지 비중과 전기차와 전력 산업에서의 강력한 경쟁력을 보이며 긍정적인 변화를 수행하고 있다. 국제 무역과 경제 환경에도 중대한 변화를 이끌 것이다.

기후 위기에 대응하는 산업의 중심에는 전기 중심 에너지 전환 관련 산업이 있다. 온실가스 배출을 방지하는 산업이라고 하면 신재생 에너지 발전만 떠올리기 쉽지만 생각보다 관련 사업의 범위가 넓다. 이들 중 상당수가 전기 중심 에너지 전환과 밀접한 관계가 있다. 신재생 에너지에 기반한 전기 중심 에너지 전환이 화석연료 사용 감소로 이어져 온실가스 배출을 줄이고 또 기후 변화로 인한 피해를 줄이면서 효율적 에너지 사용을 독려하기 때문이다. 예를 들어 전기를 사용하는 냉난방 기기인 에어컨과 히트펌프와 화석연료 중심의 육상 운송 체계를 바꿀 전기차와 철도를 꼽을 수 있다.

2023년 북미와 유럽에서 에어컨과 히트펌프 사용이 크게 늘었다. 미국과 달리 유럽은 전기 냉방 기기에 보수적이었는데, 폭염으로 인식이 바뀌었다. 폭염 피해가 컸고, 팬데믹 이후 관광객이 찾는 에어비앤비 숙소와 식당 등에서 새롭게 창출된 냉방 기기 수요가 더해진 스페인과 이탈리아가 변화를 주도하고 있다. 히트펌프는 에어컨과 비슷한 냉매의 발열과 응축열을 이용해 냉난방이 동시에 가능한 기기인데 최근 판매가 크게 늘었다. 온실가스 배출도 화석연료보다 적어 국가 차원에서 적극 지원하기 때문이다. 국제에너지기구IEA는 히트펌프가 배출 집약적 전기 사용 시 온실가스 배출량이 가스보일러에 비해 20%, 청정 전기 사용 시 80%까지 줄일 수 있다고 했다.

IEA는 또 유럽의 에어컨 보급률은 2020년 10%에서 2022년 19%로 증가했고, 2022년 히트펌프 매출은 전년 대비 거의 40% 증가했다고 밝혔다. 그중 일반 라디에이터와 바닥 난방 시스템이 호환되는 공냉식 모델의 유럽 내 판매는 50% 가까이 급증했다. 2022년에 유럽에서 히트펌프가 제일 많이 판매된 나라인 프랑스는 정부가 엄격한 신축 기준을 제시하고 보조금(지열 히트펌프는 최대 1만 5,000유로로, 공기 히트펌프는 최대 9,000유로)을 제공했다. 폴란드와 이탈리아도 러시아·우크라이나 전쟁 이후 히트펌프 수요가 급증한 가운데 보조금을 포함한 강력한 정부 정책이 결합되면서 2022년에 판매량이 크게 늘었다. 2023년에는 기대보다 덜 팔렸는데, 유럽의 경기 침체로 인한 수요 부진과 2022년 일부 수요 잠식, 그리고 이탈리아 등에서 국가 정책이 축소된 것이 원인으로 지적된다. 그러나 히트펌프 보급이 더뎠던 영국이 2023년 10월 보조금을 5,000파운드에서 7,500 파운드로 인상하는 정책을 발표하는 등 정책 기조는 여전해 전망은 밝다.

미국 정부도 히트펌프 보급에 적극적이다. 미국 에너지부는 2023년 11월 17일 민간 히트펌프 제조 역량을 강화하기 위해 2022년 기후 법안에서 지원하기로 한 9개 프로젝트에 1억 6,900만 달러를 지원한다고 밝혔다. 냉전 때 사용된 국방물자생산법을 기후 변화에 기초한 비상 권한에 적용한 첫 사례다. 이 자금은 미시간 주의 암스트롱 인터내셔널, 루이지애나 주의 허니웰 인터내셔널, 사우스-캐롤라이나 주의 아이스 에어 같은 제조업체에게 전달되었다. 천연가스 산업 단체인 미국가스협회가 강하게 비판했음에도, 이 이례적인 조치가 가능했던 건 히트펌프가 천연가스보일러에 비해 온실가스 배출을 최대 50%까지 줄여 준다는 명분 때문이다. 그보다 몇 개월 전인 2023년 9월 21일에는 미국 인구의 55%를 대표하는 미국 25개 주의 주지사로 구성된 초당적 연합인 미국기후동맹US Climate Alliance에서 2030년까지 미국 전역의 건물을 탈탄소화하고 히트펌프를 480만 개에서 2,000만 개로 늘리겠다고 발표했다.

미국과 유럽의 육상 운송 수단에서 전기를 활용한 전기차와 철도를 강조하는 것도 기후 변화 대응과 관련된다. 전기차도 디지털 트랜스포메이션 못지않게 온실가스 감축 관점에서 접근할 수 있고, 전기차 상용 초반에는 이러한 측면이 더욱 부각되었다. 전기차는 앞에서 충분히 설명했으니 생략하고, 철도를 중점적으로 다루도록 한다. 참고로 오늘날 철도는 다른 운송 수단에 비해 전기 가동 비중이 높고, 선진국의 여객 철도는 대부분 전기 열차라 철도 확산은 전기 중심 운송 수단의 확산이라고도 할 수 있다. 원래 철도는 산업혁명의 상징으로, 산업화 진행 초기에 집중 투자되었기 때문에 선진국들에서는 철도 투자가 많지 않았다. 전 세계 철도 투자를 주도한 것은 중국과 인도 같은 이머징 국가들이었다. 특히 중국은 세계 최대 규모의 고속 철도를 운영하는 나라로, 최고 속도의 고속 철도를 보유하고 있고 기술력도 세계 최고 수준이다. 그러다 미국과 유럽에서 몇 년 사이 철도에 대한 재평가가 이루어져 투자를 늘리는 조짐이 있다.

철도는 현재 사용되는 이동 수단 중 가장 친환경적 수단임에도 미국과 유럽에서는 지난 30여 년간 상대적으로 투자가 부족했다. 유럽 운송에서 자동차(승용차, 밴, 트럭 포함)는 온실가스 배출량의 72%를 차지하는 반면 철도는 고작 0.4%다. 승객이 1km 이동할 때 발생되는 이산화탄소 배출량을 비교해도 철로는 14g이고 도로는 100g이라는 EU 연구도 있다. 그럼에도 철로보다는 도로에 더 많은 투자를 함으로써 대기를 더욱 오염시키고 탄소 배출을 더욱 늘려 기후 재난을 가속화했다. 2023년 6월에 그린피스 의뢰로 독일 싱크탱크 부퍼탈 연구소 Wuppertal Institute와 T3 교통이 작성한 연구 결과에 따르면, 1995년부터 2020년 사이 유럽 고속도로의 길이는 60% 증가한 반면 철도는 6.5% 감소했다. 또한 EU, 노르웨이, 스위스, 영국은 1995년부터 2018년까지 도로 확장에 1.5조 유로를 투자한 반면 철로 확장에는 0.93조 유로를 사용했다. 도로 확장에 철로 확장보다 66%의 비용을 더 지출한 것이다. 한편 미국은 전 세계적으로 발전된 철도 시스템을 갖췄지만 대부분 화물 철도에 초점을 맞춰 여객 철도 투자는 미미했다. 중국, 일본, 유럽 등에서 흔히 볼 수 있는 고속 철도 발달도 더디다. 2023년 말 미국에서 국제 표준에 맞는 고속 철도는 시속 240km로 달리는 아셀라Acela가 유일하고, 그조차도 전체 735km 노선 중 80.3km만 고속으로 속도를 낼 수 있다. 미국의 여객 운송은 도로와 항공기가 대부분 담당하지만 둘 다 온실가스 배출이 많은 대표 교통수단이다.

2020년 전후로 미국과 유럽은 도로 위주의 투자를 반성하면서 철도 투자를 늘리고 있다. 과거 수십 년간과는 반대되는 흐름이다. 앞선 부퍼탈 연구소와 T3 교통의 연구에 따르면 유럽에서 철로 확장보다 도로 확장을 위해 더 지출하는 비중이 1995-2020년 66%에서 2018-2021년 33%로 줄었다. 오스트리아, 벨기에, 영국은 1995년부터 도로보다 철로에 더 많이 투자하고 있다. 미국은 바이든 취임 이후 철도 투자를 크게 늘리고 있는데, 2021년 미국 상원에서 철도 운송에 660억 달러를 지원하고, 2022년 미국 교통부가 도시 간 여객 철도 보조금 프로그램으로 약 23억 달러를 지원하면서 지난 50년간 미국 여객 철도 서비스에 대한 최대 투자 중 하나로 기록되었다. 미국과 유럽의 투자는 2023년 더욱 가속화되었다. 바이든은 2023년 12월 8일 고속 철도 지원을 포함한 10개 주요 여객 철도 프로젝트에 82억 달러의 연방 자금을 투자한다고 밝혔다. 영국 교통부는 2023년 12월 철도로의 운송 방식 전환을 장려하기 위해 2050년까지 영국 철도 화물 시장 성장률 목표를 75%로 설정했다. 독일은 2023년 9월 개최된 2023 철도 정상회담에서 2027년까지 그동안 소외된 철도 인프라에 400억 유로를 투자할 것이라고 했는데, 당시 독일 교통부 장관은 이번 투자가 독일 철도 역사상 "가장 큰 혁신 및 현대화 의제"라고 설명했다.

에어컨과 히트펌프, 전기차, 철도 외에도 전기 중심 에너지 전환과 관련된 다양한 산업이 기후 대응에 따른 산업적 대응 과정에서 수혜를 볼 수 있다. 과거 화석연료를 주로 사용하던 철도가 전기로 바뀌면서 온실가스 감축의 첨병이 된 것처럼, 기존 산업도 전기 중심 에너지 변환으로 친환경 산업으로 바뀔 수 있다. 앞서 유럽 탄소국경조정제도 CBAM로 규제받게 된 철강 산업이 전기를 연료로 사용하는 전기로와 청정 전기의 보관 및 이동 수단이 될 수 있는 그린 수소를 사용해 친환경 산업으로 전환되었던 것이 대표적이다. 투자자들은 이와 같은 변화에 준비된 기업들만이 수혜를 누릴 수 있음을 명심해야 한다.

3

전력망,
전기 중심 에너지 전환의 최대 병목

(1) 전력망의 중요성과
투자 기회

전력망은 전기를 생산하는 발전소에서부터 수요자에게까지 공급하는 체계다. 한자로는 전력에 그물망을 더한 '電力網'이라고 하는데, 전력 공급 체계가 그물처럼 얽혀 있기 때문이다. 영어로는 'Grid'라고 하고 이를 한글로 읽은 그리드라는 용어도 많이 사용된다. 발전소에서 생산한 전력을 변전소까지 보내는 과정을 송전送電, Power Transmission, 마지막 변전소까지 다다른 전기를 최종 소비처로 공급하는 과정을 배전配電, Power Distribution이라고 한다. 송·배전 과정에서 전압을 올

| 전력망 개념도

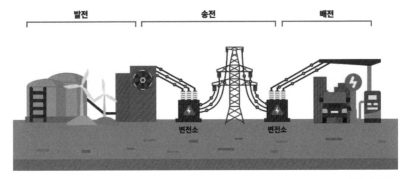

출처 : SK E&S

리거나 내리는 과정을 변전變電, Transformation of Electric Power이라고 하는데, 전기를 효율적이고 안정적으로 수송하기 위해 필요하다. 전 세계 전력 망 길이는 배전 93%와 송전 7%로 구성된다. 송전은 대규모 전력을 장 거리로 전달하는 경우가 많아 초고압 혹은 고전압선을 사용하는 반면 에 변전선은 상대적으로 저압이나 중전압선을 사용한다.

전력망은 전기 중심 에너지 전환에서 가장 큰 투자 기회를 제공할 것이다. 2020년 전후만 하더라도 전기차와 태양광·풍력을 포함한 신 재생 에너지 발전이 중심이었지만 2023년 전후로 전력망이 제일 부각 되고 있다. 전력망 부족이 전기 중심 에너지 전환의 가장 큰 병목으로 작용하고 있기 때문이다.

이러한 문제의식이 가장 잘 드러난 자료가 2023년 10월 국제에너지 기구IEA가 발간한 전력망 보고서인 「전력과 안전한 에너지 전환Electricity Grids and Secure Energy Transitions」이다. IEA는 전 세계 국가들이 제시한 에너지와 기후 목표를 달성하기 위해서는 2040년까지 기존 전 세계 전력망에 해당되는 총 8,000만km의 전력망이 추가되거나 개조되어야 한다고 주장했다. 또 전력망 부족으로 인해 완공된 신재생 에너지 발전 시설이 전력망에 연결되지 못하고 대기 중인 사례가 늘고 있다. 보고서는 이것이 신재생 에너지 투자에 장애 요소로 작용하고 있다고 했다. 보고서 발간 시점에서 최소 3,000GW의 재생 발전 시설이 전력망 연

| 2023년 10월 발간된 IEA의 전력망에 관한 보고서 표지

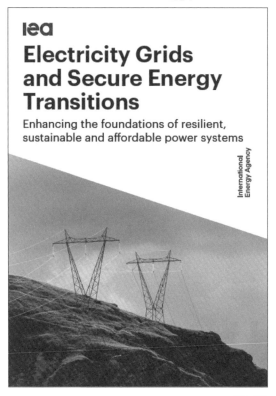

출처 : IEA

결 대기 상태인데, 2022년에 추가된 태양광과 풍력 발전 용량의 5배에 달한다. 전력망 부족이 지속되면 2030-2050년에 이산화탄소 약 600억 톤이 추가 방출될 수 있는데, 이는 2020-2023년간 전 세계 전력 부문에서 배출한 이산화탄소 규모와 맞먹는다. 이 보고서는 전 세계 전력망 연간 투자 규모가 2030년까지 현재의 2배에 달하는 연간 6,000억 달러 이상으로 증가하고, 이후에도 계속 증가해 2050년에는 연간 1.6조 달러를 넘을 거라고 전망했다.

(2) 전력망의 디지털 전환

전기 중심 전환에 전력망 투자가 가장 큰 병목이 된 이유는 ① 그동안 지연된 투자, ② 긴 투자 기간과 대규모 투자 금액, ③ 기존 발전 대비 더 많은 전력망 투자가 필요한 신재생 에너지 확대 등이다. 2010년 이후 재생 에너지 투자는 거의 2배나 증가한 반면 전력망 투자 규모는 거의 변하지 않았다. 또한 새로운 전력망 인프라는 계획부터 완료까지 5-15년이 걸리는 반면에 재생 에너지 프로젝트와 전기차 충전 인프라는 각각 1-5년과 2년 미만으로 짧다. 전력망 투자는 대형 전력 회사와 정부가 담당해 공공재 성격이 강하고 대규모 투자가 필요한데 선진국일수록 대규모 전력망 투자에 대한 민원이 심각해 투자가 쉽지 않다. 특히 신재생 에너지는 생산지와 소비지의 거리가 멀어지고 기상 변동에 따라 발전량이 변하는 간헐성으로 더 많은 전력망이 필요하다. 간헐성 이슈는 최대 전력으로 가동되는 빈도인 용량 계수^{Capacoity}Factor로 확인할 수 있는데, 2021년 미국 기준 원자력 발전과 천연가스는 각각 93%와 54%인 반면에 풍력과 태양광 발전은 각각 35%와 25%에 그쳤다. 즉 신재생 에너지는 원자력이나 화석연료에 비해 연간 같은 용량에서 생산되는 실제 전력량이 적어 더 많은 발전이 필요하고, 그만큼 전력 투자도 많이 필요하다. 한마디로 신재생 에너지 확대는 화석연료에 의한 전력 생산보다 더 많은 송·배전망 인프라와 관리가 요구된다.

변화된 전력망 환경에 대응하기 위한 투자에서 디지털 부문의 투자는 중요하나 전기차, 소규모 재생 에너지 발전과 전기 히트펌프 같은 분산형 에너지 자원과 새로운 전력 참여자들로 인해 이전과는 다른 전력망이 필요하다. 여기서 새로운 전력 참여자는 전력 회사와 도매 시장을 연결하는 전력 중개 사업자^{Aggregator}와 전력 에너지 소비자인 동시에 생산자인 프로슈머^{Prosumer}를 포함한다. 앞에서 전기 중심 에너지로의 전환이 필요한 이유 중 하나로 디지털 트랜스포메이션을 꼽았는데, 이는 분산형 전력 시장의 확대로 이어진다. 분산형 전력 시장은 필연적으로 서로가 모든 사용자의 전력 사용 정보를 알 수 있는 스마트 전력망을 필요로 한다. 즉 재생 에너지 확산은 새로운 스마트 전력망을 위한 디지털 투자를 필요로 한다. 국제에너지기구의 보고서도 전력망 투자에서 디지털 투자의 비중이 2016년 12%에서 2022년 20%로 꾸준히 늘었다고 전한다. 한편 전력망 디지털화 확대는 사이버 보안 이슈로도 이어지는데, 2016년 우크라이나에서 정전 악성 코드로 200MW 규모의 정전이 발생했다. 전력망에서 디지털 투자는 스마트 계량기, 송·배전 자동화와 관리 시스템, 네트워킹 및 통신(LTE, 5G를 적용한 무선 기술 포함), 분석(자산 성능 관리, 전력 품질 및 전력망 운영), 전기차 공공 충전 시스템, 송전선 센서, 변압기와 변전소의 디지털화 등이 포함된다. 이를 통해 ① 원격으로 전력망을 제어하고, ② 전력망에 문제가 생길 수 있는 상황을 미리 예측해 대응하며, ③ 날씨를 포함한 환경 변화에 따라 최적의 송·배전 전압과 전류를 결정해 자동으로 시행하고(Flexible AC Transmission System, FACTS, 유연한 교류 전송 시스템), ④ 비상 상황 때문에 망가진 전력망을 자가 복구한다. 전력망 디지털화를 효율적으로 진행하기 위해 인공지능이 적극 활용되면서 다양한 AI 스타트업이 전력망 시장에 뛰어들고 있다.

2023년에 여러 기업이 전력망 디지털 투자에 나섰다. 첫 번째는 듀크 에너지의 자가 복구 전력망이다. 미국의 듀크 에너지는 2023년 9월 7일 보도자료를 통해 허리케인이 플로리다를 지날 때 자사의 스마트 자가 복구 전력망이 작동하면서 1.7만 건 이상의 정전을 방지할 수 있었다고 밝혔다. 회사 측은 "정전이 발생할 때 대체 에너지 경로를 신속하게 식별해 전력망을 보다 빠르게 복원할 수 있었다"며 "허리케인 시즌마다 전력망 개선의 효과를 보고 있다"고 덧붙였다. 두 번째는 미국 최초의 디지털 변전소다. 미국 오하이오 주에 있는 풍력 발전사인 원 에너지One Energy는 2023년 9월 5일에 미국 최초의 디지털 변전소를 상업적으로 운영하고 있다고 밝혔다. 원 에너지의 디지털 변전소인 메가와트 허브^{Megawatt Hub}는 30MW 규모이지만 150MW까지 확장이 가능하며, 완전한 디지털로 작동되고 실시간 모니터링과 복원력을 갖춰 각종 기상 악천후에서도 작동하도록 설계되었다. 이 변전소는 슈바이처 공학연구소^{Schweitzer Engineering Laboratories}의 TiDL 시스템을 적용시켰다. TiDL 시스템은 광섬유 통신과 히타치 에너지의 변압기·고전압 회로 차단기를 사용하며 자동·수동 화재 진압 시스템이 포함된다. 세 번째는 철도용 디지털 변전소 개발 계획이다. 2023년 9월 5일, 히타치는 동일본철도주식회사와 공동으로 철도용 디지털 변전소 시스템을 개발한다고 전했다. 회사 측은 광섬유 통신을 사용해 네트워크 장비에서 현장까지 많은 정보를 전송하고 이중화를 쉽게 처리하며 안정적 전력 공급과 공간 절약 등의 효과를 기대할 수 있다고 했다. 네 번째는 전력망 개선에 집중하는 인공지능 스타트업들의 투자 유치 소식이다. 2023년은 금리 상승으로 투자 유치가 힘들었음에도 인공지능과 전력망 개선 분야는 상대적으로 투자 여건이 좋았다. 2023년 하반기에 전해진 투자 소식을 몇 개만 꼽으면 ① 2023년 12월에 인공지능을 활용한 전력망 등을 모니터링하는 프리즈마 포토닉스^{Prisma Photonics}(이스라엘, 2017년 설립)가 이스라엘전력공사가 포함된 기관 투자자로부터 시리즈 C로 2,000만 달러 이상을 모집했고, ② 2023년 12월에 프랑스 토탈 에너지가 인공지능 소프트웨어 스타트업 4곳(에너지 가격 예측 스타트업 프레딕티브 레이어^{Predictive Layer}, 에너지 사용자용 소프트웨어 스타트업 디에스플로우^{Daflow}, 재생 에너지 프로젝트 설계 스타트업 내쉬 재생 에너지^{Nash Renewables}, 전기차 충전 스타트업 타임2플러그^{Time2plug})을 수천 만 유로로 인수했고, ③ 2023년 10월에 기후 변화를 예측하고 전력망 투자를 최적화하는 리좀Rhizome(미국, 2023년 3월 설립)이 시애틀 시의 조명과 버몬트 전력 회사와 250만 달러 규모의 투자 및 파트너십을 체결한 것 등이다.

(3) 전력망 연결 구축 사업

전력망은 인터넷 네트워크처럼 사용자가 많이 연결될수록 가치가 상승한다. 전기는 저장이 까다롭고, 전력망에서 흐르는 전기는 너무 많거나 반대로 너무 적어도 문제가 생긴다. 생산자와 사용자가 분산되고 또 규모가 클수록 위기 상황에 대응하는 역량도 증가한다. 따라서 전력망을 상호 연결해 규모를 키워 비용을 절감하고 전력 시장을 최적화할 수 있다. 결론적으로 대규모 전력망(상황에 따라 주변 국가들까지 포함한 초국가별 광역망 포함)을 구축하는 것이 효율적이다. 가장 모범적으로 운영되는 초국가별 전력망이 유럽 27개국 5억 명이 사용하는 유럽 통합 전력망 ENTSOE European Network of Transmission System Operators for Electricity다. 북유럽의 수력과 풍력, 프랑스의 원자력, 그리고 남유럽의 태양광과 천연가스 등 유럽 각지의 발전 자원을 활용함으로써 특정 시기에 발생하는 전력 부족을 상호 보완하며 유럽 전체의 전력망을 안정적으로 구축하는 데 기여한다. 유럽이 러시아·우크라이나 전쟁과 2021년 북해 풍력 발전 급감 같은 우발적 사건들을 그나마 잘 버틸 수

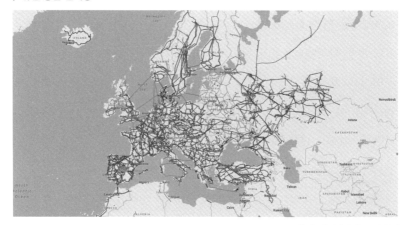

출처 : 유럽에너지공급자협회

있었던 것은 유럽 전력망이 하나로 연결되었기 때문이다. X링크Xlinks는 영국 전력 수요의 8%에 달하는 최대 10.5GW의 태양광과 풍력으로 발전한 전력을 해저 케이블로 사하라 사막에서 영국까지 연결하는 프로젝트로, 투자 규모만 200억 파운드(한화 약 33조 원)에 달한다. 전력망을 해외로 확장해 신재생 에너지 발전을 늘리고 전력 안정성을 확보한 좋은 사례다.

유럽 외에도 다양한 지역에서 주변 국가들과 전력망을 공유하거나 새로 공유하려는 시도가 나타나고 있다. 2023년 말 기준 중미 6개국 전력망이 통합된 SIEPAC Sistema de Interconexión Eléctrica de los Países de América Central(중앙아메리카 전기 상호 연결 시스템)와 서아프리카경제공동체ECOWAS 산하 14개국이 참여한 서아프리카 전력풀을 포함한 5개의 아프리카 전력풀이 있다. 한편 2023년 하반기에 들어 새롭게 대규모 전력망을 구축하기 위한 국가 간 협의도 활발하게 진행되었다. 아세안은 2023년 10월 기후 변화에 대응하기 위해 지역 전력을 공유하는 전력망 개발 협력안에 합의했다. 이미 말레이시아와 인도네시아가 8월에 국경 간 송전선 설치를 연구하는 양해각서에 서명했다. 이번 합의에는 라오스, 말레이시아, 태국, 싱가포르 간 전력 계약을 추가한다는 내용이 포함되었다. 한편 2023년 10월 인도와 사우디아라비아는 전력망 상호 연결과 녹색 수소 공급망을 위한 양해각서를 체결했다. 인도가 해저 케이블을 통해 양국 간 전력망을 상호 연결할 것이라는 첫 보도가 나온 4월 25일 이후 6개월도 안 된 시점이었다. 인도는 서해안 해저 케이블을 통해 사우디아라비아와 UAE의 전력망을 연결하는 방안을 모색했고, 세 나라 모두 최근 재생 에너지 발전에 적극적이라는 데 주목할 필요가 있다. 인도가 근래에 중동 건설에서 대규모 수주를 하고, 인도와 중동이 전통적으로 교류가 많았다는 점에서 전력망을 포함한 이들의 에너지 연대는 의미 있는 변화다.

　대규모 전력망은 신재생 에너지 중심의 전기 시대 구축에 필수 요소다. 신재생 에너지는 지역별로 날씨에 따라 전력 생산의 편차가 크고 다양한 소규모 생산자가 존재해 지역적으로 넓게 분포된 광역 전력망 구축이 꼭 필요하다. 다양한 지역을 포괄하고 많은 사용자가 참여하는 전력망에 포함된 신재생 에너지 발전의 활용도는 높은 편이다. 대표적으로 노르웨이의 수력과 독일의 풍력 발전을 꼽을 수 있다. 유럽이 신재생 에너지 발전 비중이 높은 것도 통합 전력망 덕분이다. 아세안의 전력망 통합도 다양한 신재생 에너지 발전에 기여할 것으로 전망된다.

아세안은 인도네시아와 필리핀의 지열 발전, 라오스와 말레이시아의 수력 발전, 베트남의 풍력과 태양광 발전, 태국과 말레이시아의 태양광 발전 등 지역별로 다양한 재생 가능 에너지원을 보유하고 있다. 인구 600만 명의 도시국가인 싱가포르는 이들로부터 청정 에너지 전량을 수입한다.

다만 대규모 전력망 구축이 가능하기 위해서는 참여 지역 사이의 신뢰가 구축되어야 한다. 특정 지역이 값싼 전기를 다른 지역과 나누는 것을 싫어하거나 전력망에 참여하는 지역들의 전력망 수준이 크게 다

| 북미 전력망 지도

출처 : 북미전력안정성공사

| 텍사스의 풍부한 에너지 자원

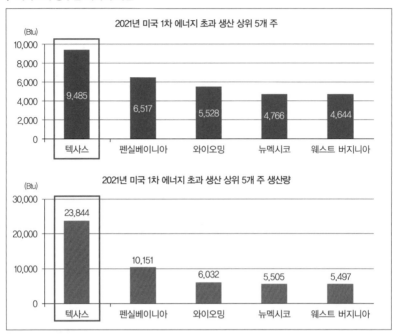

2021년 미국 1차 에너지 초과 생산 상위 5개 주

(Btu)

텍사스	펜실베이니아	와이오밍	뉴멕시코	웨스트 버지니아
9,485	6,517	5,528	4,766	4,644

2021년 미국 1차 에너지 초과 생산 상위 5개 주 생산량

(Btu)

텍사스	펜실베이니아	와이오밍	뉴멕시코	웨스트 버지니아
23,844	10,151	6,032	5,505	5,497

출처 : 텍사스 전기신뢰성협의회

| 텍사스 전력망의 전력원(2023년 8월 4일)

에너지원	현재 용량		최대 용량		현재 용량/ 최대 용량
	용량(MW)	비중(%)	용량(MW)	비중(%)	
천연가스	46,014	56.0%	69,890	45.2%	65.8%
태양광	12,736	15.5%	20,809	13.5%	61.2%
석탄과 갈탄	11,732	14.3%	14,321	9.3%	81.9%
풍력	6,381	7.8%	38,695	25.0%	16.5%
원자력	4,936	6.0%	5,448	3.5%	90.6%
에너지 저장	129	0.2%	4,695	3.0%	2.7%
수력	115	0.1%	600	0.4%	19.2%
기타	105	0.1%	113	0.1%	92.9%
총계	82,148	100.0%	154,571	100.0%	100.0%

출처 : 텍사스 전기신뢰성협의회

2025년 AI 슈퍼 사이클이 온다

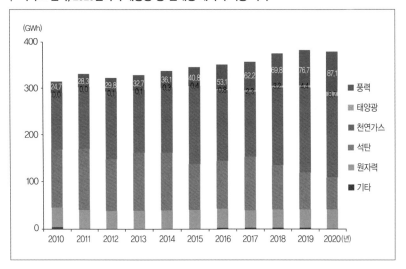

출처 : 댈러스 연준

르거나 서로 믿지 못하면 광범위한 전력망 구축은 불가능하다. 그렇다고 폐쇄적인 전력망을 구축하면서 신재생 에너지 발전을 늘려 가면 사고가 발생하기 쉽다. 2023년 여름에 닥친 텍사스의 전력망 위기는 풍부한 에너지 자원만 믿고 텍사스 내의 값싼 전기를 자기들만 쓰겠다는 생각에 독자적 전력망을 고수한 결과다. 2023년 여름 폭염으로 냉방용 전기 사용량이 폭증하면서 전기 가격이 급등했고, 10월 14일에는 일식이 태양광 발전에 영향을 미치면서 텍사스 전력 당국이 사전 경고에 나설 정도로 전력망 불안이 커졌다. 이런 전력망 위기의 원인은 늘어난 기후 재난과 크게 증가한 신재생 에너지 발전 비중이다.

(4) HVDC 기술

전력망 투자에서 초고압 직류 송전^{HVDC}을 주목할 필요가 있다. 고가이고 향후 성장 가능성이 크기 때문이다. HVDC는 고압 직류로 전환해 전력을 송전하는 방식인데 전통적으로 교류로 송전하는 것에 비해 전력 손실이 적고 케이블을 적게 사용해 비용이 절감되며 또 다른 전력 시스템 간 주파수 연계가 가능하다는 장점이 있다. 여기에 외부 전력망에 의존하지 않고 전력망 일부 복원이 가능하고 전력망에 오류가 발생할 때도 시스템 안정화가 용이해 스마트 그리드 적용에도 유리하다. 한편 HVDC는 비교적 고압이라 장거리 대규모 전력을 전달하는 데 많이 사용된다. 최근 기술 발전으로 중거리와 단거리에서도 보편화되고 있다. 앞서 언급한 국가 간 혹은 지역 간 장거리 대규모 전력 전달 수요가 새롭게 증가하면 상대적으로 수혜를 볼 수 있다. HVDC는 특히 해상풍력처럼 육지에서 멀리 떨어진 곳에서 생산된 전력을 육지로 효과적으로 전송하는 데 널리 사용된다. 수중 교류 케이블에 비해 전송 손실이 적고, 기술적·경제적으로 어려운 조건에서도 설치가 쉽기 때문이다. HVDC는 2022년 기준 중국이 전 세계 길이의 절반을 차지하고 있으나 유럽 또한 전력망 투자를 늘리고 있고, 해상풍력 연결을 포함한 지하와 해저 케이블에도 HVDC가 많이 사용되면서 유럽의 비중이 늘고 있다. 히타치는 2023년 3월 네덜란드와 독일의 6개 해상풍력 발전소를 전력망과 연결시키는 HVDC 변환기 스테이션을 130억 유로(한화 약 18.6조 원)에 수주했는데, 히타치는 이 거래가 회사

출처 : 히타치 에너지

역사상 가장 큰 규모의 계약이라고 전했다. 또한 2023년 12월 29일에 영국과 덴마크를 잇는 세계 최대 전기 케이블인 바이킹 링크^{Viking Link}가 HVDC로 성공적으로 첫 송전을 달성했다. 양국이 4년간 19.2억 달러를 투자한 케이블로 덴마크 해상풍력에서 생산된 전력이 영국으로 전송된다.

(5) 미국, 유럽, 한국의
전력망 투자 전략

2024년까지 수년 동안, 전력망 투자는 전기 중심 에너지 전환을 향해 나아갔다. 이 과정은 미국과 유럽 등의 선진국이 주도했다. 전통적으로 전력망 투자는 개발도상국 위주로 이루어져 왔기에 신재생 에너지 비중이 크게 늘어난 선진국의 전력망 부족은 더욱 심각하다. IEA에 따르면 지난 10년간 개발도상국의 송전망과 배전망은 각각 60%와 40% 증가한 반면에 선진국은 둘 다 9% 성장에 그쳤다. 선진국 송전망을 자세히 살펴보자. 일본은 소폭 감소한 반면 유럽과 미국은 각각 12%와 3% 증가했다. 물론 선진국은 송·배전망이 이미 구비되어 투자가 적은 측면도 있지만, 신재생 에너지 비중이 크게 증가하는 방향으로 변화 중인 전력 환경에 대응하기 위한 준비가 충분하지 않은 상태다. 이런 문제의식으로 최근 미국과 유럽이 전력망 투자에 적극 나서고 있다. 국제에너지기구의 보고서에 따르면 선진국의 전력망 투자는 2014년 이후 2022년까지 증가했으며 그 증가세가 최근 더 커지고 있다. 2022년 미국의 전력망 투자 규모는 전년 대비 7% 증가한 약 900억 달러였는데, 유럽도 650억 달러를 지출했다. 반면에 이머징 국가들은 중국을 제외하고는 확연히 투자가 감소해 대조적인 모습을 보였다.

미국과 유럽 정부는 2023년 이후에도 전력망 투자에 적극 공헌하고 있다. EU 집행위원회는 2023년 11월 28일에 발표한 전력망 구축

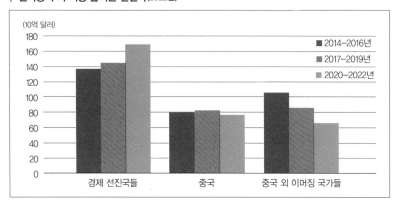

출처 : IEA

을 가속화하기 위한 초안에서 "2030년까지 유럽의 전력 소비는 60%, 국경 간 송전 용량은 2배 증가하며, 더 많은 재생 에너지와 전기차 충전 및 수소 생산이 이루어져야 한다"며 "2030년까지 5,840억 유로(한화 약 837조 원)의 투자가 필요하다"고 전했다. 이 초안은 "수백만 개의 옥상 태양광 패널과 지역 에너지 커뮤니티가 자원을 공유할 수 있도록 전력망을 더 분산되고 디지털화된 형태로 발전시킴으로써 전체적으로 유연한 전력 시스템으로 전환시킬 필요가 있다"고 했다. 미국 정부는 2023년 10월 19일에 역대 최대 규모의 전력망 투자 계획을 발표했는데, 연방정부 차원에서 44개 주 58개 프로젝트에 최대 34.6억 달러를 지원한다고 밝혔다. 민간 투자 포함 시 80억 달러까지 확대되며, 2022년 태양광 발전 규모의 절반에 해당하는 35GW의 신재생 에너지 발전에 도움이 될 것으로 봤다. 또한 2023년 10월 30일에 발표한 국가 송전 수요 연구에서 2040년까지 미국의 현재와 미래 송전 수요를 평가하면서, 2035년까지 '100% 청정 전기'라는 국가 목표를 달성하기 위해 전력망과 지역 간 송전 용량을 각각 2배와 5배 이상 확장해야 한다고 밝혔다. 이와 함께 미국 정부는 미국 6개 주를 통과하는 3개의 송전선 프로젝트에 최대 13억 달러를 투자한다고 덧붙였다. 미국 정부가 초당파적 인프라법Bipartisan Infrastructure Law을 기반으로 한 송전망 촉진 프로그램의 첫 프로젝트로, 여기 사용하기 위해 25억 달러 규모의 회전기금Revolving Fund을 마련했다.

2023년 말 기준, 한국도 차세대 성장동력 육성을 위한 전력망 구축이 심각한 문제로 부각되었다. 2023년 10월 김성환 국회의원이 한국전력으로부터 받은 「연도별 재생 에너지 전력 계통 연계 현황」에 따르면 2018년부터 2023년 8월 31일까지 송·배전망 접속을 신청한 4만 8,181MW의 재생 에너지 접속 신청 중 37.2%인 1만 7,901MW가 송·배전망에 접속되지 않아 전력을 생산하지 못했다. 이들 사업자의 평균 접속 지연 기간은 17개월이며, 이로 인한 손실은 10조 5,577억 원으로 추산했다. 또한 2023년 12월 4일 산업통산자원부는 국가 기간 전력망 확충 특별법 추진을 핵심으로 하는 전력 계통 혁신 대책을 발표하고, 12월 18일 김성원 국회의원실과 한국행정학회가 주최하는 "국가 기간 전력망 확충을 위한 정책 토론회"를 개최해 계류 중인 특별법의 필요성을 역설했다. 이 법은 용인 반도체 클러스터와 송도 바이오 클러스터 같은 국가 첨단 전략 산업단지와 연결되는 무탄소 전원(원자력 발전과 신재생 에너지)과 관련된 345kV 이상 송·변전 전력망 건설 시 국무

총리가 위원장으로 있는 국가전력망확충위원회가 입지 선정부터 갈등 조정까지 총괄한다는 게 핵심 내용이다. 그동안 한국전력이 주도한 전력망 건설의 한계를 극복하기 위한 대책이다. 정부 측은 특별법 통과로 고압 송전선 건설 기간이 평균 13년에서 9년으로 단축되리라 기대했다. 또한 전력 계통 혁신 대책에서 송전망 건설에 민간의 역할을 확대하는 방안을 담았는데, 그만큼 송·배전망 건설이 중요하다고 판단한 것이다. 이제 국내에서도 첨단산업은 무탄소 전력으로 생산이 이루어져야 하고, 이를 제대로 구현하기 위한 고압 전력망 구축이 빨리 이루어져야 한다는 공감대가 확산되고 있다.

투자자 관점에서는 특히 미국과 유럽 시장의 빠른 성장에 주목해야 한다. 그동안 이 분야를 주도한 중국 시장은 사실상 자국 기업들 위주로 진행되었고, 투자도 쉽지 않았기 때문이다. 2023년 한국 증시의 승자 중 하나인 국내 변압기 기업들의 호조는 여기 기인했다. 변화는 이제 시작되었다. 초고압 케이블 회사, 해저 케이블 관련 회사, 변압기를 포함한 변전 솔루션 제공 회사, 전기차 부품 수요 증가로 인해 공급 부족이 발생하는 방향성 전기 강판 회사, 전력망의 디지털화를 주도하는 회사 등에 주목하자. 다만 미국과 유럽 등 선진국 중심의 시장에서는 글로벌 평판과 기술력, 그리고 선진국 시장에 대한 이해와 경험이 없다면 성장에 따른 수혜를 보기 힘들다. 또한 이들 선진 시장에서는 특정 부품을 납품하기보다는 프로젝트의 일정 부문을 턴키로 공급할 수 있는 종합적 사업 능력이 필요하다. 글로벌 전력망 관련 기업들 가운데 위 조건에 부합하는 회사에 집중 투자할 필요가 있다.

4

원자력 발전과 BESS,
전기 중심 에너지 전환 시대에
가치의 재발견

(1) 원자력 발전의 재평가와
BESS의 부각

2023년 들어 원자력 발전과 배터리 에너지 저장 시스템BESS 이 전력망과 함께 전기 중심 에너지 전환에서 새롭게 평가받고 있다. 전기차와 신재생 에너지의 발전을 늘리는 것을 넘어, 전기 중심 에너지로의 전환을 실질적이고 효율적으로 운영하기 위한 현실적 대안이 새로이 논의되고 있기 때문이다. 팬데믹 이전까지 원자력 발전은 방사성 폐기물 때문에 반대 여론이 강했지만 최근에는 긍정적 인식이 확산되고 있으며 차세대 원자력 발전도 적극 모색되고 있다. 전기차 확산으로 배터리를 포함한 관련 기술이 발전하고 전력망의 중요성이 부각되면서 BESS도 다시금 주목받고 있다. 특히 전력망과 신재생 에너지 확산을 지원하는 동반자로 간주되면서 최근 큰 폭의 성장세를 보였다. 이들 모두 온실가스 배출을 줄이고 신재생 에너지의 간헐성을 보완하면서 에너지 안보를 보장하는 현실적인 대안으로 인정받고 있다.

(2) 원자력 발전의 중요성

지난 20여 년간 전 세계 원자력 발전은 정체 상태였다. 그러나 국가별로 보면 러시아와 중국의 영향력이 빠르게 확대되고 있어 미국과 서방 국가들이 우려를 표했다. 원자력 발전 용량은 1980년대에 가파르게 성장했지만 2000년대 들어 정체되다가 2011년 일본 후쿠시마 원전 사고로 크게 하락한 뒤 2022년까지 후쿠시마 사고 이전 수준을 회복하는 정도에 그쳤다. 2022년 기준, 미국이 전 세계 원자력 발전 용량의 30.3%로 1위를 유지하고 있다. 그 뒤를 중국, 프랑스, 러시아, 대한민국이 따른다. 지난 10여 년을 보면 미국은 정체 상태이고 대부분의 서방 국가는 마이너스인 반면에 중국은 성장률이 15.6%로 매우 높고, 러시아도 2.3%로 높은 성장세를 이어 나가고 있다. 그나마 한국과 일본이 플러스 성장을 기록했는데, 일본은 후쿠시마 사고로 성장에 제동이 걸린 상황이다. 지금의 흐름이 이어진다면 전 세계 원자력 발전 시장에서 중국과 러시아의 비중이 크게 증가하게 된다. 러시아의 자국 내 원자력 발전 성장률은 2%대지만 10년간 국영 기업 로사톰 RosAtom을 통해 핵연료, 발전소 건설, 핵폐기물 처리까지 포괄적인 서비스를 제공하고 있다. 또한 국가 차원에서 강력한 금융 지원을 더하면서 수출 시장에서 큰 비중을 차지하고 있다. 특히 동유럽은 러시아의 홈그라운드 같은 곳으로, 원자력 발전을 채택한 대부분의 국가에서 원자력 발전소 건설부터 유지와 보수까지를 러시아가 담당한다. 그 결과 2017년 이후 건설된 31기 원자로 중 27기를 러시아와 중국이 설계했다. 한편 핵연료 생산을 위한 우라늄 농축 용량을 보면 러시아 단독으로는 46%에 달하고, 중국을 더하면 50% 후반까지 상승한다. 차세대 원자력 발전으로 기대되는 소형 원자로에 사용되는 핵연료인 고순도 저농축 우라늄High-Assay Low-Enriched Uranium, HALEU은 2023년까지 사실상 러시아만이 상업적으로 생산했다.

원자력 발전은 핵무기 개발이라는 군사적 측면에서도 중요하다. 미국과 서방 국가들 입장에서 러시아와 중국이 전 세계 원자력 발전에서 영향력을 확대하는 것은 안보 측면에서도 우려할 만하다. 더욱이 원자력 발전은 2020년 전후로 ① 지정학 갈등으로 인한 안보 이슈 부상, ② 신재생 에너지의 간헐성 보완, ③ 차세대 소형 원자로 개발, ④ 개발도상국의 원전 관심 확대 등으로 더욱 중요해졌다. 안보 이슈는 앞서 언급했으니 넘어간다. 원자력이 신재생 에너지의 간헐성 보완 측면에서 현실적 대안으로 인식되면서 최근 몇 년간 친환경 기조가 강한 유럽을 포함하여 전 세계적으로 원자력을 긍정적으로 바라보는 변화가 나타

국가명	발전 용량(TWh)	전 세계 점유율	10년 평균 성장률
미국	812.1	30.3%	0.0%
중국	417.8	15.6%	15.6%
프랑스	294.7	11.0%	−3.6%
러시아	223.7	8.4%	2.3%
대한민국	176.1	6.6%	1.6%
캐나다	86.6	3.2%	−0.8%
우크라이나	62.1	2.3%	−3.7%
스페인	58.6	2.2%	−0.5%
일본	51.8	1.9%	11.1%
스웨덴	51.5	1.9%	−2.1%
합계	2,235.0	83.4%	

출처 : 로버트 레이피어

| 2020년 국가별 우라늄 농축 용량

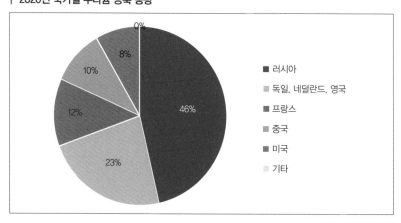

출처 : 세계원자력협회

나고 있다.

국제에너지기구는 2050년 넷제로 달성을 위해 2040년까지 전 세계 원자력 발전 규모가 현재의 2배로 증가해야 한다고 했다. 한편 2020년대 들어 기술 발전으로 기존 1GW급보다 규모가 훨씬 작은 SMR(50-300MW)과 마이크로 원자로(50MW 이하)의 상용화가 가능해져 더욱 빠르고 안전한 원자력 발전이 가능해졌다. 원자력 발전의 소형화는 인공위성의 소형화로 인공위성 시장이 크게 성장한 것과 비슷한 변화를 일으킬 수 있다. 마지막으로 2000년대 이후 소득 수준이 늘어난 많은 개발도상국이 늘어난 전력 수요를 감당할 해법으로 원자력 발전을 고려하고 있다. 대표 지역은 아프리카인데, 2023년 말 기준 원자력 발전소를 가동 중인 나라는 남아프리카공화국 하나지만 이미 10개국 이상(이집트, 가나, 모로코, 케냐, 니제르, 나이지리아, 수단 등)이 원자력 발전을 추진하고 있다. 원자력 발전을 준비하는 아프리카 국가들 중 이집트가 가장 앞서 있다. 이집트는 2022년 러시아와 원자력 발전 계약을 체결했다. 자국 내 전력 수요 증가와 신재생 에너지 중심의 사회 변화에 더해 핵무장까지 고려하고 있는 중동도 원자력 발전을 적극 고려하고 있다. 핵무장까지 고려하면 러시아와 중국이 좋은 파트너가 될 수 있을 것으로 보인다. 원래 러시아 원자력 발전의 앞마당이면서 유럽의 생산기지로 부상하고 있는 헝가리, 체코, 슬로바키아, 폴란드 같은 동유럽 국가들도 근래 늘어나는 전력 수요와 친환경 요구의 대안으로 원자력 발전을 늘리고 있다.

(3) 미국의
원자력 확대 정책

최근 미국의 원자력 정책은 안보 관점에서 접근해야 한다. 유럽 내 러시아 에너지의 영향력을 축소하는 동시에 침체된 미국 원자력 발전을 부흥시키고자 하는 이유는 에너지 안보와 미국 산업 부흥이라는 두 가지 목표를 동시에 달성하기 위해서다. 2023년 9월 민주당 출신의 거물 정치인 존 케리 기후특사가 루마니아를 방문해 루마니아만이 아니라 체코와 슬로바키아, 그리고 폴란드에 미국산 SMR 설치를 지원하겠다고 발언하고, 웨스팅하우스가 폴란드 포메라니아Pomerania 원자력 발전소를 수주한 것도 이런 맥락에서 봐야 한다. 이전까지 폴란드에는 원자력 발전소가 없었지만 최근 대한민국 배터리 공장들이 진출하는 등 제조업이 발전하고 있다. 또한 러시아의 안보 위협에 대응하여 유럽에서 가장 적극적으로 미국산 LNG를 수입하고 있다. 폴란드는 포메라니아 발전소 외에도 민간이 참여하는 대형 원자력 발전과 SMR 원자력 발전을 독려해 2030년까지 전체 전력의 50%를 원자력 발전으로 충당한다는 계획이다. 체코는 러시아가 지은 원자력 발전소에서 전체 전력의 36%를 생산하는 나라인데, 최근 미국 쪽으로 넘어갔다. 먼저 기존 핵연료 수입처를 러시아에서 미국과 프랑스로 변경하고, 신규 원자력 발전소 건설에서 러시아와 중국을 아예 배제했다. 반면 헝가리는 러시아와 협력을 유지하려는 경향이 강하다. 현재 전력의 절반을 차지하는 팍스Paks 원자력 발전소를 러시아 기업 로사톰이 건설했고, 신규 원자력 발전소 2기도 2023년 3월 로사톰과 계약했다. 헝가리도 유럽 제조 중심 국가로 도약하면서 2023년에 전력난이 발생했다. 헝가리가 2023년 9월 27일에 슬로바키아와 원자력 협력 협정을 체결하면서 러시아와의 핵 협력을 저지하는 유럽의 제재는 지지하지 않는다고 밝힌 데는 이런 배경이 있다.

입장이 애매해진 건 한국이다. 세계 10대 원자력 발전 국가들 중 미국 원자력 발전의 해외 진출 시 파트너가 될 수 있는 자유 진영 국가는 한국과 일본밖에 없다. 하지만 일본은 후쿠시마 사태로 수년간 원자력 발전이 후퇴했고, 발전 방식도 현재의 주류인 가압경수로^{PWR}가 아닌 비등경수로^{BWR}라 한계가 있다. 따라서 꾸준히 원자력 발전을 키워 왔고 해외 경험도 풍부한 한국이 그동안 신규 원자력 발전 건설에 소홀했던 미국 입장에서 좋은 파트너가 될 수 있었다. 하지만 한국은 2022년 러시아가 아프리카 원자력 발전 진출의 교두보로 여기고 전력을 다한 이집트 원자력 발전 건설에 러시아와 함께 참여할 때 사전에 이 문제를 미국과 상의하지 않았다는 전례가 있다. 한국 입장에서는 아랍에미리트 바라카 원자력 발전소 이후 13년 만에 이루어진 해외 원자력 발전 수주이고, 주사업자가 아니었으며, 2차 계통 부속 시설이라 별 문제가 없겠다고 여겼을 테지만 미국의 바뀐 원자력 발전에 대한 관점을 이해하지 못한 결과라고 할 수 있다. 특히 이집트는 자체 핵무장 가능성이 커 서방 국가에서 원자력 발전을 반대해 왔고, 이집트의 핵무장은 이란 핵무장으로 야기된 중동 핵무장 확산을 앞당길 수 있음도 고려해야 한다. 웨스팅하우스가 폴란드 원자력 발전과 관련하여 한수원에 지적재산권 침해 소송을 제기하고, 미국 지방법원의 사건 기각 이후에도 항소를 지속하고 있는 점과, 미국과 프랑스와 한국이 경쟁 입찰로 참여한 체코 신규 원전 최종 계약자 결정이 2024년 2월로 미뤄졌던 것은 이와 같은 사정이 반영된 것으로 보인다. 양국의 협의가 이루어지기 전까지는 미국이 한국 원자력 발전의 해외 진출 발목을 잡을 가능성이 있다.

미국은 자국 내 원자력 발전을 적극 늘리는 방안도 모색하고 있다. 「상업적 이륙을 위한 경로」의 '첨단 원자력 편'에 따르면 미국은 2023년 기준 100GW 규모의 원자력 발전을 2050년까지 300GW로 확대하면서 기존 대형 원자력 발전소 건설 외에도 SMR 같은 차세대 원자력 발전, 원자력 발전에 필요한 인력, 차세대 핵연료 및 핵 폐기장, 그리고 인허가 절차를 포함한 전체 인프라를 확대할 것이라고 했다. 이를 위해 2050년까지 7,000억 달러(한화 약 918조 원)가 필요하다고 전망했다. 또한 미국은 원자력 발전을 향후 전력 생산 외에도 탄소 배출이 없는 수소 생산과 물 담수화, 군과 격오지 자가 발전, 선박과 우주선 동력원 등으로 확장할 계획이다. 민간에서도 원자력 발전을 온실가스 배출이 없는 전력 생산 수단으로 고려하고 있다. 2023년 9월 인공지능과 클라우드 데이터센터를 강화하기 위해 원자력 전문가 채용 공고를 올린 마이크로소프트가 대표 사례다. 마이크로소프트는 SMR과 마이크로 원자로를 통합하기 위한 기술 평가를 이끌 인재를 원한다고 밝혔다.

(4) 유럽의
원자력 발전 동향

러시아·우크라이나 전쟁 발발 이후 유럽에서도 원자력 발전에 대한 우호 여론이 확산되었다. 에너지 안보와 탄소 배출 감축이라는 두 마리 토끼를 잡을 현실적 방안 중 하나로 원자력 발전이 필요함을 인식한 결과다. 독일은 프랑스 원자력 발전을 수용했고, EU 집행위원장은 미국에 우호적인 체코의 원자력 발전을 지지했고, 영국은 신규 원전을 모색하고 있다. 특히 원자력 발전 강국인 프랑스가 원자력 발전에 열심이다. 2023년 12월 프랑스는 EU에 2030년까지의 재생 에너지 목표를 제시하지 않았는데, 원자력 발전과 재생 에너지를 결합한 탈탄소화 에너지 목표를 제시하기로 했기 때문이다. 프랑스는 한동안 침체된 자국 원자력 산업을 보호하기 위해 혼합 에너지 목표를 고수하고 있다. 갈등은 2024년 6월 유럽의회 선거까지 지속될 것이다. 앞서 동유럽 다수 국가가 원자력 발전에 적극적이라고 언급했다. 여기에 스웨덴도 2050년까지 원자력 발전을 현재의 2-3배로 늘린다고 밝혔고, 유럽 최대 원자로를 운영하는 핀란드도 있다.

2023년 12월에 폐막한 UN기후변화협약 당사국총회COP28에서 원자력 발전 확대가 선언되었는데 이를 통해 국제적으로 원자력 발전에 대한 태도와 인식이 변화하고 있음을 확인할 수 있었다. 이 회의에서 미국, 프랑스, 일본, 영국 등 20여 개 국가는 2050년까지 전 세계 원자력 발전량을 현재의 3배로 늘리겠다고 선언했다. 이를 달성하기 위해

2025년 AI 슈퍼 사이클이 온다

서는 2050년까지 매년 평균 40GW의 원자력 발전량을 늘려야 하는데, 현재 설치 수량인 약 4GW의 10배에 달한다. 원자력 발전은 초기 대규모 투자비와 핵폐기물 관리 문제로 지금까지 COP 회의에서 거의 관심받지 못했음을 감안할 때, 이번 선언이 얼마나 이례적인지 가늠할 수 있다. 선언문 선두에 존 케리가 원자력 발전 없이 넷제로 2050을 달성할 수 없다고 밝힌 것은 시사점이 크다.

(5) 원자력 발전 투자 시 고려 사항

원자력 발전은 장기간이 소요되며, 특히 고금리 환경에서는 투자에 신중하게 접근해야 한다. 미국과 프랑스 같은 주요 선진국들은 한동안 원자력 발전에 소홀했다. 신규 원자력 발전소를 짓는 데는 시간과 돈도 부담이지만 차세대 원자력 발전이 아직 시행착오 단계이기 때문이다. 차세대 원전인 SMR의 대표 주자이자 미국 정부로부터 약 20억 달러를 지원받으며 승승장구하는 것으로 보였던 뉴스케일은 2023년 11월에 운영하던 상업용 SMR을 경제성 부족을 이유로 폐쇄한 것도 모자라 사기 혐의로 투자자 소송에 직면했다. 빌 게이츠가 투자한 테라파워는 러시아로부터 SMR 설계에 필요한 차세대 핵연료를 공급받지 못하는 실정이다. 영국 롤스로이스 SMR과 프랑스 EDF도 어려움을 겪고 있다. 다른 한편에서 우라늄 가격은 2024년 초 1파운드당 90달러를 상회하면서 지난 15년 중 최고치를 기록했다. 세계원자력협회[World Nuclear Association]에 따르면 우라늄을 핵연료로 가공한 옐로케이크의 연간 공급은 1억 4,500만 파운드인 반면 수요는 이미 1억 8,000만 파운드에 달했고, 2040년에는 수요가 3억 파운드까지 많아질 것으로 전망된다. 기존 발전소들이 폐쇄를 미루거나 가동률을 높이는 가운데, 전 세계적으로 약 60기의 원자력 발전소가 건설 중이고 앞으로 그 수가 더 늘어날 것으로 보이기 때문이다. 원래 원자력 발전을 폐지할 계획을 가졌던 독일과 일본이 정책 전환을 모색하고 있다는 점도 주목할 만한 변화다. 한편 미국 원자력 발전을 대표하는 웨스팅하우스는 2005년 일본 도시바에 매각되었지만 대규모 부실이 발생해 도시바의 2017년 회계 부정과 2023년 상장 폐지의 핵심 원인이 되었다. 이런 웨스팅하우스가 2022년 10월 세계 최대 대체 투자 자산운용사인 미국 브룩필드의 계열사와 캐나다 우라늄 회사인 카메코[Cameco]에 인수되었다. 사모펀드와 전략적 투자자의 투자 기간은 일반 주식 투자자보다 길지만 보다 확실한 거래에 투자할 가능성이 크다는 점을 고려해야 한다.

(6) BESS의 성장과 기술 발전

배터리 에너지 저장 시스템[BESS]은 신재생 에너지의 성장과 맞물려 빠르게 성장하고 있다. 에너지 저장 시스템은 배터리 외에도 양수 발전, 열에너지, 플라이휠, 압축 공기 등 다양하고, 그 안에서 점유율은 양수 발전(90.3%)이 배터리(7.5%)를 크게 상회한다. 다만 양수 발전은 지리적·기후적 영향이 크고 늘리기가 쉽지 않아 설치가 용이한 배터리 중심으로 성장하고 있다. 특히 신재생 에너지 발전의 문제점인 간헐성 보완 수단으로 BESS가 가장 효과적이다. 2020년 이후 BESS를 동반해야 신재생 에너지 발전이 효과적이라는 사실을 인식하면서부터 BESS가 신재생 에너지 발전보다 빠르게 성장하고 있다. 한편 최근 BESS는 전력망 투자에 포함되는 경우가 많다. 전력망 중간에 BESS를 설치해 빠르게 변하는 전기 수요를 발전소 없이 전력망에서 자체 처리하기 위해서다. 이와 관련된 개념이 전송 자산으로의 스트로지, 즉 SATA^{Storage As Transmission Asset}다. SATA는 전력망 현대화 과정에서 기존 송·배전에 비해 신재생 에너지 통합과 신뢰 유지에 유리하다는 장점이 있다. 뉴욕 시는 2023년 1월 전력망 기업인 콴타 서비스^{Quanta Services}와 함께 진행한 뉴욕 배터리 및 에너지 저장 기술 컨소시엄^{New York Battery and Energy Storage Technology Consortium, NY-BEST} 연구를 발표했는데, 여기에서 SATA가 비용과 자원 활용 면에서 효과적이고, 기존 송전선을 강화함으로써 새로운 대안이 될 수 있다고 전했다.

2020년 이후 BESS는 이를 뒷받침하는 기술과 함께 성장했기 때문이다. 한국의 ESS는 2010년 후반 정부의 적극적 보급 정책에 힘입어 크게 성장하다가 각종 폭발 사고들로 급격히 위축된 적이 있다. 당시 중대형 배터리 폭발을 제어할 기술이 충분히 뒷받침되지 못한 상황에서 정부의 무리한 보급 정책이 더해져 화를 키웠다. 반면에 BESS는 배터리 팩, 배터리 관리 시스템^{BMS}, 인버터 혹은 전력 변화 시스템^{PCS}, 에너지 관리 시스템^{EMS} 및 기타 안전 시스템으로 구성되어 있다. 과거 한국에서 BESS 폭발 사고가 발생했을 때도 명확한 원인은 발표되지 않았지만 BMS 이상을 지적하는 의견이 많았다. 최근 BESS 관련 업체들은 BMS와 EMS 및 기타 안전 시스템을 강조하는 사례가 많다. BESS는 폭발 가능성이 큰 배터리가 대규모로 설치되어 있고, 한번 사고가 발생하면 대형 사고가 될 수 있어서다. BESS는 전기차보다 훨씬 많은 셀(1GWh BESS 기준으로 소요되는 셀은 150만 개 이상)이 사용되기에 제품 일관성이 매우 높아야 한다. 사용 기간도 보통 20년 이상이라 제품 자체의 내구성과 신뢰성도 아주 높은 수준이 필요하다. 더욱이 제조 초기품질을 파악하기가 쉽지 않아 밸류체인 전 과정에서 높은 안정성을 유지하는 체계가 갖춰져야 한다. 이 과정에서 디지털 전력망처럼 디지털·통신 기술도 뒷받침되어야 한다. BESS가 2020년 이후 본격 성장한 것은 이 같은 기술들의 대규모 상용화가 가능해졌기 때문이다.

글로벌 BESS 시장은 상위 업체들의 과점화가 꽤 진행되었고, 배터리와는 차별화된 분야로 자리 잡았다. BESS는 다양한 기술이 필요하기 때문이다. 물론 BESS 내에서 배터리의 중요도가 높아 배터리업체가 사업을 확장해 BESS로 진출한 경우도 있다. 하지만 BESS의 제어 솔루션을 기반으로 외부에서 구입한 배터리로 사업을 전개할 수도 있다. 에너지 연구 및 컨설팅 기업인 우드 맥킨지$^{Wood\ Mackenzie}$가 2023년 10월 30일 발간한 2022년 BESS 시장 자료에 따르면, 출하량^{MWh} 기준 글로벌 BESS 점유율 상위업체는 선그로우^{Sungrow}(양광전력, 16%)가 1위이고,

| BESS 구성 요소

명칭	특징
배터리 시스템	• 화학 에너지를 전기 에너지로 변화하는 개별 배터리 셀 포함 • 셀은 차례로 배터리 팩을 형성하는 모듈로 배열
배터리 관리 시스템	• 배터리 셀의 상태를 모니터링하고 충전 상태 같은 변수들을 측정해 화재와 기타 위험으로부터 배터리 보호
인버터 혹은 전력 변환 시스템	• 배터리에서 생산된 직류를 교류로 변환
에너지 관리 시스템	• 배터리 저장 시스템 내 에너지 흐름을 모니터링 및 제어 • 에너지 데이터를 수집, 분석해 시스템 전력 자원을 효과적으로 관리
기타 안전 시스템	• 화재 제어 시스템, 연기 감지기, 온도 제어 시스템, 냉각, 난방, 환기 및 공조 시스템 등 • 매개 변수를 자체 모니터링하고 비상 상황에 대응하기 위한 제어 장치를 구비하기도 함

출처 : 인테그라소스

| BESS 아키텍처

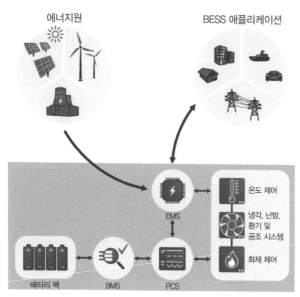

출처 : 인테그라소스

그 뒤를 플루언스Fluence(14%), 테슬라(14%), 화웨이(9%), BYD(9%)가 이었다. 이 중 선그로우는 중국 대표 태양광 인버터 회사로 심천에 상장(300274)되어 있고, BESS의 수냉식 냉방 시스템에 강점이 있다고 평가받는다. 또한 플루언스는 미국 BESS 전문 회사로 중국산 배터리 위주의 모듈식 하드웨어에 자사의 강점인 제어 OS를 결합한 제품을 판매하며, 소프트웨어 서비스SaaS 회사처럼 디지털 서비스를 통해 반복적인 매출을 창출하고 있다. 이들의 합산 점유율이 62%이고, 북미에서는 81%에 이르는 등 시장은 이미 상위업체들 중심으로 과점화가 상당히 진행된 상황이다. 지역별로 업체별 순위도 크게 달라지는데, 선그로우는 아시아·태평양 시장의 선두권에 더해 북미에서 선전한 반면 플루언스는 유럽과 미국에서 선두권을 유지하고 있다. 북미에서는 테슬라가 1위이고, BESS 배터리로 전기차의 폐배터리 사용도 논의되고 있다. 이런 점을 감안하면 테슬라는 향후 전기차 시장의 글로벌 확장에 따라 글로벌 BESS 시장에서도 지금보다 더 성장할 수 있다. 다만 아직 글로벌 상위업체들도 적자를 기록하는 등 수익성이 미약하고 국가 정책에 따른 수요의 변동성이 크다는 점은 고려해야 한다.

미국의 대규모 BESS 설치는 2021-2023년에 빠르게 증가했다. 미국 청정전력협회American Clean Power Association, ACP는 2023년 3분기 기준 미국에 설치된 대규모 BESS가 이미 2022년 전체 규모를 넘어섰다고 밝혔다. 2023년 3분기 누적 기준 총 4,500MW가 새로이 전선망에 연결되었는데, 2022년 전체 설치량인 약 4,000MW보다 12.5%를 상회한다. 미국의 대규모 BESS 설치 규모는 2020년 이후 가파르게 상승하고 있다. 기

	글로벌	아시아·태평양	북미	유럽
1위	선그로우 16%	선그로우 25%	테슬라 25%	플루언스 19%
2위	플루언스 14%	중궈중처(中國中車, CRRC) 24%	플루언스 22%	일본전산 18%
3위	테슬라 14%	하이보쓰촹(海博思创, Haibo Sichuang) 16%	선그로우 13%	BYD 17%
상위 3사 합산 점유율	44%	65%	60%	54%

출처 : 우드 맥킨지

술적 변화 외에도 바이든 정부가 인플레이션 감축법IRA과 각종 재생 에너지 육성책 등 정책 지원을 강화했기 때문이다. BESS는 신재생 에너지 발전과 함께하는 경우가 많은데 미국에서 설치된 총 30개 프로젝트 중 19개는 풍력과 태양광 발전과 함께 배치되었다. 한편 미국 정부는 IRA에서 미국산 배터리 셀 생산에 보조금을 지급함으로써 자국의 대형 BESS에 사용되는 배터리를 자국산으로 대체하려는 중이다. 니켈 수소 배터리업체인 이너베뉴EnerVenue, 리튬인산철 배터리업체인 포메가Pomega, 아메리칸 배터리 팩토리American Battery Factory가 세액 공제를 받아 미국에 공장을 지었고, 아연 배터리 제조업체 EOS, 철 플로우 배터리 생산 회사인 ESS 테크 같은 차세대 배터리업체들도 정부 지원을 받아 생산 기반을 구축하고 있다. 클린에너지협회Clean Energy Associate, CEA는 2023년 10월 발간한 3분기 BESS 가격 예측 보고서에서 IRA에 따른 인센티브 덕분에 "미국산 BESS 직류 컨테이너 솔루션이 2025년이 되면 중국 제품과 비교해도 가격 경쟁력을 갖출 것"이라고 전망했다.

미국 외 지역도 신재생 에너지 성장에 따라 BESS가 빠르게 성장하고 있다. 유럽은 2020년 이후 BESS 성장이 특히 가파른 지역인데, 컨설팅 회사 LCP델타LCP Delta는 유럽에 설치된 배터리 저장 장치가 2022년 약 1.9GW에서 2023년 약 3.7GW로 거의 2배 증가했다고 추정한다. 러시아·우크라이나 전쟁으로 촉발된 에너지 가격 급등이 BESS 확대에는 긍정적으로 작용했다. 영국, 독일, 그리스, 아일랜드, 이집트는 BESS 확대에 적극 나서면서 유럽 5대 BESS 시장으로 기대를 모으고 있다. 그리스는 2030년까지 유럽 최대 규모인 6GW의 BESS 배치를 목표로 하고 있다. 한편 2023년 6월 EU 집행위원회는 헝가리에 11억 유로 규모의 최소 800MW/1,600MWh 규모의 BESS 프로젝트를 승인했다. 유럽은 배터리 분야에서의 중국 의존도를 줄이기 위해 중국산 배터리를 규

| 대규모 BESS 설치한 미국, 2023년 3분기에 2022년 전체 상회

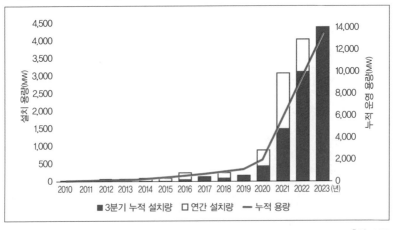

출처 : ACP

2025년 AI 슈퍼 사이클이 온다

제하고 있다. 중동과 북아프리카Middle East and North Africa, MENA에서도 신재생 에너지 성장과 더불어 BESS가 빠르게 성장 중이다. 요르단, 이스라엘, 모로코, UAE, 사우디아라비아 등이 탄소 배출 감축의 핵심 요소로 BESS에 적극 투자하고 있다. 호주도 현지 발전 회사들이 2023년 태양광 발전 증가로 BESS에 적극 나서고 있는데, 대표 사례가 호주 웨스턴-오스트레일리아Western Australia 주정부가 소유한 전력 회사인 시너지Synergy다. 시너지는 2023년 건설을 완료한 100MW/200MWh 규모의 첫 번째 BESS에 이어서 두 번째 BESS(200MW/800MWh)와 세 번째 BESS(500MW/2,000Mwh)를 추진 중이다. 호주는 2023년 태양광 패널을 설치한 가구가 300만 가구에 달해 9월 한때 태양광 과잉 전기로 전력 도매가가 MW당 마이너스 64달러까지 급락했다. 이런 문제를 해결하기 위해서는 BESS 투자가 시급하다. 아직은 전력 인프라가 미흡하고, 소규모 투자가 가능한 재생 에너지 분산 발전을 도입하려는 이머징 국가들도 BESS 투자가 필요하다. 인도는 2023년에 새로 건설한 17GW 발전 용량 중 92%가 재생 에너지(태양광 84%)다. 인도 정부가 2023년 8월 에너지 저장 시스템 촉진을 위한 국가적 프레임워크National Framework For Promoting Energy Storage System를 발표하면서 정책 지원과 인센티브를 통해 ESS 개발을 지원한 데는 이런 배경이 있다. 물론 인도는 당분간 BESS 보다 양수 발전이 더 많으리라 전망되지만, 그럼에도 BESS 성장이 가파를 것임은 분명하다.

5

가상 발전소, 디지털 트랜스포메이션을 앞세운 분산형 발전의 첨병

(1) 가상 발전소의 부상

가상 발전소^{VPP}는 디지털 트랜스포메이션 기술을 기반으로 신재생 에너지와 스마트 전력망 확산으로 부상 중인 분산형 발전에 대응하는 새로운 발전소다. 가상 발전소는 실제 발전 시설을 보유하지 않고도 네트워크를 통해 전력 생산과 소비를 연결시켜 주는 사업자로, 전력 회사와 도매 시장을 연결하는 전력 중개 사업자에 해당된다. 「상업적 이륙을 위한 경로」에 따르면 가상 발전소는 다양한 분산 에너지 자원$^{Distributed\ Energy\ Resources,\ DER}$을 통합하는 시스템이다. 스마트 가전제

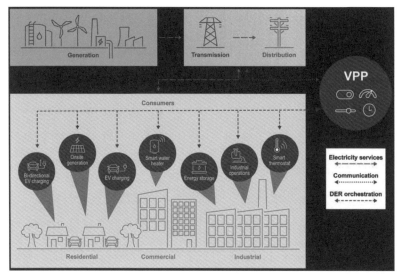

출처 : 미국 에너지부 발간, 「상업적 이륙을 위한 경로」

품, 배터리가 포함된 옥상 태양광 발전 시설, 전기차[EV] 및 충전기 등이 여기 포함된다. 가상 발전소는 이들을 활용하여 전기 수요와 공급을 조절하고, 전통적인 발전소처럼 전력망에 서비스를 제공한다. 이 시스템은 상업 및 산업 부문의 부하 관리에도 기여한다. 「상업적 이륙을 위한 경로」는 가상 발전소의 장점으로 ① 전력 자원의 적절한 활용, ② 경제성, ③ 신뢰성과 탄력성, ④ 탈탄소화와 대기오염 절감, ⑤ 송전 인프라 부담 완화, ⑥ 지역사회 일자리 창출과 소비자 효용 향상, ⑦ 다양성과 유연성을 꼽았다.

가상 발전소에서 중요한 개념은 '다양한 분산 에너지 자원'과 '디지털'이다. 영문 위키피디아의 가상 발전소 정의에서도 잘 드러난다. "발전량 증대, 전력 시장에서의 전력 거래 또는 판매, 부하 절감을 위한 수요 조절을 목적으로 다양한 분산 에너지 자원의 용량을 통합하여 관리하는 클라우드 기반의 분산 발전소." 핵심 단어는 다양한 분산 에너지 자원과 클라우드다. 앞에서 설명한 신재생 에너지 발전과 전기차 확산 이후의 전력 시장 변화에 대응하고자 전력망과 BESS 등이 보강되면서 전력 산업이 분산형 전력으로 바뀌는 현상과 관련 있다. 분산형 전력은 다양한 전력 자원이 참여해 계속 변화하는 전력의 생산과 수요에 대응할 수 있어야 하기에 전력망 전체가 정보를 분석하고 네트워크로 서로 소통할 수 있어야 한다. 이를 위해서는 디지털 기술의 발전이 중요하다. 대표적인 가상 발전소 운영사인 넥스트 크라프트베르케Next Kraftwerke가 "가상 발전소의 핵심 아이디어는 네트워킹"이라고 말한 것도 그런 이유다.

한국에서는 낯설지만 세계적으로 규모가 상당하고 높은 성장 가능성이 기대된다. 가상 발전소VPP는 전력 수요 반응 기술의 한 형태로, 전력 거래가 활성화된 미국과 유럽 등지에서는 20세기 후반부터 사업자들이 있었다. 2020년 들어 디지털 트랜스포메이션으로 전력망·BESS 등 전력 인프라 투자가 늘어나면서 빠르게 성장하고 있다. 2021년 12월에 시장 조사 기관인 포춘 비즈니스 인사이트가 공개한 보고서에 따르면, 세계 가상 발전소 시장은 2021년 8.8억 달러에서 2028년 64.7억 달러로 연평균 32.89% 성장할 것으로 전망된다. 시장 조사업체 비전게인Visiongain은 2024년 1월에 공개한 보고서에서 "세계 가상 발전소 시장은 2023년 21.9억 달러로 평가되며 2034년까지 연평균 21.1% 성장할 것"으로 봤다. 「상업적 이륙을 위한 경로」의 '가상 발전소 편'에 따르면 2023년 미국 가상 발전소 발전 용량은 30-60GW이다. 2030년까지 80-160GW로 3배 정도 늘면, 전력 피크 수요의 10-20%를 처리할 것으로 기대했다. 앞에서도 이야기했지만 1GW는 국내 약 423만 가구의 한 달 전력 사용량이며 대형 원자력 발전 1기 발전 용량이므로, 30-60GW은 규모가 작지 않다. 미국 내에서도 캘리포니아는 신재생 에너지 발전이 가장 발달한 지역인 만큼 가상 발전소도 활발하다. 우드 맥킨지가 2023년 2월에 발간한 북미 가상 발전소 시장 보고서에 따르면 캘리포니아에 북미 가상 발전소의 1/4 이상이 있으며 그 뒤를 잇는 3개 주 합계보다도 더 많다. 캘리포니아 4대 가상 발전소 사업자의 총 발전 용량은 4GW에 달하며 이들은 미국 상위 10대 독립 전력 생산 회사에 포함된다.

| 2022년 미국 지역별 독립 가상 발전소 분포

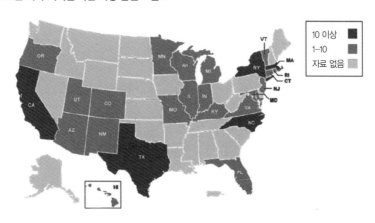

출처 : 미국 에너지부 발간, 「상업적 이륙을 위한 경로」

(2) 가상 발전소 시장 참여자

미국과 유럽에는 실제로 가상 발전소를 운영하는 기업들이 다수 존재하는데, 여기에 테슬라와 수많은 스타트업이 추가로 도전장을 내밀었다. 2023년 말 기준 가상 발전소를 운영하는 회사는 독일 넥스트 크라프트베르케, 영국 플렉시트리시티Flexitricity, 이탈리아 에넬Enel, 미국 씨파워CPower와 오토그리드AutoGrid 및 볼터스Voltus 등이다. 이밖에 테슬라가 호주에서 가상 발전소 건설을 진행하고 있고, 수많은 스타트업(독일 에너지코플러Energiekoppler, 영국 라임점프Limejump와 에버그린 스마트 파워Evergreen Smart Power, 한국 H에너지, 미국 낙Naak 등)이 있다. 2023년 말 기준 대표 가상 발전소 기업은 2021년 쉘이 지분 100%를 인수한 넥스트 크라프트베르케다. 2009년 쾰른대 에너지경제연구소 소속 헨드릭 제미슈Hendrik Sämisch와 조흔 쉬빌Jochen Schwill이 설립한 회사로, 2022년 4분기 기준 1만 5,346개의 중소 전력 생산·소비 장치가 결합되어 있다. 그 안에서 1만 2,294MW의 전력을 공급할 수 있는 유럽 최대의 가상 발전소다. 전력 생산자와 소비자에게 원격으로 제어하는 넥스트 박스Next Box를 제공하고, 이를 통해 원격으로 제어하는 모듈식 SaaS 솔루션으로 사업을 전개한다. 플렉시트리시티는 영국 전력망 개방 이후 최초의 독립 전력 중개 사업자로 2020년 6월에 500MW의 가상 발전소를 운영했고, 2022년 배터리 저장 펀드인 고어 스트리트 캐피탈Gore Street Capital과 155MW 규모의 BESS 최적화를 위한 파트너십을 체결했다. 에넬은 이탈리아 국영 전기·가스 유틸리티 회사인데, 해외 친환경 에너지 투자에도 적극적이다. 그 일환으로 가상 발전소도 적극 투자하는데, 미국 캘리포니아 가상 발전소 상위 4대 사업자(에넬, 씨파워, 오토그리드, 볼터스) 중 하나로 대만과 호주에도 진출했다. 테슬라가 남호주에서 건설을 진행 중인 가상 발전소는 테슬라 태양광 패널과 파워월 배터리를 설치한 5만 가구로 구성된 250MW/650MWh 규모다. 이전에는 가상 발전소에 참여하기 힘들었던 일반 주택을 포함했다는 점이 특징이다. 테슬라는 2023년 5월 3,000가구 이상으로 확대하는 프로젝트 4단계를 시작했는데, 저소득 가구의 전기 요금 지원을 목표로 한다.

가상 발전소 시장에는 직접 가상 발전소를 운영하는 기업만이 아니라 글로벌 전기 기업들도 다수 참여하고 있다. 가상 발전소가 디지털 전력망 구축과 BESS를 포함한 전기 중심 에너지 전환 전반과 관련이 있고, 시장 성장성이나 잠재 여력이 크기 때문이다. ABB는 에너지 관리를 위한 통합 플랫폼 ABB Ability™ OPTIMAX를 운영하고 있는데 가상 발전소를 최적화해 에너지를 구독 서비스로 제공하거나 유리한 가격에 전력을 팔도록 지원한다. 히타치 에너지는 2020년 ABB의 송·배전 사업부를 인수하고, E-mesh 플랫폼을 개발했다. 이 플랫폼은 다양한 전원을 연결해 히타치 배터리 저장 장치와 함께 제공될 수 있다. 히타치 가상 발전소 솔루션은 독일 넥스트 크라프트베르케, 중국 중국남방전력망CSG의 심천 가상 발전소, 싱가포르 난양기술대학교 에너지 연구소의 가상 발전소 등에서 사용되고 있다. 지멘스도 핀란드 철도와 라펜란타Lappeenranta의 공공건물을 연결한 가상 발전소 프로젝트를 시험했다. GE도 2020년 7월 오리건 주에서 525개 가정용 BESS를 연결하는 가상 발전소 파일럿을 진행했고, 2023년 1월 구글 및 포드와 함께 가상 발전소 확대를 위한 표준을 수립한다고 발표했다. GE와 포드의 제휴에서 보듯, 전기차 사업을 전개하는 자동차 회사들도 가상 발전소에 관심이 많다. 테슬라가 대표적이고 GM과 포드도 관련 사업을 적극 고려하고 있다. 이밖에 슈나이더 일렉트릭, 미쓰비시중공업, 시스코, 존슨 컨트롤스, 허니웰 같은 전기 통신 장비 기업들 외에도 플루언스와 선런Sunrun 및 제너락Generac 같은 에너지 저장 장치 기업들도 가상 발전소 사업을 꾸준히 전개 중이다.

6

전기 중심 에너지 전환의
차세대 기술

(1) 청정 수소

전기 중심 에너지 전환과 관련된 투자는 신재생 에너지 발전과 전기차가 중심을 이루다 2020년 이후 전력망, 원자력 발전 및 BESS, 가상 발전소에 보다 중점을 두고 확산되고 있다. 원자력 발전과 BESS는 투자 관점에서 (2023년 말 기준) 빠른 측면이 있지만, 투자가 집행되고 있다는 점에서 현재 진행형이라고 하겠다. 그렇다면 전기 중심 에너지 전환이 필요한 차세대 분야는 어디일까? 2023년 말 기준으로 본격적인 확산이 기대되는 순서대로 열거하자면 청정 수소, 스마트 건축, 차세대 에너지 저장 장치와 발전을 꼽을 수 있다.

청정 수소는 온실가스 배출이 없는 수소다. 신재생 에너지 등 탄소 배출이 없는 전기로 물을 전기 분해해 만들어 내는 그린 수소가 대표적이고, 신재생 에너지 대신 원자력 발전에서 나온 전기를 사용하는 핑크 수소와 천연가스 열분해 기술을 활용하는 청록 수소가 있다. 천연가스 개질처럼 전통적으로 수소를 만드는 과정에서 발생한 이산화탄소를 포집하는 CCUS Carbon Capture, Utilization & Storage 기술을 활용해 최종 온실가스 배출을 줄이는 블루 수소도 언급된다. 다만 블루 수소는 수소 생산 과정에서 발생하는 이산화탄소를 100% 포집하지 못하고, 포집된 이산화탄소 보관 과정에서 유출 가능성이 있어 넷제로 관점에서 보면 미흡한 부분이 많다. 최근 지구 내부에서 자연 발생적으로 생성된 백색 수소도 청정 수소로 주목받고 있는데, 백색 수소를 인식하고 상용화를 고민한 지가 얼마 안 되어서 다른 청정 수소들에 비해 본격적인 상용화까지는 긴 시간이 필요할 듯하다. 수소는 산업계에서는 이미 많이 사용되고 있고, 관련 논의도 많이 이루어졌다. 그러나 청정 수소가 상업적 단계에게 의미 있게 생산된 성공 사례는 거의 없어 시간이 더 필요해 보인다. 심지어 청정 수소 중 그린 수소로 가는 중간 단계로 간주되는 블루 수소조차도 상업적 규모로 생산되는 곳이 드물다. 청정 수소는 과거 전기차와 신재생 에너지 발전이 확산될 때 여기 대응하지 못한 측에서 대안 수단으로 상용화 시점을 과도하게 앞당긴 측면이 있다.

청정 수소의 핵심은 온실가스 배출 없는 수소를 얼마나 경제적으로 생산할지 여부다. 이는 기존 신재생 에너지 발전 인프라 역량에 좌우된다. 즉 신재생 에너지 발전 없이 청정 수소 경제로 나아가는 것은 걸음마도 떼지 못한 아이가 세계육상대회를 준비하는 일과 같다. 청정 수소는 ① 청정 수소를 만드는 데 필요한 청정 전기를 얼마나 경제적으로 생산할지 여부, ② 그런 전기를 활용해 전기를 생산하는 전해조 성능이 얼마나 효과적인지 여부에 좌우된다. 특히 청정 전기를 얼마나 효과적으로 생산할 수 있는지가 중요하다. 신재생 에너지와 최근 그에 대한 대안 수단으로 언급되는 원자력 발전, 그리고 신재생 에너지 발전의 효율성을 높이는 전력망과 BESS 기반이 탄탄한 곳에서 청정 수소도 제대로 발달할 수 있다. 실제로 2023년에 청정 수소와 관련된 실제적 논의가 활발했던 지역은 이미 신재생 발전이 충분히 자리 잡았거나 유망한 곳이었다. 유럽이 수소 경제 구현에 가장 적극적인 것이나 미국이 바이든 정부 집권 후인 2023년 들어 수소 활성화 정책에 적극적으로 나선 게 대표 사례다. 수력과 풍력 발전이 풍부한 북유럽은 조선이나 철강 등에서 청정 수소를 활용하는 다양한 시도가 이루어지면서 그린 수소 생산의 글로벌 리딩 회사인 넬 ASA^{Nel ASA} 같은 기업이 계속 등장하고 있다. 또한 무함마드 빈 살만 왕세자 등장 이후로 제조업 중심의 신성장 산업 육성에 매진하고 있는 사우디아라비아도 미래 먹거리로 신재생 에너지 발전을 적극 추진하면서 이와 동시에 청정 수소 상용화에도 적극 투자하고 있다. 호주는 전체 발전에서 태양광 발전이 높은 비중을 차지하고 있고 그에 따른 인프라 구축에도 적극적이다. 국내 몇몇 대기업이 호주에서 청정 수소 생산 프로젝트를 진행하는 것도 신재생 에너지 발전 인프라가 풍부하기 때문이다.

청정 수소는 여러 측면에서 화석연료에서 전기 중심 에너지로의 전환에 크게 기여한다. 주요 내용은 다음과 같다. ① 청정 수소는 신재생 에너지로 만들어진 전기를 보관하고 장거리로 이동하는 데 효과적이라 전기 중심 에너지 사용을 촉진한다. ② 청정 전기로 만들어진 청정 수소는 기존 화석연료를 대체해 간접적으로 청정 전기 사용을 촉진한다. ③ 청정 수소를 활용한 연료 전지를 소규모 분산형 발전의 동력원으로 사용해 신재생 에너지 간헐성과 장거리 송·배전 부담을 줄일 수 있다. ④ 태양광과 풍력 에너지로 바꾸기 힘든 분야에서 화석연료를 대체해 전기 에너지 확산을 간접적으로 지원한다. 특히 중요한 부문은 신재생 에너지의 보관과 장거리 이동이다. 사우디아라비아가 네옴시티에서 청정 수소 생산에 앞장서는 것은 태양광이나 풍력 발전으로 생산된 청정 전기를 청정 수소 형태로 유럽 등지에 수출하기 위해서다. 즉 사우디아라비아는 석유 이후의 주요 수출품으로 청정 수소를 개발하는 중이다. 이렇게 만든 청정 수소와 이를 변형한 청정 암모니아를 청정 전기 생산이 쉽지 않은 지역에 판매해 청정 전기 중심으로 에너지를 전환할 것을 촉진한다. 한편 태양광과 풍력 에너지로 대체하기 힘든 분야에서는 청정 수소를 활용하는 예가 많다. 가령 철강 산업에서는 대규모 온실가스를 배출하는 고로 공정을 대체하기 위해 코크스 대신 수소를 환원재로 사용하는 그린 철강 용광로를 전기로 운영한다.

미국은 2023년에 청정 수소 전환에 가장 큰 변화가 있었던 나라다. 인플레이션 감축법IRA과 인프라 투자 및 일자리법IIJA에 청정 수소 생산을 지원하는 내용을 포함한 데 이어, 2023년 3월 발표한 「상업적 이륙을 위한 경로」 '청정 수소 편'을 통해서는 청정 수소의 상업적 확산을 위한 정책 방향을 공표했다. 또 바이든 정부는 2023년 10월 13일 미국 16개 주에 걸쳐 있는 7개 지역의 청정 수소 허브에 70억 달러를 지원한다고 했고, 같은 해 12월 22일 청정 수소 활성화를 위한 수소 세액 공제 계획을 공개했다. 특히 12월에 공개된 세액 공제 방안은 미국 청정 수소 산업 성장에 있어 중요한 제안으로, 발표 전후로 수많은 논쟁이 이루어졌다. 이번 제안에 따르면 엄격한 자격 조건을 갖추어야 더 많은 보조금을 받을 수 있다. 가장 많은 보조금을 받으려면 3년 이내에 가동을 새로 시작한 발전기에서 생산된 청정 전기여야 했다. 다시 말해 새 발전기에서 생산된 청정 전기로 만든 청정 수소가 더 많은 혜택을 받도록 설계되었다. 이에 천연자원보호협의회Natural Resources Defense Council와 청정대기태스크포스Clean Air Task Force 같은 단체는 환영한 반면 미국 상공회의소와 석유협회는 우려를 표명했다. 또한 기존의 청정 전기로 만든 청정 수소의 혜택이 줄어들면서 신규 발전소 건립이 쉽지 않은 원자력 발전이 혜택에서 배제되는 것을 우려하는 의견도 있었다. 그럼에도 청정 수소 생산에 집중할 것을 분명히 했다는 점에서 의미 있는 행보다. 이번 조치로 미국에서는 청정 수소를 만드는 기존 민간 부문의 행보가 더욱 탄력받을 것으로 기대된다.

(2) 스마트 건축

스마트 건축도 전기 중심 에너지 전환에서 주요한 한 축을 차지할 것이다. 빌딩과 주택이 온실가스를 배출하지 않도록 스스로 필요한 에너지 사용량을 파악하고 관리한다는 개념으로, 상업용·주거용 건물이 스마트카처럼 바뀌는 것을 의미한다. 스마트카가 전기차인 이유는 통신과 디지털 기술을 적용하는 데 필요한 여러 장비가 전기로 작동하기 때문이다. 마찬가지로 스마트 건물에서도 운영 에너지의 대부분이 전기가 될 것이다. 스마트 건물은 주차된 전기차로 건물 밖 전력망 및 발전소와 연결되어 최적의 에너지 사용량을 파악해 필요한 전기를 자체 생산하거나 저장하며 부족할 경우 외부에서 구입한다. 앞으로 모든 건축은 전력 에너지 소비자인 동시에 생산자인 프로슈머로서 보다 확고히 자리 잡을 것이다. 스마트 공장은 생산성 경쟁이 치열하고, 테슬라와 스페이스X 같은 기업이 먼저 치고 나가서 비교적 빨리 구현될 가능성이 큰 반면에 스마트 건물은 네옴시티처럼 정부 차원에서 대규모 투자를 한 신도시가 아닌 이상 변화가 느릴 가능성이 높아 차세대 기술로 분류되었다. 다만 전 세계 주요 대도시의 값비싼 건물이나 탄소 배출 축소 압박이 클 글로벌 기업의 건물은 비교적 빠르게 변화가 진행될 수 있다.

미국의 전력 회사인 그린 마운틴 파워Green Mountain Power가 진행하는 가정용 배터리를 활용한 전력망 보완 계획은 스마트 건축의 발전 방향을 보여 주는 좋은 사례다. 미국 버몬트 주에서 가장 큰 배전 회사로 온실가스를 배출하지 않는 청정 전기를 약 27만 곳의 가정과 기업에 공급한다. 이 회사는 2023년 10월 2.8억 달러를 투자해 가정용 배터리를 고객에 임대하고 피크 시간대에 가정용 배터리를 사용 가능하게 허용하는 프로그램을 발표했다. 2015년에 그린 마운틴 파워가 테슬라 파워월 장치를 임대하면서 테스트한 제도를 본격적으로 적용한 프로젝트로, 향후 7년 동안 15억 달러까지 확대 가능하다. 전력 회사가 직접 전력망과 배터리를 보유, 관리하는 형태가 아니라 고객들에게 배터리를 지원하고 이를 활용해 전체 전력망을 보완한다는 점에서 다른 BESS 프로젝트와 다르다. 즉 전력 회사가 기존 주택의 스마트 건축을 지원해 전력 생태계에 기여하게 했다. 물론 이것이 스마트 건축 발전의 일반이라고 볼 수는 없다. 하지만 수많은 기존 주택을 어떻게 스마트 주택으로 전환하고 이를 전력 중심의 에너지 생태계로 전환하는지에 대한 좋은 선례는 될 수 있다.

(3) 장기 에너지 저장 장치

에너지를 장기간 저장하는 차세대 에너지 저장 장치도 중요하다. 「상업적 이륙을 위한 경로」에서는 장기 에너지 저장 장치Long Duration Energy Storage, LDES로 명명하고 별도 보고서를 통해 설명했다. 에너지 저장 장치는 분산형 전력 시장이 효과적으로 작동하는 데 필수 수단으로 신재생 에너지와 함께 발전해야 한다. 최근 배터리 에너지 저장 장치가 신재생 에너지 발전보다 더욱 빠르게 보급되는 게 이러한 이유 때문이다. 앞서 수소가 신재생 에너지의 장기간 보관과 이동에 중요한 이유를 설명했다. 그런데 전기 중심의 에너지가 일반화되면 배터리와 수소 중간에 위치하는 새로운 형태의 에너지 저장 장치가 필요하다. 현재 에너지 저장 장치는 양수 발전과 배터리 저장 장치가 주를 이루나 열에너지(물, 암석, 소금 등 용융 물질)와 기계식 에너지(플라이휠 등 활용), 압축 공기 등도 존재한다. 이들을 보다 발전시켜 경제적인 다양한 에너지 저장 장치를 확보하는 것이 전기 에너지를 안정적으로 운영하는 데 필수다. 「상업적 이륙을 위한 경로」에서는 전력 급전 기간(저장 장치가 전기를 보관하는 기간)에 따라 에너지 저장 장치를 4가지로 구분한다. 2050년 넷제로 달성을 위해 중간 2가지(수일, 수주)에 해당하는 에너지 저장 장치가 225-460GW 필요한데, 투자금만 3,300억 달러가

| 전력 급전 기간에 따른 에너지 저장 장치

	단기	수일	수주	수개월
급전 기간	0-4시간	10-36시간	10-36시간	10-36시간
저장 기술	배터리, 플라이휠, 일부 기계 기술	대부분의 기계 기술, 일부 전기화학 기술	열 기술, 전기화학 기술	수소 등 화학 물질 저장
주요 최종 사용처	하루 중 에너지 전환(예 : 낮에서 밤으로), 주파수 조절	1일 에너지 전환(예 : 하루 중 한 지점에서 다음 날 다른 지점으로)	장기간 전력 부족에 따른 대응	몇 개월에 걸친 에너지 이동(예 : 여름에서 겨울로)

출처 : 미국 에너지부 발간, 「상업적 이륙을 위한 경로」

2025년 AI 슈퍼 사이클이 온다

될 것으로 전망한다. 또한 아직 기술적으로 더 발전해야 하고, 이를 지원하는 시장과 규제 매커니즘도 필요하다고 전했다.

LDES 분야는 아직 초기 단계다. 2023년 12월 고밀도 열에너지 저장 장치Thermal Energy Storage, TES를 개발했다고 밝힌 포스파워Fourth Power는 저장 장치 발표 시점에 벤처 캐피탈 중심의 시리즈 A에서 1,900만 달러를 투자받았다. 참고로 포스파워의 이번 장치는 액체 주석을 매개로 열에너지를 저장하고 필요 시 고온의 흑연 빛을 사용해 전기로 전환하는데, 회사 측은 리튬이온 배터리보다 10배 저렴하다고 주장한다. 에너지 볼트Energy Vault는 복합 블록을 올리고 내리는 기계적 과정을 사용해 에너지를 저장하는 중력 에너지 저장 솔루션을 개발했고, 2023년 8월 익명의 재생 에너지 개발자와 라이선스 계약을 체결했다고 밝혔다. 2023년 9월 도미니언 에너지Dominion Energy는 100시간 이상 전기를 저장할 수 있는 폼 에너지Form Energy의 철 공기 배터리Iron-Air Batteries와 이오스 에너지 엔터프라이즈Eos Energy Enterprises의 아연 하이브리드 배터리를 테스트할 저장 프로젝트 승인을 요청했다. 대체적으로 초기 단계 회사들이고 진행 중인 상용화 프로젝트도 아직 테스트 단계다. 「상업적 이륙을 위한 경로」에서도 2025년까지는 실증 단계로 보고, 2025-2028년 확장과 선택 단계를 거쳐 2028년에서 2030년에 본격적으로 배포 단계에 진입할 것으로 내다봤다.

(4) 차세대 발전

마지막으로 차세대 발전도 가볍게 살펴보자. 현재 진행되고 있는 기술 안에서 주목할 발전 방식은 핵융합 발전과 우주 기반 태양광 발전을 꼽을 수 있다. 미국, 유럽 등과 함께 한국도 참여한 국제핵융합실험로ITER는 2025년 말 착공해 플라즈마 생성을 목표로 진행 중이다. 한국은 독자 핵융합 장치인 KSTAR을 운영하면서, 2023년 1억 도의 초고온 플라즈마를 세계 최장 기록인 30초간 유지하는 데 성공했다. 우주 기반 태양광 발전은 날씨와 대기 영향이 없는 우주에서 태양광 발전을 통해 지구로 전송하는 개념이다. 2020년 전후 미국, 중국, 러시아, 일본, 영국, 인도 등 우주 선진국들이 다양한 시도를 하고 있다. 미국은 2020년 해군 연구소에서 첫 테스트를 시행했고, 2021년 이후 캘리포니아 공과대학도 꾸준히 테스트를 진행하고 있다. 우주 기반 태양광 발전은 최근 우주 산업이 빠르게 상용화되고 있고 태양광 발전 자체가 지구보다 효율적이며 마이크로파에 의한 송신 시 지구 어디든 바로 전기를 보낼 수 있다는 점에서 주목받고 있다.

7

에너지 전환 관점에서 본
투자 포인트와 주목할 글로벌 기업

(1) 중전기와
산업용 전력 설비

가장 먼저 주목할 분야는 중전기重電機 산업이다. 중량이 큰 전기 기구를 통틀어 이르는 용어로, 대표적으로 발전기, 변압기, 전동기가 해당된다. 넓게 보면 냉난방 공조 시스템, 발전용 보일러, 터빈까지 들어간다. 최근 전기 중심의 산업용과 인프라 분야의 수요가 늘어나고 있고, 해당 산업이 전 세계적으로 상위 업체들 위주로 과점화 중에 있다. 특히 해당 산업의 수요가 전통적인 수요처인 개발도상국이 아니라 미국과 유럽 등 선진국으로 집중되고 있는데, 신재생 에너지 발전과 배터리 저장 장치, 그리고 디지털과 접목되거나 대규모 사업 단위로 발주되는 경우가 많다. 따라서 해당 분야는 여러 부문을 턴키로 공급할 수 있고, 미국과 유럽 등 선진국에 기반이 있고, 회사 규모와 기술 경쟁력을 갖춘 전 세계 상위 업체들이 직접 수혜받을 가능성이 높다.

위 조건들에 잘 부합되는 회사가 일본의 중전기 대표 기업인 히타치(6501)와 미쓰비시전기(6503)다. 히타치는 2010년대 이후 디지털 트랜스포메이션과 철도와 전력망을 포괄한 청정 에너지에 집중하면서 2020년 ABB의 송·배전 사업(66.5억 달러)과 2023년 탈라스 철도 신호 사업(17억 유로 등) 인수·합병을 통해 핵심 사업을 강화했다. 그 결과 철도 솔루션, 전력망, 원자력 발전 등 전력화와 관련된 핵심 사업에서 선진국을 포함한 전 세계적 경쟁력을 갖췄고, 신재생 에너지 발전부터 에너지 저장 장치와 전력망, 그리고 철도까지 전기와 관련된 산업을 종합적으로 다뤄 선진국에서 대규모 턴키 수주가 가능하다. 미쓰비시전기는 철도와 발전 등 인프라 사업부와 공장 자동화와 전기차와 관련된 산업과 모빌리티, 그리고 엘리베이터 등 건물 시스템과 에어컨·가전 등을 영위하는 라이프 등 전기와 관련된 산업에 대한 노출도가 높다. 또한 정보통신 사업과 그 안에 들어가는 전력 반도체 등의 사업도 영위해 디지털 중심의 대응도 가능하다. 미쓰비시는 2023년 에어컨 판매 호조로 영업이익에서 라이프 사업부의 비중이 커졌고 그 뒤를 공장 자동화 사업부가 이은 반면 인프라 비중은 줄었는데, 전기 전환이라는 측면에서는 부진한 사업부나 긍정적 사업부 모두 긍정적인 흐름이 기대된다. 이들보다 후발주자인 후지전기(6504)는 차선호로 주목하는데, 전반적인 사업 구조는 비슷하나 해외 비중이 다소 낮다는 점과 2023년 전력 반도체가 속한 반도체 사업이 영업이익과 투자 모두에서 비중이 컸던 점, 그리고 차별적으로 자판기 관련 식음료 유통에 강점이 있다는 특징을 갖고 있다. 이들과 유사한 사업을 전개하는 지멘스와 ABB는 사업 전반적으로는 긍정적으로 보이나 국내에서 투자가 쉽지 않은 독일과 스위스에 상장되어 있어 자세히 언급하지는 않겠다. 한편 미국 대표 중전기 회사인 GE^{GE}는 2023년 말 기준 미국 증시에 상장되어 있으나 아직 항공 사업과 묶여 있고 항공 사업의 비중이 더 커 당장 전기 에너지 전환 관점에서 투자하기에는 2%가 부족하다. 다만 항공기 사업과 에너지 사업 분할이 예정되어 있고, 에너지 사업이 원자력 발전을 포함한 발전, 전력망, 신재생 에너지 등에 골고루 걸쳐 있어 분할 이후에는 주목할 필요가 있다. 단 GE 원자력 발전 방식이 주류인 가압경수로^{PWRR}보다 비등경수로^{BWR}인 점과 신재생 에너지 부진으로 수익성이 좋지 않다는 점에서 차선호로 봐야 적정하다. 참고로 철도 모니터링과 제어 분야에서도 히타치와 GE가 글로벌 상위권 기업으로 평가받는다.

2023년 이후 공장을 포함한 산업용 전력 투자 확대가 적극적인 미국을 중심으로 선진국에서 관련 사업을 전개하는 기업들도 주목해야 한다. 미국에 상장된 기업들 중에서 공장 등 산업 시설 전력 솔루션을 제공하는 이튼^{ETN}, 매출 96%가 미국에서 발생하는 발전소와 송·배전 건설과 유지·보수에서 발생하는 콴타 서비스^{PWR}, 북미에서 공장과 데이터센터 등에서 전기 및 통신 장비를 외부 환경으로 보호하는 인클로 저 분야의 최강자인 엔벤트 일렉트릭NVT 등이 대표적이다. 수년간 북 미 리쇼어링과 맞물려 꾸준히 주가가 상승했지만 해당 기업들의 모멘 텀과 성장 가능성은 여전히 커 당분간 지속적인 강세를 보일 가능성이 있다. 한편 북미 사업을 주력으로 전기, 가스, 물의 흐름을 모니터링하 고 관리 솔루션을 제공하는 아이트론Itron은 에너지 전환에 수혜를 볼 수 있었지만 조달에 어려움을 겪었던 반도체 등 공급망 문제로 부진했 는데, 2023년 9월로 마감되는 3분기에 이를 극복하고 어닝 서프라이 즈를 기록함에 따라 주목할 필요가 있다.

(2) 냉난방
공조 시스템 기업

공장과 건물의 냉난방 공조 시스템HVAC을 제공하는 기업들 은 2023년에 호조가 지속되었다. 공장과 상업용 건물을 중심으로 자동 화와 탄소 배출 감축 등으로 디지털 전환이 가속화되면서 IT 기기들의 원활한 운영과 에너지 감축 관점에서 냉난방 투자를 늘릴 가능성이 크 기 때문이다. 또한 2023년 유럽 등지의 히트펌프와 에어컨 투자는 잠 시 정체되었지만 기후 변화로 흐름은 지속될 것으로 예상된다. 미국 에 상장된 회사들 중에서 캐리어CARR, 트레인 테크놀로지TT, 에이에이 온AAON이 이와 같은 변화에 수혜가 가능하다. 캐리어는 최초로 에어컨을 개발한 윌리스 캐리어가 시작한 회사로, 1979년에 유나이티드 테크놀로지에 인수되었다가 2020년 독립했다. 현재 미국 매출 비중은 50% 후반대다. 독립 이후 화재 보안 사업부를 매각하고 도시바 캐리어와 유럽 기후 솔루션 회사를 인수하는 등 전기 중심 에너지 전환의 흐름에 맞춰 회사를 빠르게 개편 중이다. 트레인 테크놀로지는 150년 이상의 역사를 가진 미국 기업으로, 현재도 미국 매출 비중이 70% 후반대다. 2023년 3분기 실적 발표에서 미국 연방정부와 주정부의 지원 등으로 수혜를 보고 있고 미국 상업용 시장에서 강점이 있다고 전했다. 에이에이온 역시 미국 회사로 앞선 두 회사에 비해 규모는 작지만 프리미엄 고효율 상업용·산업용 HVAC에 집중한다. 수익에서는 북미 매출 비중이 96%를 넘을 정도다. 한편 일본 다이킨공업(6367)은 지속적인 인수·합병을 통해 세계 최대의 에어컨과 히트펌프 회사로 성장했는데, 2024년에도 기대되는 회사다. 2023년에는 전 세계 다양한 지역으로 사업을 확장하는 과정에서 지속적인 투자와 이자 부담, 그리고 유럽 경기 침체 등으로 다소 부진했지만 전 세계 냉난방 공조 시장의 성장 시 큰 수혜를 볼 수 있다. 미쓰비시 전기는 전사 이익에서 HVAC 비중이 크다.

(3) 전력 반도체 분야

전력 반도체 분야도 주목할 필요가 있다. 전통적 전력 반도체 시장은 상위 몇몇 업체가 아날로그 반도체를 기반으로 안정적으로 성장하는 시장이었다. 그러나 기존 전자 기기보다 더 높은 성능이 필요한 전기차와 신재생 에너지 발전과 송·배전 등에서 전력 반도체 수요가 늘어나면서 기존 반도체와 다른 소재인 화합물 반도체 시장이 성장하고 있다. 화합물 반도체 시장은 SiC 반도체와 GaN 반도체 등 다양한데, 상장사 레벨에서 어느 정도 성장한 분야는 SiC 반도체다. SiC 반도체는 기존 화합물 반도체 대비 고압의 전력을 처리하는 데 유리해 전 세계 주요 전력 반도체 기업들도 앞다투어 투자를 늘리고 있다. SiC 반도체 분야는 아직 전기차 의존도가 크고 투자할 곳이 많아 금리가 높았던 2023년에는 전반적으로 부진했다. 하지만 전기 중심으로의 에너지 전환이 지속되고 있고 2023년 하반기 들어 전기차 성장에 대한 우려가 커졌음에도 여전히 절대적으로 높은 성장률을 기록해 2024년에도 실적이 뒷받침된다면 업계 상위권 기업들을 중심으로 계속 관심 가질 필요가 있다. 실제로 전력 반도체 분야의 강자인 온세미컨덕터[ON]의 2023년 3분기 실적을 보면 전력 부문 사업부인 전력솔루션그룹[PSG] 매출은 전년 동기 대비 10% 증가했는데, 자동차 부문은 60% 이상, 에너지 인프라 부문은 50% 이상 증가했다. 온세미컨덕터 이외에 일본 기업인 롬(6963)과 후지전기(6504)를 주목하라. 참고로 후지전기는 원래 일본 중전기 전문 기업인데, 전체 사업에서 전력 반도체 비중이 특별히 높다. 2023년 2분기(9월 말 결산) 실적 기준 매출과 영업이익이 각각 22%와 48%이고, 공장·기계 투자의 71%를 차지했다.

(4) 원자력 발전과
BESS

원자력 발전과 배터리 에너지 저장 장치 관련 기업들에 대한 투자는 선별적이고 제한적으로 접근할 필요가 있다. 두 산업 모두 2024년 상대적 고금리가 이어지는 상황에서 당장 해당 기업들의 이익이 의미 있게 나오기는 힘들기 때문이다.

배터리 에너지 저장 장치는 2020년 이후 전 세계적으로 본격 성장 중이지만 시장 전반적으로 아직 초기 성장기라 회사 이익에 집중할 때가 아니다. 여전히 신재생 에너지 관련 기업들의 시장 진입이 꾸준히 이루어지는 게 현실이다. 더욱이 중국 내에서 치열한 가격 경쟁이 있고, 중국 기업들의 해외 진출 의지가 강하다는 점도 부담이다. 최근 에너지 안보 논리가 강조되면서 중국 배터리 에너지 저장 장치 기업들의 미국과 유럽 진출에 다소 제한이 있을 수 있으나 이 또한 장담할 수 없다. 그럼에도 배터리 에너지 저장 장치는 실질적 투자가 계속되고 있고, 지역별 과점화가 어느 정도 이루어진 상황이라 상위 업체들 위주로 일부 제한적인 투자는 유효해 보인다. 북미·유럽 합산 1위 사업자인 플루언스FLNC는 계속 체크할 필요가 있다. 한편 북미 1위 사업자인 테슬라TSLA는 에너지 사업 비중이 미미해 전체 주가에 미치는 영향은 제한적이나 북미에서 개인만이 아니라 사업자 대상으로도 강력한 점유율을 차지하고 있고 자동차 사업이나 디지털 분야에서 강점이 있어 추이를 지켜볼 만하다.

원자력 발전의 경우 기존 발전소는 건설에 시간이 오래 걸리고 차세대 소형 원자력 발전은 아직 상용화 직전이라 2024년 관련 기업들의 실적을 담보하기 힘들다. 물론 미국을 포함한 전 세계 각국 정부의 원자력 발전 정책 모멘텀은 지속될 가능성이 크다. 다만 실적 연결까지는 시간이 더 필요하다. 2023년 말 기준 현물 스팟 시장에서 2010년 이후 신고가를 기록 중인 우라늄은 이미 높은 원자력 발전 가동률과 수요 우위로 전환된 수급 상황으로 장기 흐름이 긍정적이다. 카메코CCJ는 2023년 12월 CFO가 스팟 시장과 장기 공급 시장과의 차이를 지적하면서 주가가 하락했지만 서방 진영에서 최대 우라늄 채굴 기업인 동시에 웨스팅하우스 주요 주주 중 하나라 2024년 내내 긍정적 흐름이 기대된다. 이밖에 차세대 소형 원자로에 사용되는 고순도 저농축 우라늄HALEU이 러시아에서만 생산되는 상황에서 미국 최초로 이를 상업적 생산에 성공한 센트러스 에너지LEU와 2년여 간 꾸준히 우라늄 광산에 투자한 우라늄 에너지UEC도 주목할 만한 기업이다. 우라늄 관련 기업은 아니지만 미국 군과 정부를 대상으로 원자력 발전 분야에서 실적이 나오고 있고 차세대 기술도 개발하는 BWX 테크놀로지스BWXT도 관심 대상이다.

(5) 태양광, 풍역, 청정 수소 기업

태양광과 풍력 등 신재생 에너지 발전과 청정 수소 기업들은 지금까지 언급한 기업들보다 전반적으로 더욱 신중하게 접근해야 한다. 태양광과 풍력 등 신재생 에너지는 미국과 유럽을 중심으로 어느 정도 범용화된 시장으로 자리 잡았고, 최근 신재생 에너지가 전력망과 에너지 저장 장치 등의 병목으로 가동이 어렵기 때문이다. 또한 2023년 4분기에 세계 최대 풍력 발전 기업인 오스테드Ørsted가 미국 해상풍력을 취소한 것에서 보듯, 몇 년간 크게 상승한 물가와 금리로 신재생 에너지 발전을 짓는 비용이 늘어난 것도 부담이다. 해상풍력처럼 비용 부담이 큰 프로젝트일수록 당분간 진행이 부진할 가능성이 높다. 미국 태양광 기업들 중 가정용 비중이 높은 기업은 그동안 누적된 과잉 재고 소진 여부를 확인할 필요가 있다. 다만 인공지능을 포함한 디지털 트랜스포메이션 확산으로 전기 사용량이 급증하고, 중국 견제로 미국산 태양광 제품에 대한 지원이 강화될 경우에는 경쟁력 있는 상위권 업체들을 중심으로 주목할 필요가 있다. 청정 수소도 아직 장기 과제로, 과거의 저금리 시기에서처럼 기대감만으로 적자 기업들의 주가가 상승하기는 요원하다. 다만 기존 메이저 수소 생산업체들 중 사우디아라비아 청정 수소 프로젝트에 주도적으로 참여하고 있고, 2023년 12월에 바이든 정부의 엄격한 수소 세액 공제 발표에 CEO가 환영한다고 밝힌 에어프로덕트APD와 한국을 포함한 전 세계에 청정 수소 프로젝트를 꾸준히 시도하고 있는 린데LIN는 관심 가질 기업이다.

(6) 건설

건설도 전기 중심의 에너지 전환의 수혜 분야다. 전기 중심의 에너지 전환은 대규모 인프라 투자를 수반한다. JP모건이 2024년 1월에 공개한 「시장에 대한 가이드Guide to the Markets」를 보면 핵심 인프라에서 전력이 차지하는 비중은 45%나 되고, 2021년 이후 핵심 인프라 투자 수준은 코로나 이전보다 약간 낮았다. 반면 미국은 바이든 정부 이후 인프라 투자를 늘리고 있고 다른 나라들이 순차적으로 이를 모방하고 있어 수년간 전 세계 인프라 수요는 증가할 가능성이 크다. 세계은행이 2023년 11월 공개한 「8개의 차트로 보는 상품 시장 전망Commodity Markets Outlook in Eight Charts」은 청정 에너지 인프라에 대한 글로벌 투자가 2021-2023년에 약 28% 증가했다고 전했다. 한국건설산업연구원이 2024년 1월 5일 발간한 「건설 동향 브리핑」에서도 "세계 탄소 중립 목표 달성을 위한 그린 인프라 투자가 부족해 큰 폭의 투자 확대가 필요"하다며, "미국은 약 3,570억 달러에서 최대 7,240억 달러, EU 27개 회원국과 영국은 약 3,800억 달러에서 9,710억 달러까지 늘어날 것"으로 전망했다. 이 보고서는 국제엔지니어링컨설팅연맹FIDIC이 향후 64조 달러 규모의 그린 인프라 투자가 추가로 이루어져야 한다고 언급했다고 덧붙였다. 이처럼 전기 중심의 에너지 전환에 따른 인프라 투자는 늘어날 가능성이 크다. 특히 선진국 중심으로 대규모 투자가 이루어지고 있고, 신뢰도가 높은 인프라 분야에 디지털과 신재생 에너지 같은 새로운 기술이 접목되면 상대적으로 선진국 중심의 글로벌 건설사들에게 유리하다. 미국 건설 엔지니어링 전문지인 《ENR^Engineering News Record》이 발표하는 글로벌 상위 건설사들 중 미국에 상장된 제이콥스 솔루션^J, 에이콤 테크놀로지^ACM, 플루오르^FLR, 스탠텍^STN 등과 인프라 엔지니어링 소프트웨어 회사인 벤틀리 시스템스^BSY 등에 주목할 필요가 있다.

국내로 눈을 돌려 보자. 글로벌 인프라 건설 수혜는 1970-1980년대 중동 건설 때처럼 다수의 건설사가 수혜를 보기는 힘들다. 과거 한국 건설사들이 큰 수주를 받았던 중동도 최근 인도 건설사들이 대규모로 수주하면서 한국 건설사들의 차별화된 경쟁력을 찾기가 쉽지 않기 때문이다. 그렇다고 미국과 유럽 등 선진국에서 이들 지역을 기반으로 한 글로벌 건설사들과 경쟁하기도 어렵다. 다만 그룹 전체적으로 글로벌 경쟁력을 갖췄고 해외 에너지 전환 분야에 꾸준히 레퍼런스를 쌓은 국내 상위권 건설사들은 친환경 투자를 늘리고 있는 중동 등에서 기회를 잡을 수 있다. 그런 조건에 부합되는 회사들 중 삼성물산(028260)과 현대엔지니어링(비상장)을 주목한다. 그룹 내 지배 구조 관점에서 유의미한 변화가 필요하고 해외 진출 조건에도 부합된다. 삼성물산은 2023년 7월에 부사장급 조직인 에너지솔루션 사업부를 신설하면서 친환경 에너지 사업에 적극 나섰다. 삼성물산은 해외 태양광 발전 등 신재생 에너지 프로젝트 다수를 수행했는데, 2023년 말 기준 카타르 최대 규모의 태양광 발전(875MW) 프로젝트를 수행하는 동시에 사우디아라비아와 아랍에미리트 등 중동 지역에서 그린 암모니아 사업에 협력하고 있다. 현대엔지니어링은 2020년 IPO 철회 이후 재상장에 필요한 기업 가치 상승을 위해 해외 위주의 환경과 에너지 사업에 적극 나서고 있다. 실제로 2023년 3분기 누적 기준 매출의 52.4%인 4.8조 원이 해외에서 발생했고, IPO 추진 당시 차세대 원전인 SMR과 청정 수소 및 암모니아 생산 등 환경 에너지 사업으로의 확장을 언급했다. 2023년 12월 한국원자력연구원과 SMR 수출 본격화를 위한 업무 협약을 체결하고 보령에 수전해 기반 수소 생산기지 구축을 위한 협약서를 체결했다. 또한 2023년 11월 세르비아 전력 회사가 발주하는 배터리 저장 장치를 포함한 1GW 규모의 태양광 발전 시설을 수주하기도 했다.

(7) 원자재

마지막으로 에너지 전환으로의 수요가 늘어날 원자재 부문이다. 앞서 전기 중심 에너지 전환으로 건설 수요가 증가하는 것을 살펴봤는데, 그에 따라 친환경 금속과 관련된 금속 수요도 증가한다. 그린 인프라에 들어가는 구리, 은, 희토류, 몰리브덴과 전기차 확산으로 수요가 늘어날 리튬, 니켈, 코발트 등이 대표적이다. 국제에너지기구^{IEA}는 청정 에너지 전환을 위한 주요 광물 수요가 2020년에서 2040년까지 크게 증가할 것으로 전망했다. 이를테면 리튬 13-42배, 니켈 6-19배, 구리 1.7-2.7배, 희토류 3.4-7.3배다. 2023년에 전기차 관련 광물인 리튬, 니켈, 코발트 등의 가격은 전기차 성장성 둔화 등의 우려로 크게 하락했지만, 칠레와 멕시코 같은 주요 광물 산출국들은 국가 통제력을 강화하고 관련 M&A를 크게 늘렸다. 이 시장을 잘 아는 이들이 장기적으로 현재 가격보다 상승할 가능성이 크다고 전망한다는 반증이다. 한편 단기적으로 아직 비중이 높은 석탄 화력 발전은 대체 과정에서 천연가스의 수요가 늘 것이다. 사실 원자재 가격에 대한 투자는 변동성이 크고 투자 자체도 쉽지 않다. 따라서 원자재들에 장기적으로 꾸준히 투자를 늘리는 기업들에 투자하는 것이 보다 나은 선택이 될 수 있다. 전통적인 경기 영향 이상으로 친환경 수요 증가가 늘어나고 있는 구리광산 대표 기업인 프리몬트 맥모란FCX과 전 세계 다양한 원자재들과 친환경 프로젝트들, 그리고 LNG 밸류체인 전반에 분산 투자하고 있는 일본 종합상사 회사들 중 미쓰이물산(8031), 미쓰비시상사(6503), 스미토모(8053)가 주목할 만하다. 그리고 에너지 안보 관점에서 중국에 집중된 금속 제련 분야의 영향력을 축소하고 금속 채굴 과정에서 발생하는 환경오염을 최소화하기 위해 기존에 사용하던 금속을 재활용하려는 전기차 폐배터리 처리와 도시광산 사업이 각광받을 수 있다. 폐배터리 등에서 해당 금속을 뽑아내기 위해서는 기존 제련 기술을 기반으로 신규 투자가 필요하다. 이와 관련된 사업들을 청정 수소 사업과 함께 적극적으로 추진하면서 중국 이외 생산 기반을 가진 고려아연(010130)을 선호한다.

3장

ESG,
글로벌 표준으로 강화되는
탄소배출제로와
기업의 질적 평가요소들

1. 2024년에 ESG 투자가 투자의 주류로 부상하는 이유

ESG 투자는 기업의 비재무적 가치인 환경Environmental, 사회Social, 구조Governance를 계량적으로 평가해 투자 수익률을 극대화하는 투자다. ESG 투자가 필요한 이유는 ① 기업의 자산과 사업이 무형 위주로 바뀌었고, ② 장기 투자와 대규모 자금이 투입되는 기관 투자와 ETF 시장이 성장했으며, ③ 인구 고령화와 함께 MZ세대가 경제 주체로 부상했기 때문이다. 몇 년 동안 전 세계적으로 ESG 투자에 관한 많은 논란이 있었다. 이를 제대로 판단하기 위해서는 기업의 비재무적 가치를 계량적으로 정확하게 표현하는 게 중요하다. 2024년에 ESG 투자를 주목해야 하는 이유도 2023년에 기업의 비재무적 가치를 계량적으로 평가할 수 있는 의미 있는 결과들이 나왔기 때문이다.

2. 2023년 ESG 데이터 계량화를 위한 글로벌 행보들

회계 제도와 국제결제은행Bank for International Settlements, BIS 규제처럼, ESG의 국제 표준화와 정부의 각종 규제가 하나둘 나타나고 있다. 2023년 6월에 국제지속가능성기준위원회International Sustainability Standards Board, ISSB의 국제지속가능성공개표준안 발표와 2023년 12월 자연 관련 재무 공개 태스크포스The Taskforce on Nature-related Financial Disclosures, TNFD의 8개 우선 분야에 대한 부문 지침 초안 발표는 ESG 국제 표준화를 촉진시켰다. 이를 기반으로 유럽은 지속가능성 보고 표준, 탄소국경조정 제도의 근간이 되는 그린딜 분류법, 디지털 제품 여권 등을 도입했고, 미국 증권거래위원회와 캘리포니아 주에서 엄격한 탄소 배출 공시 제도를 도입했다. 싱가포르와 인도도

ESG 규제를 강화했다. 한편 비슷한 시기에 민간 차원에서도 ESG 개념을 표준화하는 작업들이 진행되었다.

3. ESG 데이터 계량화가 금융 산업에 미칠 영향

ESG 데이터가 계량화된 형태로 제공되면 금융 산업의 성장을 기대할 수 있다. 2023년에 ESG 펀드의 성장세는 악화되었지만 이를 ESG 투자 상품의 전반적인 침체로 보는 것은 성급한 판단이다. ESG 펀드가 준비 안 된 미국을 중심으로 일시적으로 축소된 것이기 때문이다. ESG 펀드가 견조한 유럽 등에서의 성장세는 여전하다. ESG 계량화는 디지털 트랜스포메이션으로 더 용이해지고 있고, ESG 회의론이 확산되었던 기간에도 금융 기관들의 ESG 투자는 꾸준히 증가했다. 이 과정에서 ESG 데이터 제공에도 변화가 나타나고 있다. 우리나라는 아직 금융 기관의 ESG 활용이 저조하지만 이제는 바뀌어야 한다.

4. 지배 구조 중심의 ESG 변화에 따른 일본 기업 가치 재평가

지난 10여 년 동안 일본 증시의 변화는 일본 기업들의 ESG 변화에 따른 가치 재평가 때문이라고도 볼 수 있다. 과거 일본 기업들은 비서구권 지역에서 일반적으로 나타나는 후진적 지배 구조와 기업 문화를 가졌으나 장기 불황을 경험한 2010년 전후 변화가 시작되었다. 대표적인 예가 히타치다. 히타치는 역사상 최대 손실을 기록한 2008 회계연도 이후 취임한 가와무라 다카시의 주도로 핵심 사업에 집중했고, 선진적인 방법의 계열사 간 지분 구조와 이사회 중심 지배 구조를 확립했다. 그리고 다양성을 추구하고, 주주 중심의 자본 정책 등의 개혁을 단행했다. 그 결과 경쟁사였던 도시바를 제치고 일본 기업의 롤모델로 부상했다. 2012년에 시작된 아베 정부의 일관성 있는 정책들은 일본 내 ESG 경영이 자리 잡는 데 커다란 역할을 했다. 최근 일본에서는 공공연히 적대적 M&A가 이루어지고, 주주 친화적 변화의 일환으로 주식 분할이 크게 늘었다. 그 결과 기업 실적이 크게 개선되고 글로벌 투자자들의 일본 주식 투자가 많아졌다. 폐쇄적으로 알려진 일본의 변화는 글로벌 표준인 지배 구조 등 기업의 무형 분야를 무시하는 비서구권 국가들에게 많은 시사점을 준다.

5. 급변하는 노동 환경에서 기업 가치의 핵심 변수인 인적 자본

인적 자본Human Capital은 ESG 중 S, 즉 사회를 구성하는 핵심 요소로 변화된 노동 환경에서 기업 가치에 많은 영향을 준다. 인적 자본이 중요해진 환경 변화는 ① 기업에서 무형의 가치 중요도 상승, ② MZ세대가 노동자인 동시에 소비자로서 경제 주력 세대로 부상, ③ 전 세계 주요 경제 선진국에서 동시에 나타나고 있는 고령화와 인구 감소, ④ 글로벌 공급망 축소와 외국인 노동자에 대한 반감 확산 등이 있다. 미국은 소프트웨어 엔지니어부터 시작된 노동 환경의 변화가 육체노동을 포함한 노동 전반으로 확산 중이다. 미국 내 반이민 정서 확산은 노동 공급을 장기적으로 제약할 것이다. 액티비전 블리자드Activision Blizzard와 TSMC의 사례는 ESG에 기반한 기업 문화의 중요성을 일깨운다. 일본은 대기업을 포함한 기업이 자발적으로 일하는 방식의 개혁을 추진하며 성과를 내는 반면 한국은 변화된 노동 환경에 대응하지 못하는 모습이 역력하다. 이는 한국 기업의 가치를 낮추는 요인 중 하나다.

6. 인적 자본 이외 사회적 요소가 기업 가치에 영향을 준 사례(M&A, 사이버 보안, 매그니피센트7)

인적 자본 이외에 여러 사회적 요소가 기업의 가치에 많은 영향을 준다. 각국 정부의 규제 심사로 어려워진 인수·합병과 디지털 트랜스포메이션 확산과 규제 강화로 ESG와 통합되어 가는 사이버 보안이 대표적이다. 또한 글로벌 투자자들의 사랑을 받는 매니피센트7Magnificent Seven과 게임 산업, 그리고 광산업 기업들을 분석할 때 기업의 사회적 책임이 중요 요소가 될 수 있다. ESG에서 S(사회)는 인적 자본 외에도 다양한 요소로 구성되어 있다. 제품 책임Product Liability, 이해관계자 반대Stakeholder Opposition, 사회적 기회Social Opportunities로 크게 나눌 수 있는데 하위 요소로도 수십 가지가 있다. 이들이 기업 가치에 어떻게 영향을 주는지를 몇몇 분야와 사례로 살펴본다.

7. 탄소배출제로가 전통 산업에 미칠 영향

철강과 화학, 조선 같은 전통 산업에서도 미국과 유럽의 규제 환경이 강화되고 관련 기술들도 빠르게 성장함으로써 탄소 배출을 줄이려는 행보가 탄력을 받고 있다. 산업계의 탈탄소화는 청정 수소와 전기, 에너지 절감 같은 기술 개발이 뒷받침되어야 한다. 그러나 개발이 이루어질 때까지 가만히 기다리기보다는 이 같은 기술을 전제로 그것을 개별 산업에 어떻게 적용할지에 대한 시도가 활발하게 이루어지고 있다. 디지털 트랜스포메이션은 이 과정에서 전통 산업의 효과적인 탈탄소화를 지원한다. 2024년 초 기준으로 화학, 비료, 철강과 알루미늄 제련, 광산, 조선과 해운에서 진행 중인 탈탄소화 흐름과 최근 업계 움직임을 알아본다.

8. ESG 관점에서 본 투자 포인트와 주목할 글로벌 기업

ESG 확산과 계량화의 결과로 기업 가치의 차별화가 심화될 것이다. 일본 등 선진국과 젊은 인구를 중심으로 ESG 개선이 클 일부 이머징 국가, 일본 ESG 상위 기업, ESG를 고려한 빅테크, 한국 증시에서 ESG 투자 가능 기업과 ESG 계량화 기업들, 금융 산업, 직원 평가가 좋은 기업들을 간단히 설명한다.

1

2024년에 ESG 투자가
투자의 주류로 부상하는 이유

(1) 기업의 비재무적 가치와
ESG 투자

ESG 투자가 2024년 투자의 핵심 아이디어 3개 중 하나라고 하면, 상당수 국내 투자자들은 고개를 갸우뚱할 것이다. 대다수는 부정적으로 보거나 겉으로는 동의하는 척해도 실제로는 여기 공감하지 못할 것이다. ESG 투자에 대한 이해 부족도 있지만 코로나 팬데믹 이전에 잠시 경험했던 ESG 투자의 부정적 결과 때문이다. 2023년 전후 나타난 ESG 투자와 관련된 제도적·기술적 변화에 대한 인식 부족도 영향을 미친다.

ESG 투자는 기업의 비재무적 가치를 계량적으로 평가해 투자 수익률을 극대화하는 투자다. 전통적으로 자산 가치, 수익 가치, 수익의 성장성 등 재무적 수치로 기업의 가치를 평가했다. 하지만 기업의 가치를 재무적 수치만으로 평가할 수 없음은 이미 널리 알려져 있다. 비슷한 재무 수치를 나타내는 기업들 간에도 재무 수치 대비 기업 가치를 나타내는 밸류에이션이 천차만별이고, 이것이 장기간 지속되는 경우가 허다하다. 예를 들어 무능한 경영진 때문에 기업 가치가 크게 하락한 남양유업은 국내 동종 유제품 회사보다 밸류에이션이 낮다. 기업만이 아니라 한국 증시도 오랜 기간 규모가 비슷한 다른 국가들의 증시 대비 낮은 밸류에이션을 유지하고 있다. 원인은 경영진에 관한 평판, 기업 문화, 사회적 평가, 기업이 영위 중인 사업에 대한 사회적 인식의 변화, 지정학적 위험 등 다양하다. 지금까지 이런 요소들이 일부 반영은 되었지만 체계적이지 못했다. 그 결과 비재무적 가치가 반영된 기업 가치의 변화는 무시하고, 재무적 가치에만 집중하면서 잘못된 투자를 하는 경우가 많았다. 비재무적 가치를 체계적으로 수치화해 기업 가치에 반영한다면 어떨까? 당연히 리스크는 낮추고 수익률은 높일 수 있다. 이런 관점에서 ESG는 재무 중심 회계학의 확장판이고, ESG 투자는 퀀트 투자(계량 투자)의 미래다.

　물론 ESG 투자에는 도덕적·사회적 관점이 더 강조되는 투자도 존재한다. 예를 들어 탄소 배출을 줄이는 기업에 집중 투자하거나, 반대로 탄소 배출을 과도하게 하는 기업에는 투자를 배제 내지 압력을 가해 탄소 배출을 줄이는 공공의 이익을 실현하는 펀드가 있을 수 있다. 혹은 기독교 가치를 지향하는 기업들에 투자를 집중해 기독교 가치의 확산을 목적으로 하는 펀드도 가능하다. 실제로 존재하는 ETF들이다. 그렇다고 이것이 ESG 투자의 전부라고 착각해서는 안 된다. 이는 사회적 목적을 우선적으로 추구하면서 영업 활동을 수행하는 사회적 기업이나 비영리 기업이 전체 기업을 대표한다고 착각하는 것과 같다. 기업의 존재 의의가 이익 창출인 것처럼 투자는 기본적으로 수익 실현이 원칙이다. 심지어 실제 ESG 투자는 장기간 더 낮은 위험으로 더 높은 수익을 내는 것을 목적으로 한다. 결론적으로 과거의 어설프거나 특수한 사례가 ESG 투자의 전부인양 착각해서는 안 된다.

(2) ESG 투자의 필요성

오늘날 ESG 투자가 필요한 첫 번째 이유는 기업의 사업과 자산이 무형 위주로 바뀌었기 때문이다. 과거에는 기업이 대규모 공장과 기계 장치 같은 유형 자산을 바탕으로 눈에 보이는 제품을 만들거나 서비스하는 경우가 많았다. 현재는 구글과 메타의 고객 기반과 네트워크, 엔비디아의 기술 경쟁력 및 쿠다 생태계와 같은 무형 자산을 기반으로 온라인 서비스 같은 무형의 가치를 제공하는 기업들의 비중이 더 크다. 심지어 유형의 제품을 판매하는 경우에도 그것의 기능적 가치보다는 기업의 평판과 브랜드가 상징하는 가치의 비중이 더 크다. 애플, 에르메스, 파타고니아의 제품 등에서 잘 나타난다. 2024년 1월 26일 기준으로 전 세계 시가총액 상위 10개 기업은 마이크로소프트, 애플, 사우디 아람코Saudi Aramco, 알파벳, 아마존, 엔비디아, 메타, 버크셔 해서웨이Berkshire Hathaway, TSMC, 일라이릴리Eli Lilly 순이다. 사우디 아람코를 제외하면 모두 무형 자산과 무형의 가치가 중요한 기업들이다. S&P500 기업들의 합산 유형과 무형 자산의 가치 변화에서도 확인할 수 있다. 1975년에 유형 자산과 무형 자산은 각각 0.59조 달러와 0.12조 달러로 유형 자산이 전체 자산의 83%를 차지했다. 반면에 2018년 유형 자산과 무형 자산은 각각 21.03조 달러와 4조 달러로 유형 자산은 전체 자산의 16%에 불과했다. 2018년 무형 자산의 비중은 84%로, 1975년 유형 자산의 비중과 비슷하다. 무형 자산과 무형 가치의 비중이 늘어나면서 기업의 비재무적 가치가 미치는 영향력이 커졌다. 만약 애플의 문화가 권위적이고 직원의 목소리를 무시하거나 환경 파괴를 주도한

| 1975-2018년 S&P500 기업의 합산 유·무형 자산 가치 변화

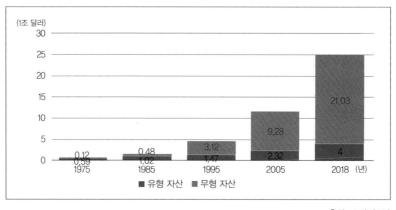

출처 : 스타티스타

다면, 애플의 기업 가치는 급락할 것이다. 비재무적 환경에 따라 기업 가치가 크게 변하는 구조가 마련됨에 따라 투자자도 기업의 비재무적 가치를 체계적으로 분석할 필요가 생겼다.

두 번째 이유는 세계적으로 연기금, 보험 같은 대형 기관 투자자들과 ETF의 자금 규모가 크게 늘었기 때문이다. 대형 기관 투자자는 장기간 안정적으로 수익을 내고자 다양한 자산에 분산 투자한다. 이들은 특정 자산에서 단기간에 높은 수익을 내기보다는 전체 운영 자산에서 원금을 잃지 않고 안정적인 수익률이 기대되는 투자를 지향한다. 재무적 관점에서 신용 등급이나 위험 정도에 따라 특정 자산에 대한 투자 한도를 제한하는데, 이 방식을 비재무적 관점으로도 확장한다. 특정 자산을 일일이 분석하기보다는 특정 기준에 따라 계량적으로 투자해

| 미국 주식형 액티브·패시브 펀드 규모 변화

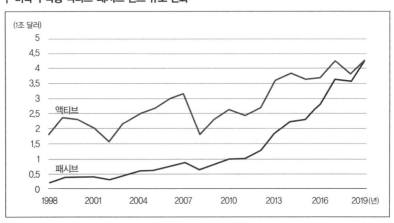

출처 : 모닝스타

전체 위험을 낮춘다. 비재무적 위험을 계량화해 이를 기준으로 투자 대상을 배분하면 장기 위험 대비 수익률을 높일 수 있다. 또한 대형 기관 투자자들은 운영 자산의 규모가 커 비재무적 데이터를 계량적으로 평가하는 데 필요한 비용을 감당할 수 있다. ETF 자산운용사도 ESG 투자에 적극적인데, 특히 미국 자산운용사들의 역할이 컸다. 미국 자본주의는 기업이 주주 이익의 극대화를 추구하는 전통이 있고, 행동주의 펀드가 주주 이익에 반하는 기업을 공격해 수익을 내는 것을 적극 옹호해 왔다. 행동주의 펀드는 특정 기업에 집중하는 액티브 펀드다. 수많은 기업으로 구성된 모델 포트폴리오에 따라 투자하고 펀드 규모에 따라 수수료를 받는 ETF가 확대된다면 미국의 행동주의 전통은 약

| 미국 기업의 지배 구조를 좌우하게 된 ETF 펀드

기관 투자자가 보유하고 있는 미국 상장 주식 비중

미국 전체 주식형 펀드 자산 중에서 인덱스 펀드 자산이 차지하는 비중(2017년 6월 30일 기준)

출처 : 하버드 로스쿨 기업 지배 구조 포럼

화될 수 있다. 2020년에 미국의 주식형 펀드 시장에서 ETF가 중심인 패시브 펀드Passive Fund 규모가 액티브 펀드를 추월할 정도로 급속히 성장하면서 우려가 커졌다. 그러자 미국 ETF 자산운용사들은 행동주의 펀드처럼 기업들의 비재무적 요인을 계량화하고 이 수치가 일정 등급 이상인 기업에만 투자하는 ESG 투자를 발전시켰다. 채권 기관 투자자가 특정 신용 등급 이상의 채권에만 투자하는 것과 비슷하다. 실제 선진 자본 시장의 연기금과 보험 회사, 그리고 세계 최대 ETF 자산운용사인 미국 블랙록BlackRock이 ESG 투자에 적극적이며, 한국도 국민연금이 선진 ESG 투자 도입에 앞장서고 있다.

세 번째 이유는 주요 경제 선진국들에서 고령화가 진행 중이고 주요 경제 주체로 MZ세대가 부상했기 때문이다. 제2차 세계대전 후 가장 큰 인구층을 차지하던 베이비부머가 은퇴하고 인간다운 삶을 중요하게 여기는 MZ세대가 주요 경제 주체로 자리 잡고 있다. 과거 세대와 달리 이들은 전 세계적으로 비슷한 사고방식을 가지고 있는데, 돈을 버는 것 이상으로 삶의 질을 중요하게 생각한다. 또 인권이나 환경에도 관심이 높다. 권위적인 조직 활동을 지양하고 개인의 자유를 높게 여기며, 인터넷을 통해 자유롭게 소통하는 데 익숙하다. 소비 지향적인 모습도 보여 주는데, 기능적 만족도를 넘어 가치를 공감하고 소비하는 경향이 강하다. 환경오염, 기업 문화, 사회적 불공정성 같은 분야에서 부정적인 평판을 가진 기업들이 만드는 상품에 대한 소비를 줄이고, 반대 여론을 형성하며 조직적으로 대응하기도 한다. 결론적으로 기업이 이전처럼 ① 제품을 값싸게 공급하는 공급자, ② 적절한 월급과 복지만 제공하면 권위적인 시스템을 유지해도 되는 사용자, ③ 기업의 이익을 위해 권력층에 뇌물을 주거나 하청 기업에 갑질을 하는 등 사회적 공정 수준에 미달하는 탐욕적 이해관계자로 남는 것이 사회적으로 용인되지 않는다. 자칫 기업의 생존을 위협할 수도 있다. 즉, 이런 기업에 투자하는 투자자는 기업 가치 하락으로 큰 손해를 볼 수 있다. 2013년에 벌어진 대리점 갑질 사태에 오너의 부적절한 대응으로 사회적 여론이 악화되면서 실적 악화와 주가 폭락을 겪은 남양유업, 2021년에 사내 성희롱과 직원 차별로 마이크로소프트에 매각된 액티비전 블리자드의 사례는 사회적 변화에 부응하지 못하는 기업은 몰락할 수 있음을 잘 보여 준다. 2020년대에 삼성이 사법 리스크로 인해 장기 투자가 제대로 이루어지지 못한 것도 권력층에 청탁하는 부적절한 방식으로 기업의 취약한 지배 구조 문제를 해결하려고 했기 때문이다. 전 세계적으로 기업의 비재무적 가치에서 공정과 합리성에 기반한 가치가 중요시되고 있다. 특히 미국과 유럽을 중심으로 기후 변화에 대한 기업의 대응을 요구하는 목소리가 커지고 있다. 2010년대 국내에서 성인지 감수성이 크게 부각된 것처럼 미국과 유럽에서는 환경 인지 감수성이 높이 상승했다.

(3) 기업의 비재무적 요인과 ESG 대응

기업 가치를 평가하는 비재무적 요인들이 어떻게 ESG로 정리가 가능한지 하나씩 따져 보자. 투자자 관점에서 기업의 비재무적 가치 중 가장 기본이 되는 요소는 모든 주주에게 평등한 대우를 보장하는 지배 구조, 즉 ESG 중 거버넌스(G)다. 일부 대주주나 특정 이해관계자들이 회사를 좌지우지하는 지배 구조에서는 외부 자금 조달이 쉽지 않고, 비효율적 운영으로 장기적으로 기업 가치가 하락할 가능성이 크다. 또한 회사 안팎에서 합리적인 MZ세대 구성원 및 이해관계자들의 높아진 눈높이에 맞는 합리적이고 공정한 기업 문화를 갖춰야 기업이 고객으로부터 높은 무형의 가치를 평가받고 기업 활동 과정에서 발생할 수 있는 각종 위험을 최소화할 수 있다. 여기에 세계 시민 관점에서 공정과 상식이라는 가치의 중요성이 강조되고, 세계적으로 확대되는 지정학적·사회적 갈등과 기업 간의 상호관계에 대한 관심도 커지고 있다. ESG 중 사회적 가치(S)와 관련된 부문이다. 기후 위기가 증가하고 그로 인한 대중적 문제의식, 즉 환경 인지 감수성이 상승하는 가운데 환경에 대한 인식이 높아지고 있다. 기후 변화는 기업에 직접적인 피해뿐만이 아니라 기존 영업 활동을 제약하는 국가 단위의 환경 규제와 거래처와 외부 자금 조달 축소 같은 영향을 미친다. 여기에 기후 변화 대응은 물론이고 깨끗한 물과 공기를 마시고 생물 다양성을 지켜야 한다는 요구와 기업이 나서야 한다는 사회적 공감대가 확산되고 있다. ESG 중 환경(E)에 대한 내용이다. 전 세계적으로 확산되고 있는 환경 인지 감수성으로 인해 온실가스 배출 주범으로 간주되는 에너지, 철강, 광산 기업들에게 기후 변화 문제는 생존을 위협하는 거대 이슈다.

ESG의 E와 S, 그리고 G도 다시 여러 항목으로 나눠 볼 수 있다. 사

| 음료 산업에서 ESG 랭킹 모델의 주요 문제들(청량음료 하위 산업)

MSCI ESG 스코어										
환경 부문				사회 부문				사회 부문		
기후 변화	자연 자본	오염과 폐기물	환경에서 기회	인적 자본	제조물 책임	이해 관계자 반대	사회 에서의 기회	기업 지배 구조	기업 행동	
탄소 감축	물 스트레스	독성 물질 배출과 폐기물	클린 테크	노사 관리	제품 안전 과 품질	논란의 여지가 있는 문제	의사소통 에 대한 접근	이사회	기업 윤리	
제품의 탄소 발자국	생물 다양 성과 토양 손실	포장재와 폐기물	그린 빌딩	건강과 사 회적 안전	소비자 금 융 보호	커뮤니티 관계	금융에 대 한 접근	급여	세금 투명 성	
환경 영향 에 따른 자금 조달	천연 자원 조달	전자 폐기물	재생 에너지	인적 자본 개발	개인정보 보호 및 데이터 보안		건강 관리 에 대한 접근	오너십		
기후 변화 에 대한 취약성				공급망 노 동 기준	책임 투자		영양 및 건강 분야 의 기회	회계		
					건강 보장 과 인구통 계학적 위험					
					화학물 안전					

▓▓ 청량음료 하위 산업에서 중점적으로 적용할 항목(예) 코카콜라)
▓▓ 모든 산업에 적용되는 보편적 핵심 이슈

출처 : MSCI

회적 가치(S) 안에서도 특정 요소들에 대한 등급이 달라질 수 있다. 또한 각 산업별·기업별로 각종 지표의 적용 여부와 가중치도 달라질 수 있다. 이처럼 기업이 직면한 비재무적 위험의 상당 부문은 ESG 영역에서 설명이 가능하다. 투자자는 ESG 분석을 통해 최근 기업이 처한 변화된 환경을 이해하고, 이를 바탕으로 향후 발생할 수 있는 위험을 최소화하는 방법을 찾을 수 있다.

(4) 테슬라가 필립 모리스보다 ESG 등급이 낮은 이유

테슬라의 ESG 등급을 통해 ESG 등급의 의미를 보다 자세히 알아보자. ESG 등급을 잘 이해하지 못하는 이들은 2023년 말 기준, 테슬라의 ESG 등급이 매우 높은 편에 속할 것이라고 여기기 쉽다. 그러나 테슬라의 ESG 등급은 낮은 편이다. 일론 머스크는 2023년 6월 14일에 자신이 인수한 X에 글을 남기며 테슬라의 S&P 글로벌 ESG 등급이 담배 회사인 필립 모리스보다 낮은 것을 지적했다. 그는 담배 회사에 대한 투자를 친환경 자동차를 생산하는 테슬라에 대한 투자보다 더 윤리적인 투자로 간주할 수 있는지 반문했다. 당시 테슬라의 ESG 등급은 37점인 반면에 필립 모리스는 84점이었다. 2024년 1월 말 기준, S&P 글로벌이 공개한 테슬라의 ESG 등급은 40점으로 6개월 전과 큰 변화가 없다. 사실 테슬라는 2022년에 S&P 500 ESG 지수에서 편출되기도 했다. S&P 글로벌이 테슬라의 ESG 등급에 다소 박한 건 맞다. 하지만 모닝스타 계열의 서스테이널리틱스^{Sustainalytics}의 테슬라 ESG 등급이 중간인 25.3점(0-10점은 '무시할 만한', 10-20점은 '낮은', 30-40점은 '높은', 40점 이상은 '극심한')이고, 모건스탠리캐피털인터내셔널^{MSCI}도 최상위 등급이 아닌 A등급(AAA, AA, A, BBB, BB, B, CCC로 구분)이다. S&P 글로벌 자료에 따르면 테슬라는 업무 환경에서는 업계 평균을 상회했으나 사회적 가치와 지배 구조가 업계 평균을 하회했다. 심지어 환경 점수도 업계 최고 점수와 큰 차이를 보였다. MSCI는 테슬라의 제품 안전성, 품질, 노동 관리를 부정적으로 평가한 것으로 알려져 있다. 이처럼 ESG 등급은 윤리적 투자가 아니라 기업의 비재무적 위험을 측정하는 수단이고, 환경과 윤리 요인만으로 결정되지 않는다. 결론적으로 일론 머스크가 테슬라의 낮은 ESG 등급을 가지고 윤리적 투자 운운한 것은 ESG를 잘 모르거나 일부러 모른 척하면서 테슬라의 비재무적 위험을 숨기려 한 선동이라고 볼 수 있다.

(5) ESG 투자 논란을 잠재울 비재무적 가치의 계량화

ESG 투자와 관련하여 국내외에서 많은 논란이 있었다. ESG를 도덕적·사회적 관점으로만 접근하거나 일부 자산운용사들이 ESG의 도덕적 관점을 마케팅 수단으로 과도하게 사용해 수익률도 부진하고 사회적 물의도 일으키는 경우가 있었기 때문이다. 2023년 9월 사이언티픽 베타$^{Scientific\ Beta}$는 "ESG ETF의 지난 10년간 수익률은 다른 ETF에 비해 0.2% 낮다"며, "미국 주식 ESG ETF 규모가 2021년 12월에 정점을 찍고 꾸준히 규모가 줄었다"고 전했다. 한편 공화당을 지지하는 테네시 주가 2023년 12월에 블랙록에 소송을 제기했는데, "블랙록의 ESG 투자 전략이 소비자들에게 오해의 소지를 주었기 때문"이다. 2023년 3월에는 공화당을 지지하는 미국 21개 주 법무부 장관들이 블랙록 등 53개 자산운용사에 서신을 보냈다. 여기에는 ESG 펀드에 가입하지 않은 투자자에게 불이익을 주었다는 내용이 담겼다. 미국 공화당은 ESG 자산운용사가 공화당 지지 지역의 화석연료 산업을 공격한다고 주장했다.

ESG 데이터가 주관적이고 표준화되지 못하며, 이를 제공하는 평가 기관이 독과점되고 이해 상충의 이슈가 크다는 의견도 있다. 2023년 4월에 발간된 논문에 따르면 ESG 펀드 인덱스 시장에서 MSCI의 점유율은 전체 시장의 56%로, 2위인 S&P 다우존스지수(12%)의 4.7배다. 또 상위 5개사 점유율은 무려 87%다. 이들은 ESG 평가와 동시에 컨설팅 서비스도 제공해 이해 상충 이슈가 발생하는데, 유럽의회는 2023년 말에 ESG 평가 기관들을 규제하는 법안을 논의했다. 한편 기업이 지속가능성 지표를 오해하거나 과장하도록 유도하는 그린워싱^{Greenwashing} 현상도 ESG 투자의 어두운 단면이다.

이와 같은 논란들을 극복하고 ESG 투자가 본격적으로 자리 잡기 위해서는 무엇보다 기업의 비재무적 가치를 계량적으로 정확하게 표현해야 한다. ESG 투자를 이해하지 못하는 이들은 기업의 비재무적 가치를 계량화하기란 불가능하다고 굳게 믿는다. 하지만 기술적 영역이라 시간과 투자만 충분하면 충분히 개선이 가능하다. 오늘날 재무적 기업 가치 평가의 기본인 수익 가치도 불과 100년 전에는 장부상 자산 가치 평가에 비해 불확실해 믿을 수 없다는 분위기가 팽배했으나 벤저민 그레이엄Benjamin Graham은 청산 가치에 미달하는 기업에 투자해 위대한 투자자가 되었다. 시간이 지나 회계 제도를 포함한 투자 인프라가 구축되면서 당시의 불확실한 수익 가치와 현금 흐름을 넘어 수익의 성장성에 근거한 투자가 일반화되었다. 실제로 비재무적 가치도 비슷한 방식으로 상당히 진행되고 있다. 인공지능과 클라우드에 기반한 빅데이터 분석으로 비재무적 가치를 계량화하는 많은 시도가 있다. 가령 링크드인이나 블라인드 같은 사이트의 빅데이터 분석을 통해 기업에 근무하는 노동자들의 만족도를 나타내는 수치를 만들 수 있다. 한편 회계 기준이 국제적으로 표준화된 것처럼 비재무적 가치를 국제적으로 표준화하는 작업도 빠르게 진행 중이다.

2024년에 ESG 투자에 주목해야 하는 이유도 2023년에 기업의 비재무적 가치를 계량적으로 평가할 수 있는 의미 있는 결과들이 나왔기 때문이다. 2023년에 인공지능의 기술적 진보를 통해 수많은 기업의 비재무적 데이터를 집계, 분석하는 일이 보다 쉬워졌다. 이와 관련된 많은 스타트업과 대기업 사례가 나오고 있다. 또한 2023년 ESG 표준화를 위한 국제적 기준이 발표되고, 전 세계 주요 정부들이 ESG에 대한 규제 방안을 공식 발표하고 있다. 많은 금융 기관이 ESG에 기반한 금융 방식을 도입하고 있고, 지속가능 경영 보고서를 발간하는 기업의 숫자도 계속 늘고 있다. 또한 2023년에 ESG 자산운용사와 ESG 평가 기업들은 그동안의 잘못된 ESG 투자를 반성하고 이를 개선한 결과를 내놨다. 2023년 미국과 유럽에서 크게 늘어난 기후 피해들로 ESG의 한 분야인 환경과 관련된 인식이 변화하면서 관련 규제가 많이 늘었다. 2023년 세계적인 노동 인력 부족과 지정학적 갈등으로 기업에 대한 ESG 평가의 중요성이 부각되었다. 일본 정부와 기업이 지난 10년 이상 추진한 ESG 개선 노력이 2023년 이후 일본 증시 강세의 한 원인으로 언급되고 있다. 이런 흐름들은 2024년에도 계속하여 강하게 진행될 것이다.

2

2023년 ESG 데이터 계량화를 위한 글로벌 행보들

(1) ESG 데이터의 국제 표준화

기업의 비재무적 가치를 계량적으로 나타내기 위해서는 전세계 표준화 작업과 이를 강제하는 국가적 규제가 정립되어야 한다. 국제회계기준IFRS에 의해 재무 데이터를 제공하는 회계학 기준이 만들어지고 이를 각 국가별로 적용한 기업 공시와 회계 제도를 강제하는 것이나, 전 세계 은행들의 자기자본적정성 규제를 국제결제은행BIS이 규정한 BIS 비율에 따라 국가별로 은행을 감독하는 것과 비슷한 개념이다. ESG가 전 세계적으로 확산되기 위해서는 국제 기준이 만들어지고, 이를 기반으로 각 국가별 적용 기준이 수립된 다음에 마지막으로 적정한 규제와 제도가 마련되어야 한다. 공신력 있는 세계 표준안이 완성되었다면 당장에 적용되지 않더라도 제도화를 위한 첫걸음을 뗐다고 볼 수 있다.

2023년 6월에 국제지속가능성기준위원회ISSB가 처음으로 발표한 국제 지속가능성 공개 표준안은 ESG 데이터의 국제 표준화에 중요한 이정표로 여겨진다. ISSB는 IFRS 설정을 감독하는 비영리 조직인 IFRS 재단 소속으로, 2021년 개최된 제26차 UN기후변화협약 당사국총회COP26에서 설립되었다. 이 기구는 기업들이 투명하고 신뢰할 수 있으며 비교 가능한 방식으로 지속가능성 정보를 공개할 수 있도록 글로벌 표준을 개발했다. 초안은 2022년 3월 31일 개시된 뒤 2023년 6월에 확정되었다. IFRS S1과 IFRS S2는 각각 "지속가능성 관련 재무 정보 공개에 대한 일반 요구 사항"과 "기후 관련 공개"를 다룬다. 이로써 전 세계 각국은 기업들의 ESG 공시를 회계 제도처럼 제도화하는 기반을 마련하게 되었다. 2025년부터 미국과 유럽을 포함한 주요 국가들은 기후나 ESG 공시를 의무화하는 방안들을 추진하거나 적용할 예정이다. ESG 정보가 회계학의 발전 경로를 따라가는 셈이다.

2023년 9월에 자연 관련 재무 공개 태스크포스TNFD가 최종 권고안을 발표한 데 이어 같은 해 12월에는 8개 우선 분야에 대한 부문 지침 초안을 공개했다. TNFD는 G20의 요청으로 금융안정위원회FSB(글로벌 금융 시스템을 모니터링하고 권고하는 국제 기구)에서 제정한 국제 규범으로, "자연 자본과 생물 다양성에 가해질 수 있는 잠재적 위험과 기회에 대한 공시를 권고"했다. 12월에 발표된 초안에 포함된 8개 분야는 "석유와 가스, 금속과 광업, 임업과 제지, 식품과 농업, 전기 유틸리티와 발전기, 화학제품, 생명공학과 제약, 양식업"이고, 금융 기관(은행, 보험 회사, 자산 관리자와 소유자, 개발 금융 기관)이 TNFD 권장 사항을 적용하기 위한 추가 지침도 제공되었다. 여기에는 부분별 접근 방식, 핵심 글로벌 공개 지표, 환경 자산, 생태계 서비스, 영향 원인, 위험과 기회, 대응 조치에 대한 예시 목록이 요약되어 있다. 부문 지침 초안은 2024년 3월 29일까지 피드백을 받아 최종 확정된다. 참고로 TNFD는 TCFD^{The Taskforce on Climate-related Financial Disclosures}(기후 관련 재무 공개 태스크포스)에서 개발한 기존 공개 프레임워크의 구조를 보완해 만들었다.

(2) 국제 표준의 의미와 전망

ISSB의 공개 표준안과 TNFD의 초안은 기업의 지속가능성에 대한 국제적 표준이 만들어졌음을 의미한다. 국제적 표준이 만들어지면, 이를 기반으로 각국 정부가 ESG와 관련된 국가별 규제를 만들고 관련 산업도 성장한다. ESG 데이터 공시는 회계 제도와 마찬가지로 사회적으로는 필요하지만 자율에 맡기면 누구도 지키지 않아 국가 규제가 있어야 산업이 성장할 수 있다.

유럽이 가장 적극적이다. EU는 유럽 지속가능성 보고 표준^{European}

Sustainability Reporting Standards, ESRS에 따라 2024년 1월 1일부터 기업들이 ESG 사항을 공시할 것을 요구했다. 유럽의회가 2023년 1월 1일부터 그린딜(2050년 기후 중립 목표 달성을 위한 친환경 산업 육성 정책)에 적용할 지속가능성 분류법을 의무화했는데, 2023년 말 국내 언론에서 회자된 탄소국경조정제도CBAM와 관련 있다. 이밖에 2024년 1월 국내 언론에서 회자된 디지털 제품 여권Digital Product Passport, DPP은 EU에 유통되는 모든 물리적 제품 생애 주기 동안 ESG 이행 여부를 확인하는 도구로 의무화된다.

미국 증권거래위원회SEC는 2024년 4월에 기업의 기후 관련 정보 공개를 강제하는 규칙을 발표할 예정이다. 이 규칙에 따르면 상장사는 직접적인 온실가스 배출을 다루는 스코프Scope 1과 구매한 에너지에서 발생한 온실가스 배출을 다루는 스코프 2를 넘어 제품 공급업체와 최종 사용자의 온실가스 배출을 다루는 스코프 3까지 공시해야 한다. 이보다 앞선 2023년 10월 미국 캘리포니아 주는 연 매출 10억 달러 이상 대기업이 스코프 1/2 배출량(2026년)과 스코프 3 배출량(2027년)을 공개하는 법안을 통과시켰다. 이에 은행은 대출자와 관련된 탄소 배출량을 보고해야 하는데, 아직 관련 시스템이 정비되지 않아 해당 은행들이 강하게 반발했다. 하지만 시스템이 실제 적용될 수 있을 정도로 정비될 경우, 은행 대출 자산의 위험을 관리하는 BIS 규제처럼 은행 대출 자산의 탄소 배출량을 관리하는 규제가 나올 가능성이 있다.

싱가포르 통화청은 2023년 12월에 ESG 등급과 데이터 제공업체를 위한 최종 행동강령과 체크리스트를 발표했다. 또한 인도 증권거래위원회Sebi는 2023년에 9개 ESG 속성과 40개 이상의 하위 지표로 세분화된 BRSR Core를 2024 회계연도부터 시가총액 상위 150개 상장사에 적용한다고 발표했다. 2021년 발표한 ESG 데이터 공개 프레임워크인 BRSRBusiness Responsibility and Sustainability Reporting의 발전된 형태다.

국제적 및 국가별 규제 도입은 ESG 데이터 공시와 관련 산업의 성장을 촉진하며, 기후 변화와 관련된 탄소 배출에 중점을 둔다. 그러나 유럽의회 선거와 미국 대선 결과에 따라 도입이 지연될 수 있다. 그럼에도 불구하고 이러한 행보가 계속 나타나고 있으며 방향 자체가 무산될 가능성은 제한적이다.

(3) 민간 차원의 ESG 투자 표준화

민간 차원에서도 ESG 투자 표준화를 위한 자발적 행보가 가속화되고 있다. 2023년 11월 CFA 연구소, GSIAGlobal Sustainable Investment Alliance, PRIPrinciples for Responsible Investment가 공동으로 책임 투자에 사용되는 개념들을 표준화한 자료를 발간했다. CFA 연구소는 CFA 교육과 자격시험을 담당하는 조직이고, GSIA는 전 세계 ESG 금융 기관과 조직들이 각 지역별 조직들(미국, 유럽, 호주, 영국, 캐나다, 네덜란드, 일본)을 통해 전 세계 지속가능 투자를 촉진하는 조직이며, PRI는 UN의 지원을 받아 ESG와 관련된 6가지 기본 원칙을 구현하기 위해 협력하는 국제 금융 기관 네트워크다. 2023년 11월 공개된 자료에서는 ① ESG 투자의 허용 여부를 결정하는 스크리닝Screening, ② 위험을 고려한 수익을 개선하기 위한 투자 분석과 의사 결정에서 ESG 요소를 반영하는 ESG 인테그레이션Integration, ③ 특정 추세에 맞는 자산을 선택하는 주제별 투자Thematic Investing, ④ 고객과 수혜자의 이익을 보호하고 발전하기 위해 권리와 영향력을 적극 행사하는 스튜어드십Stewardship, ⑤ 재무적 수익률과 긍정적이고 측정 가능한 사회적·환경적 영향을 동시에 추구하는 임팩트 투자Impact Investing 등의 개념들을 정의하고 이들이 조화를 이루는 것을 목표로 한다고 밝혔다.

모든 투자자가 당장 글로벌 ESG 규정과 개념을 자세히 알 필요는 없다. 또 이런 제도들이 곧바로 적용될 것처럼 호들갑 떨 필요도 없다. 하지만 2023-2034년에 전 세계적으로 ESG 데이터를 표준화하는 작업들이 동시다발로 적용된다는 사실에는 주목할 필요가 있다. 고금리와 지정학 갈등으로 힘든 시기에도 이런 움직임들이 나타난 것은 ESG 표준화와 규제를 더 이상 미룰 수 없다는 데 전 세계적 공감대가 확산되고 있기 때문이다. 표준화와 규제가 자리 잡기 시작하면 ESG를 적용하는 글로벌 금융 기관들의 행보도 가속화될 것이다.

3

ESG 데이터 계량화가
금융 산업에 미칠 영향

(1) ESG 계량화와
글로벌 ESG 투자

ESG 데이터가 기업의 비재무적 정보들을 신뢰할 수 있는 계량화된 형태로 제공되면, 금융 산업의 성장을 기대할 수 있다. 자산운용사들은 데이터를 활용해 녹색채권 같은 새로운 ESG 관련 상품을 출시하거나 운영 중인 자산의 투자 수익률을 올릴 수 있다. 기업의 비재무적 정보를 통해 거래 기업의 위험도를 낮출 수 있는 보험사와 은행도 ESG를 적극 도입하려 할 것이다. 특히 은행은 ESG 데이터가 BIS 비율처럼 대출 규제의 수단으로 활용될 수 있다는 점에서 비재무적 데이터에 보다 주목할 것이다. 이를테면 공공 이익 측면에서 필요한 탄소 배출 감축을 위해서는 은행 대출 자산과 탄소 배출을 연동시켜 한도를 규제할 수 있다. 정리하면 금융 기관은 ESG의 계량화된 데이터 확산을 통해 ① ESG 관련 신규 상품 출시, ② 금융 상품 전반의 수익성 상승, ③ 금융에 대한 새로운 규제와 위험에 대한 대응력 강화 등의 수혜를 기대할 수 있다. 따라서 금융 기관들의 ESG 데이터 수요는 증가하고, 이는 데이터를 제공 및 활용하는 산업의 빠른 성장을 이끌 것이다.

2023년에 ESG 펀드의 성장세는 약화되었지만 ESG 투자 상품 전반이 침체되었다고 보는 것은 성급한 판단이다. 지속가능 투자를 하는 기관들의 연합체인 GSIA가 2023년 11월에 발간한 자료에 따르면 ESG와 관련된 전 세계 투자 자산 규모는 2022년 기준 30조 달러, 한화 약 4경 원이다. 미국은 2022년에 방법론을 변경하여 이전과의 비교가 어렵지만 2022년 전후 성장세가 멈춘 건 분명하다. 유럽도 2022년 수치는 2018년과 비하면 소폭 하락했다. 이른바 ESG 선진국으로 불리는 미국과 유럽의 성장세는 둔화되었으나 ESG 투자가 축소되었다기보다는 과도한 버블이 정리되고 ESG가 더 엄격한 기준으로 재정의되는 과정이라고 봐야겠다. 유럽은 2020년 급감했던 자산 규모가 다시 반등해 2018년 수준을 회복하는 추세이고, ESG 투자 시작 자체가 늦고 규모도 작았던 다른 지역들의 자산 규모는 크게 상승 중이다. 특히 전통적으로 ESG 관점에서 뒤처졌던 일본의 자산 규모가 가파르게 상승하고, 2022년에 성장 폭이 크게 증가한 것이 눈에 띈다. 일본의 사례는 ESG 수준이 낮은 지역에서의 ESG 개선이 재무 성과 측면에서 실제로 효과적일 수 있음을 시사한다. 자세한 내용은 일본 히타치 사례에서 보겠다. 또한 일본이 절대적인 투자 규모가 크고, 여전히 2018년 수준을 유지하고 있다는 점에도 주목해야 한다.

2023년 글로벌 ESG 투자에서 미국은 다소 위축되었지만 유럽은 여전히 견고하다. 블랙록 등 미국 자산운용사들이 ESG 버블기에 과도하게 행동한 데 대한 반작용과, 정치적 갈등이 두드러지면서 아직 수습에 시간이 필요하기 때문이다. 반면 유럽은 ESG에 대한 인식이 더 확고하고 부담은 적다. 2023년 9월 25일 《펜션 앤드 인베스트먼트 Pensions&Investments》에 공개된 맨 그룹 Man Group(1,450억 달러의 자산을 운용하는 영국 액티브 자산운용사, ESG 투자 자산은 5,600억 달러) CEO와의 인터뷰에서도 확인할 수 있다. CEO 로빈 그루 Robyn Grew는 "유럽 고객들과 이

| 전 세계 지속가능 투자 자산(단위: 10억 달러)

	2016년	2018년	2020년	2022년
유럽	12,040	14,075	12,017	14,054
캐나다	1,086	1,699	2,423	2,358
호주, 뉴질랜드	516	734	906	1,220
일본	474	2,180	2,874	4,289
중간 합계	14,115	18,688	18,220	21,921
(변화율 %)		32%	−3%	20%
미국	8,723	11,995	17,081	8,400
총계	22,823	30,683	35,301	30,321
(변화율 %)		34%	15%	n/a

출처 : GSIA

* 2022년은 방법론 변경으로 수치 비교가 해당 안 됨

야기할 때 ESG의 중요성과 책임 투자를 논하지 않고는 대화를 나눌 수 없다. 중동이나 미국의 특정 고객과는 확연히 다르다"며, "ESG 데이터를 퀀트 분석 기반으로 접근하여 고객의 요구에 부응하고 있다"고 밝혔다. 책임 투자를 독려하는 단체인 쉐어액션ShareAction이 2023년 2월 공개한 책임 투자 자산운용사 순위에서도 상위에 유럽계 자산운용사들이 다수를 차지했다. BNP파리바BNP Paribas(2위, 관리 자산 7,550억 달러), 아비바Aviva(3위, 관리 자산 4,990억 달러), 슈로더Schroders(5위, 관리 자산 1만 640억 달러), AXA(7위, 관리 자산 1만 480억 달러) 등 글로벌 기업도 다수다. 반면 미국계 자산운용사 중 최고 순위는 11위인 뉴욕생명자산New York Life이고, 그 뒤가 JP모건J.P. Morgan Asset(13위), 티 로 프라이스T. Rowe Price(18위), 컬럼비아 스레드니들 투자Columbia Threadneedle Investments(29위)였다. 아시아에서는 노무라Nomura(24위), 에셋매니지먼트원Asset Managemet One(35위), 스미토모미쓰이신탁(39위), 닛코Nikko(44위)가 50위권 내에 자리 잡았다. 경제적으로 어려운 상황에서도 유럽은 ESG에 확고한 입장을 유지하고 있으며, 미국은 단기적인 역풍에 직면해 있지만 시간이 지나면 반등할 가능성이 크다. 강력한 인공지능 역량과 금융 산업 전반에 걸친 강점을 지녀 ESG 데이터 계량화에 누구보다 유리하기 때문이다.

ESG 데이터 계량화가 용이해진 것은 인공지능과 디지털 트랜스포메이션 덕분이다. 기업의 비재무적 데이터를 집계하기란 쉽지 않은데, 발전한 IT 기술의 도움으로 이를 구현하는 여러 기업이 나오고 있다. 가령 2023년 1월에 설립된 미국의 신생 스타트업 에코레이팅EcoRating은 2023년 12월 두바이에서 개최된 제29차 UN기후변화협약 당사국총회

COP29에 초대받아 인공지능 ESG 플랫폼을 소개했다. 이 회사는 웹 스크래핑, 위성 이미지, 라이선스가 된 2차 검증 데이터 등을 모아 200개이상의 ESG 하위 지표들을 제공 및 평가한다. 이를 통해 기업들은 공급망 전반을 탐색해 지속가능한 공급업체를 탐색하거나 관련 의사 결정을 간소화할 수 있다. COP29에서 기후 변화 대처에 기여한 기술 솔루션으로 수상한 에버컴Evercomm은 2013년 설립된 싱가포르 에너지 스타트업으로, 탄소 배출량을 추적, 측정, 분석하고 관련 데이터를 다양한 곳에서 수집해 통합하거나 비교하는 탄소 회계 플랫폼을 개발했다. 2017년 설립된 퍼뮤터블 AIPermutable AI는 인공지능을 이용해 다양한 정보를 수집 및 집계해 ESG 위험 분석을 수행한다. 예를 들어 최근 뉴스에 언급된 정보들을 한데 모아 노동 분야에서의 기업 점수를 매기고순위를 제시할 수 있다. IT 대기업들 또한 ESG 데이터의 디지털화에적극 나서고 있다. 아마존 클라우드는 글로벌 컨설팅 회사인 PwC와함께 ESG 데이터를 분석하는 클라우드 기반 솔루션을 제공한다. 이를통해 온실가스 배출, 인력 구성, 물과 폐기물 관리, 사이버 보안을 포함한 다양한 ESG 데이터를 실시간으로 수집하고 분석해 전략을 세울 수있다. 이처럼 ESG 데이터를 디지털로 전환하고 다양한 자료와 접목함으로써 이전에는 집계하기 어려웠던 ESG 데이터를 빠르고 정확하게집계할 수 있는 기술이 급속도로 발전하고 있다.

(2) 금융 기관의
ESG 투자 확대

글로벌 금융 기관과 금융 데이터 관련 기업들은 ESG 투자에 대한 회의론이 확산되는 상황에서도 ESG 투자를 늘리고 있다. 디지털 관련 분야에서 두드러진다. 블랙록, JP모건, 씨티그룹 같은 미국 대형 금융 기관들은 AI를 활용해 ESG 데이터를 수집하고 분석하는 데 적극적이다. 이를테면 블랙록의 AI 기반 플랫폼인 알라딘이 전통적 재무 지표만이 아니라 ESG 위험과 기회도 평가하며, 머신러닝을 기반으로 데이터 처리와 분석을 자동화하고 있다. BNP파리바는 20년 이상 금융 사업 전반에 걸쳐 ESG를 적용했고, 2023년에도 40개 이상의 ESG 이니셔티브를 진행했다. 세계 최고의 재보험사 중 하나인 스위스리는 2023년 12월에 홍수 모델과 물 위험 관리 정보 처리 분야에서 역량을 갖춘 패덤Fathom을 인수해 재보험 솔루션 강화 계획을 밝혔다. 스위스리는 일찍부터 기후 변화로 인한 보험 손실을 연구해 왔는데, 2023년에 과거 10년 평균에 비해 30%나 증가한 120억 달러의 손실이 발생하면서 홍수 재난 분야 강화의 필요성을 느낀 것으로 보인다.

무디스Moody's의 ESG 솔루션은 보험 회사들이 직면한 기후 위험을 포함하여 ESG로 발생할 수 있는 보험 인수에 따른 위험을 평가하는데, 2023년 7월에 보험 인수에 ESG를 도입하려는 보험사 수가 120% 증가했다고 전했다. 2023년 11월에는 일본의 대표 자산운용사인 닛코와 스미토모미쓰가 영국의 지속가능성 투자 전문 회사인 오스모시스

Osmosis의 소수 지분을 인수하면서 협력을 강화했다. 이 회사는 퀀트 기반으로 약 136억 달러 규모의 지속가능성 투자에 집중한다. 참고로 닛코는 2023년 9월 말 기준 운용 자산이 총 2,110억 달러에 달하며, 2023년 2월에 싱가포르에 지속가능 투자 전담 팀을 구축하고 지속적으로 보강하는 등 ESG 투자 역량을 강화하고 있다. 2022년 8월에 미국 메트라이프의 투자 관리 부문은 ESG 임팩트 채권 투자 전문 회사인 어퍼머티브Affirmative Investment Management를 인수했다. 2024년 1월에 미국 사모펀드 회사인 제너럴 애틀란틱General Atlantic은 UN 책임투자원칙UN PRI에 서명한 지속가능한 인프라 사모펀드 회사인 액티스Actis를 인수하면서 지속가능한 투자 역량의 중요한 진전을 이루었다고 밝혔다.

금융 기관들의 ESG 투자 확대와 디지털 트랜스포메이션 확산에 따라 ESG 데이터 제공 분야에서도 새로운 움직임이 나오고 있다. 2023년 11월에는 미국과 영국의 증권거래소가 ESG 데이터를 탐색·활용하는 플랫폼을 출시했다. 나스닥은 ESG 데이터를 인공지능 기반 SaaS로 제공하는 플랫폼인 나스닥 지속가능한 렌즈Nasdaq Sustainable Lens를 출시했다. 이 플랫폼은 회사가 제공하는 9,000개 이상의 지속가능성 문서를 요약하고 질문에 답하며, 동종 업종이나 특정 분야의 ESG 추세를 모니터링하고, 동종 업종 내 벤치마크를 제공한다. 나스닥은 해당 플랫폼을 출시하면서 7,200개 기업 중 44%만이 CSRD(EU 기업 지속가능성 보고 지침), ISSB(IFRS 지속가능성 공개 표준), 미국 증권거래위원회SEC의 기후 공개 지침에 맞춰 기후 정보를 공개했다고 밝혔다. 한편 런던증권거래소LSEG는 캐나다 ESG 데이터 기업인 ESG.AI와 차세대 ESG 분석 플랫폼 출시를 위한 파트너십을 발표했다. 런던증권거래소는 기존 금융 시장 데이터를 ESG.AI 플랫폼과 통합해 실시간 ESG 데이터와 이를 기반으로 한 최신 ESG 점수를 제공할 것으로 알려졌다. 후발주자인 블룸버그는 2023년 10월과 11월에 보도자료를 통해 매켄지Mackenzie Investments 와 트리오도스Triodos Investment Management 등이 블룸버그 ESG를 사용한다고 전했다. ESG 데이터 분야에서 전 세계 1, 2위인 MSCI와 S&P 글로벌은 꾸준히 사업을 확장 중이며, 2023년에는 한국 시장에서도 적극적인 활동을 펼쳤다.

(3) 한국 금융 산업의 ESG 데이터 활용

국내 금융 기관들은 ESG 데이터를 기반으로 한 금융 사업의 경쟁력 강화와 ESG 데이터 계량화 및 활용에서 아직 초기 단계다. 그러나 이제 변화가 필요한 시점이다. ESG 데이터는 회계 자료처럼 회사가 자발적으로 공개해야 하는 정보이지만 국내 기업들은 ESG 데이터를 충분히 공개하지 않고 있다. 그리고 ESG에 대한 인식도 부족한 상태다. 그나마 2023년 들어 몇몇 증권사가 글로벌 ESG 데이터 회사들과 제휴를 통해 ESG 보고서들을 발간했고, 대기업을 중심으로 지속가능성 보고서가 조금씩 쌓여 가고 있다. 한국도 IFRS에 따른 회계 기준을 적용하기에 국제적 흐름에 따라 ISSB에 따른 ESG 정보 공시의 의무화가 이루어질 가능성이 높다. 회계 공시가 회계 투명성을 전제로 하는 것처럼 기업의 ESG 공시는 ESG 개선 요구로 이어진다. 한편 미국 캘리포니아은행의 사례에서 보듯이 위험 관리 측면에서 글로벌 ESG 규제가 나올 가능성도 배제할 수 없다. 국내 자산 시장의 큰 손인 국민연금은 앞으로 ESG 평가 체계를 보다 정밀하게 제시하고 투자 대상을 확대할 가능성이 크다. 그에 따라 국민연금의 위탁을 받는 자산운용사와 다른 연기금과 보험 자금 등도 변화에 직면할 가능성이 있다. 2023년에 한국에서 나타난 ESG 투자는 주로 지배 구조와 관련된 일부 단발성 사례에 그쳤다. 이제는 단발성 이벤트나 주먹구구식 접근을 넘어 지배 구조를 포함한 ESG 전반에 계량적인 접근과 이에 기초한 위험을 줄이고 수익률을 높이는 작업이 필요하다. 한국도 은행, 보험, 증권, 자산운용, 금융 데이터 등 금융 전반에 걸쳐 ESG 계량화 관점에서 새로운 전략을 수립할 필요가 있다.

4

지배 구조 중심의 ESG 변화에 따른 일본 기업 가치 재평가

(1) 일본 증시의 강세와
과거의 후진적 지배 구조·기업 문화

2023년 일본 증시의 강세는 지난 10년간 일본 기업들이 진행한 지배 구조 중심의 ESG 변화에 따른 가치 재평가 때문이었다. 일본 증시를 대표하는 니케이225 지수가 2023년에 28%나 상승하면서 아시아 증시 중 최고 상승률을 기록했다. 주가도 1990년 이후 최고 수준이었다. 니케이225가 역사적인 고점을 기록했던 1989년과 달리 2023년은 과거와 같은 부동산 가격 급등을 포함한 버블이 없었다는 점이 특징이다. 엔화 약세로 인한 수출 경쟁력 강화와 워런 버핏의 일

출처 : 야후 파이낸스

본 주식 매수로 인한 해외 투자자들의 관심 증대 등이 원인으로 언급된다. 하지만 일본 기업과 주식 시장의 근본적인 변화가 더욱 큰 역할을 했다. 니케이225 차트를 보면 2012년 11월부터 2023년 말까지 꾸준히 상승했다. 같은 기간의 한국 증시와 비교해도 확연히 구분된다. 결론적으로 일본 증시 강세는 10년 이상 지속된 구조적 변화의 결과라고 볼 수 있으며 여기서 지배 구조 중심의 ESG 변화를 빼놓을 수 없다.

과거 일본 기업에는 비서구권 지역에서 일반적으로 나타나는 후진적 지배 구조와 기업 문화가 존재했다. 주요 기업들이 정부와 은행에 좌우되는 기업 집단 안에서 무분별한 다각화와 상호 출자로 세워졌다. 기업 이사회는 대표이사를 견제하는 기능을 제대로 수행하지 못했고,

사외이사는 사실상 거수기 역할에 그쳤다. 그렇다 보니 일본 기업은 외부 주주보다는 정부와 경영진의 이해관계에 따라 행동했고, 그 과정에서 기업의 이익보다는 매출과 사업 확장에 집중했다. 기업들에는 '정책보유주政策保有株'라는 관행이 있었는데, 거래처와의 관계 유지나 적대적 인수·합병 방어를 위해 다른 회사 주식을 보유하는 것이다. 우리나라 재벌 그룹이 핵심 사업과 무관한 계열사 지분을 보유하는 것과 비슷한 비효율적인 자산 운영 방식이다. 또한 전반적으로 수직적 위계 구조로 구성되어 50-60대 남성 임직원이 중심이 되고 외국인과 여성은 배제되었다. 사외에서는 주력 계열사와 주변부 계열사, 그리고 하청 기업 위주로 구성되고 외부 계열사들은 배제되었다. 이런 지배 구조와 기업 문화를 가진 기업은 소수의 이해관계자를 중심으로 비효율적으로 운영되기 마련이다. 따라서 젊고 능력 있는 인재와 자본을 받아들이지 못하며, 공정을 강조하는 MZ세대가 소비자이자 구성원의 중심이 되는 환경 변화에 대응하지 못하면 몰락할 가능성이 크다. 일본의 후진적인 지배 구조와 기업 문화는 핵심 지분을 소유한 법적 주체가 특정 사주 일가 대신 일본 특정 은행이라는 점을 빼면 오늘날의 한국과 거의 비슷하다. 한국 기업들이 일본 기업들을 모방하며 발전했기 때문이다.

(2) 히타치의
ESG 혁신

일본 기업들은 경제 버블이 꺼진 1990년 이후 오랜 부진을
겪다 2008년에 금융 위기라는 큰 충격을 받았다. 한국 기업들은 1997년
에 IMF로 혹독한 구조 조정을 거치고 질적으로 개선되면서 글로벌 기
업으로 성장했기에 2008년 금융 위기의 영향은 단기에 그쳤다. 반면에
현상 유지를 선호하는 일본 기업들은 1980년대의 거품을 과감하게 정
리하지 못하고 시간만 끌다 큰 타격을 봤다. 이 시점에서 몇몇 기업이
더 이상 지금과 같은 구조를 고수하면 몰락할 수밖에 없음을 자각하고
자발적으로 근본적인 변화에 나섰다. 이것이 ESG 혁신이다. 히타치는
2008년 금융 위기 직후 구조적 변화를 택함으로써 일본 기업의 롤모
델로 자리 잡았다. 히타치는 광산업에서 시작했지만 세계 최대의 D램
반도체, 가전, 디스플레이, 정보통신, 중전기를 포함한 전자 사업과 발
전, 화학, 건설 기기, 조선, 철도, 방위 산업 등의 중화학 사업을 영위하
는 세계적인 기업으로 성장했다. 포브스는 2000년 히타치를 복합 기업
Conglomerate으로 분류했고, 실제로 히타치는 2010년까지 일본 민간 부문
에서 가장 많은 인력을 고용한 회사였다.

그러나 2000년대 들어 몰락의 길을 걷기 시작했다. 2008 회계연도
(2009년 3월 말 결산)에는 2008년 9월의 리먼 브라더스 파산으로 촉발
된 경제 위기 하에서 7,870억 엔의 대규모 손실을 기록했다. 당시까지
일본 제조업 역사상 최대의 손실이었다. 이때 회사를 되살린 인물은

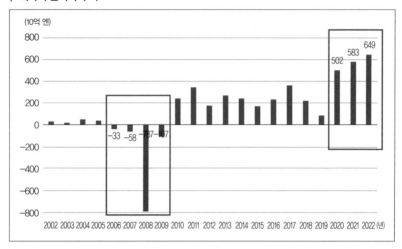

(10억 엔)

출처 : 블룸버그

2009년 4월 CEO와 이사회 의장에 취임한 가와무라 다카시다. 그리고 그가 내세운 경영 핵심이 ESG 경영이다. 가와무라 사장의 지휘로 히타치는 ESG 경영 중심으로 재정비하며, 장기 불황에서 벗어나 새로운 성장을 이루기 시작했다.

히타치의 변화를 이해하기 위해서는 가와무라 다카시부터 알아야 한다. 1939년생인 그는 1962년 히타치에 입사해 2009년 4월 사장에 취임할 때까지 히타치에서만 경력을 쌓은 정통 히타치맨이다. 이런 커리어를 가진 이들은 회사 내부 사정을 잘 안다는 장점이 있지만, 그만큼 회사의 체계를 바꾸기가 어렵다는 단점도 있다. 하지만 가와무라는 수많은 내부 반발에도 과감한 구조 조정을 단행했고, 기업의 장기적 방향과 새로운 기업 문화를 제시함으로써 위기에 처한 히타치를 구했다. 왼쪽의 히타치 순이익 추이에서도 알 수 있듯 히타치는 가와무라 다카시 취임 첫 해에는 적자를 기록했지만 2012 회계연도에 역대 최대 순이익을 경신하는 등 이전보다 높은 흑자 기록을 지속했다. 그는 히타치가 흑자로 전환된 후 1년 만에 사장직에서 물러나 2013 회계연도까지 이사회 의장으로 히타치의 지배 구조를 비롯한 기업 문화 개선에 매진했다. 이후 2016년 6월까지 고문으로 일하다가 2017년에 정부의 요청으로 후쿠시마 원전 사고 이후 어려움을 겪고 있던 도쿄전력홀딩스에 취임했다. 가와무라 다카시는 오래전에 히타치를 떠났지만, 히타치는 2023년에도 그의 유산에 따라 움직였다. 그의 유산이 무엇이기에 일본 ESG 경영의 롤모델로 불릴까.

히타치의 ESG 경영은 ① 회사 사업을 장기 목표에 따른 핵심 사업으로 집중시켜 이익 중심의 효율적 사업 구조로 개편하고, ② 중복 상장과 순환 출자 같은 내부 주주 이익을 극대화하는 계열사 간 지분 구조를 제거하고, ③ 실질적으로 외부 이사가 중심이 되는 이사회 중심 지배 구조를 확립하고, ④ 여성과 외국인을 포함한 다양성을 추구하며, ⑤ 자사주 매입 소각과 배당 확대 등 주주 중심의 자본 정책을 지속하는 것이다.

2009년 이후 히타치는 핵심 분야에 집중하고, 나머지 사업은 정리하는 전략을 취했다. 이 과정에서 중복 상장과 순환 출자를 끊어 2023년에는 히타치만 상장 법인으로 남겼다. 히타치가 핵심 분야로 설정한 분야는 친환경 에너지(철도, 전력망 포함)와 디지털 트랜스포메이션이었다. 이에 부합하지 않는 사업들은 과감히 정리했는데, 하드디스크(2011년),

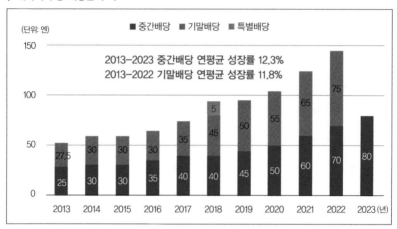

(단위: 엔) ■ 중간배당 ■ 기말배당 ■ 특별배당

2013-2023 중간배당 연평균 성장률 12.3%
2013-2022 기말배당 연평균 성장률 11.8%

출처 : 히타치

* 2018년 10월 1일자로 보통주 5주를 1주로 통합

수력 발전(2011년), 화력 발전(2012년), LCD(2013년), 물류(2016년), 캐피탈(2016년), 전동 공구(2017년), 반도체 장비(2017년), 버스 운송(2017년), 의료 영상(2019년), 화학(2020년), 해외 가전(2020년), 금속(2021년), 건설기계(2022년), 자동차 부품(2023년), 전력 반도체(2023년) 등을 매각하거나 그룹에서 분할했다.

사업부 매각은 회사가 어려웠던 2009-2010년을 지나 회사가 좋은 실적을 기록한 2023년에도 꾸준히 진행되었다. 적자 사업뿐만이 아니라 흑자 사업도 과감하게 정리했다. 대표적인 부문이 2020년 9,600억 엔에 쇼와덴코Showa Denko에 매각한 화학 사업이다. 화학은 히타치의 주력 사업 중 하나로, 반도체와 리튬이온 배터리 등 전자 소재 부문에 강점을 가지고 있었다. 흑자도 나고 유망한 사업이었음에도 기업의 핵심 분야에 맞지 않다고 판단하여 과감히 정리했다. 울리케 섀에드Ulrike Schaede 캘리포니아대학교 교수는 2020년 『일본 비즈니스 재창조The Business Reinvention of Japan』에서, "히타치의 화학 사업 매각은 일본 비즈니스 재창조의 분수령 같은 사건"이라고 평가했다.

이후 히타치는 핵심 산업 강화를 위해 스웨덴과 스위스 ABB의 송·배전 사업부(2020년, 66.5억 달러), 미국 소프트웨어 회사 글로벌 로직 GlobalLogic(2021년, 85억 달러), 프랑스 탈라스의 철도 신호 사업(2023년, 17억 유로)을 인수했다. 또한 12개 계열사를 매각하고 나머지를 합병한 다음 완전 자회사화해서 히타치 하나만 상장사로 남겼다. 2010년 이후로 대주주의 지분율 강화를 위해 지주 회사를 설립한 후 지주 회사와 주력 회사들의 중복 상장을 남발하면서 외부 주주의 권한을 광범위하게 침해한 한국 기업과는 대조되는 행보다. 참고로 2023년 말 기준 일본 증시에 상장된 히타치 건설기계와 히타치 조선은 현재 히타치와 무관하고, 이름만 남은 사례다.

글로벌 표준에 맞는 이사회 강화와 다양성 확대는 가와무라 사장 때부터 지속된 히타치 변화의 핵심이다. 그는 사장에서 물러나 이사회 강화에 매진했는데, 이사회를 회사 업무를 감시하는 감사위원회, CEO 선임을 결정하는 지명위원회, 임직원 보수를 경정하는 보수위원회로 나누고 실질적으로 작동하도록 했다. 또한 이사회 구성을 다양화했다. 가와무라 다카시는 당시 일본에서는 드문 사외이사를 추가하고 2012년 이후 이사회 대부분을 사외이사로 채웠다. 2023년 기준 12명의 이사 중 9명이 사외이사다. 또한 12명의 이사 중 5명이 외국인이고, 2명은 여성이다. 미국이나 유럽보다 낮을 수 있지만 일본 상장 기업의 여성 이사 비중이 평균 9.1%임을 고려하면 선방한 셈이다. 무엇보다 이사회가 실질적으로 운영되고 있다는 점이 중요하다. 2022년부터 히타치 사장을 맡고 있는 케이지 코지마는 블룸버그와의 인터뷰에서 "히타치 이사회는 매우 글로벌화되어 있는데 그렇지 않았다면 구조 개혁은 불가능했을 것"이라며, "이사회 회의실에서 자료를 읽거나 타협하거나 지연되는 일은 없다"고 전했다. 입법부와 행정부의 권한이 실질적으로 분리되지 않거나 권한 없는 비선 실세가 국정을 좌지우지하는 나라는 장기적으로 미래가 없다. 마찬가지로 이사회와 경영진이 견제와 균형을 이루지 못하거나 권한 없는 특정 사람 혹은 특정 집단이 회사의 의사 결정을 좌우하는 회사는 장기적으로 미래가 없다. 히타치는 이런 선진적 기업 문화를 구축하고자 노력했다. 이것이 회사가 시대에 맞은 구조 조정과 사업 보강을 효과적으로 추진하고 외부 자금을 효율적으로 조달하는 데 기여했다.

히타치는 개별 기업을 넘어 ESG 경영의 롤모델로 자리 잡았다. 울리케 섀에드의 책에서 언급된 바와 같이, 히타치의 화학 사업부 매각은 일본 기업의 성공 사례로 평가되었다. 이후 많은 일본 기업이 핵심 사업 중심으로 사업을 재편하고 지배 구조를 개선하는 과정에서 히타치의 사례를 참고했다. 2023년 11월 파나소닉이 자동차 시스템 사업부를 매각하고 핵심 사업에 집중한다는 로이터 통신의 기사에서도 파나소닉과 히타치를 비교하는 내용이 절반 이상을 차지했다.

히타치는 특히 히타치 그룹과 비슷한 시기에 사업을 시작해 유사한 사업 모델을 가졌던 숙명의 라이벌인 도시바와 대조되면서 더욱 부각되었다. 도시바는 히타치와 비슷한 사업 모델을 가진 일본의 대표 기업이다. 하지만 히타치와 달리 방만한 사업 구조를 그대로 유지하면서 미국 원자력 발전의 핵심 기업인 웨스팅하우스를 인수하는 등 사업 확장에만 집중했고, 일본 내에서도 권위적인 기업 문화로 유명했다. 이후 일본 대지진으로 원자력 사업이 축소되고 웨스팅하우스에서 엄청난 적자가 발생하자 이를 은폐하기 위해 대규모 회계 부정을 실시하다가 발각되어 몰락의 길을 걸었다. 이후 웨스팅하우스는 파산했고 도시바의 알짜 사업인 낸드플래시 메모리 사업을 베인캐피탈Bain Capital에 매각했음에도 10년 이상 행동주의 펀드의 공격을 받다 2023년 12월 20일 결국 상장 폐지되었다. 당시 도시바의 시가총액은 2조 엔에 그쳐 시가총액 9조 원을 넘어선 히타치보다 크게 낮았다.

(3) 아베 정부의 기업 지배 구조 개혁

2012년에 시작된 2차 아베 정부는 ESG가 일본 기업에 뿌리내리도록 적극 독려했다. 아베 정부의 ESG 정책은 아베노믹스의 세 개 화살 중 세 번째 화살의 핵심이었다. 아베노믹스의 세 화살은 금융 정책을 통한 양적 완화, 정부의 재정 지출 확대, 민간 투자를 활성화시키는 성장 전략으로 구성되어 있었다. 우리나라에는 이 중 두 가지, 즉 금융 정책과 재정 정책을 통한 돈 풀기만 많이 언급되었고, 세 번째인 민간 투자를 활성화시키는 성장 전략은 잘 알려지지 않았다. 지난 10년 간 전 세계 주요 경제 선진국들 모두 정부가 막대한 돈을 풀었음에도 미국과 일본을 포함한 몇몇 나라를 제외하고는 민간 부문의 성장을 충분히 이끌지 못했다. 아베노믹스의 세 번째 화살은 민간 투자를 이끌 수 있는 체질 개선이 핵심이었다. 실제로 아베 정부는 ESG를 기반으로 일본 기업들을 글로벌 스탠더드에 맞게 변화시키는 데 성공했다. 이것이 최저임금 인상, 여성과 고령자의 경제 활동 참여 확대, 일과 생활의 균형, 보육 환경 개선 등의 아베 정부의 사회 정책과 맞물려 시너지를 발휘했다. 일본 정부가 기업의 체질 개선을 위해 내세운 ESG 정책을 요약하면 ① 글로벌 표준에 맞는 지배 구조 개혁, ② 여성의 경제 활동 참여 확대, ③ 지속가능한 개발 목표Sustainable Development Goals, SDGs 강조다. 아베가 암살당한 2022년 7월 8일 이후, 일본에서는 아베 신조의 정책을 회고하는 글들 가운데는 ESG 관련 글이 여럿 있었다.

아베 정부의 일본 기업 지배 구조 개혁은 2014년 2월 일본판 스튜어드십 코드Stewardship Code 제정, 2015년 6월 기업 지배 구조 코드Coporation Goverance Code(CG 코드) 제정, 2015년 9월 세계 최대 기관 투자자인 일본 국민연금Government Pension Investment Fund, GPIG의 UN 책임투자원칙UN PRI 서명 등으로 구체화되었다. 특히 일본 국민연금의 UN PRI 서명은 일본 ESG 투자의 분기점으로 평가받는데, 이를 계기로 생명보험사를 포함한 일본 장기 투자자들의 투자가 ESG 중심으로 바뀌었다. 스튜어드십 코드는 일본 기관 투자자가 투자 대상 상장 기업과의 대화를 통해 지속적인 성장을 촉진하고 또 중·장기적 투자 수익 확대를 목표로 한다. 기업 지배 구조 코드는 도쿄증권거래소가 공표한 것으로, 외부에서 기업의 투명성 유지와 적절한 기업 지배 구조를 명확하게 알 수 있게 하는 원칙과 지침을 제시한다. 2014년 8월 경제산업성이 공표한 지속적 성장에 대한 보고서, 일명 '이토 보고서'는 앞선 투자 코드들을 뒷받침했는데, 기업의 지속가능한 성장을 촉진하기 위한 투자자의 참여를 통해 ROE(자기자본이익률) 향상을 목표로 했다. 이후 해당 내용들은 지속적으로 개정되고 발전했다. 그 결과 기업들의 사외이사 비중이 확대되고 투자자와 기업의 대화 가이드라인이 확립되었다. 이후 2022년 4월에 도쿄증권거래소는 도쿄증권거래소 1, 2부와 자스닥Jasdaq, 모더스 등 4개 시장을 대기업 중심의 프라임Prime, 중견 기업 중심의 스탠더드Standard, 신흥 기업 중심의 그로스Growth로 개편하면서 프라임 시장은 글로벌 투자자의 눈높이에 맞는 높은 수준의 지배 구조 기준을 요구했다. 또한 2023년 3월 PBR 1배 이하 기업을 대상으로 자본 효율성 개선 방안을 요청한 데 이어서 같은 해 7월 PBR과 ROE 조건을 충족하는 대기업을 대상으로 한 JPX 프라임 150 인덱스를 출시했다. 2023년 말 기준 JPX 프라임 150 인덱스는 소니(5.72%), 키엔스(4.17%), NTT(3.17%), 도쿄 일렉트론(2.51%), 히타치(2.43%) 순이고, 일본을 대표하는 도요타자동차, 종합상사인 미쓰비시와 스미토모, 파나소닉 같은 기업은 빠져 있다. 일본 정부의 수년에 걸친 노력은 성과로 이어졌다. 2022년 7월 MSCI의 분석에 따르면 기업 지배 구조 코드 도입 전인 2014년 MSCI Japan 지수에 편입된 54개 기업에는 독립된 사외이사가 없었지만 분석 당시에는 모든 회사에 완전히 독립된 사외이사가 1명 이상 있었다. 이 사회의 성별, 경험, 연령 다양성도 크게 개선되었다.

여성의 경제 활동 참여 확대도 ESG 확산의 성과다. 일본에서 여성의 경제 활동 참여율이 낮은 것은 기업의 권위적이고 여성 차별적인 문화와 보육에 대한 무관심 때문이다. 그 결과 국가적으로는 인력이 낭비되며, 기업 입장에서는 우수한 인재 확보와 기업 문화의 다양성 확보가 어려워져 기업 경쟁력이 약화된다. 아베 정부는 2013년 일본재흥전략에서 여성 노동을 성장 전략의 핵심으로 삼고, 노동과 육아를 병행할 수 있는 환경 조성을 목표로 삼았다. 이를 위해 직업을 가진 여성을 위한 보육 지원책을 확대했는데, 소비세 인상으로 얻은 재원으로 보육원 72만 명분을 증설했다. 또한 2015년 발효된 여성활약추진법을 통해 기업들이 여성 노동자의 활약 상황과 행동 계획을 공표하도록 하고, 여성 노동자의 지속적인 참여를 독려했다. 2022년 7월 다이와 연구소의 시지 슌오 연구원이 작성한 칼럼을 보면 30대 기혼 여성 취업률이 2012년 55.9%에서 2020년 69.6%까지 상승했고, 증가분 13.7% 중 11.3%가 정규직으로 채워졌다.

아베 정부의 지속가능한 개발 목표SDGs에 대한 강조도 일찍부터 이루어졌다. 이것은 UN이 2030년까지 도달해야 하는 17개 목표와 169개의 세부 목표를 담고 있다. 2015년 9월에 아베 신조는 UN 총회 연설에서 SDGs 채택을 호소했으며, 지속가능 개발을 위한 2030 아젠다가 채택되는 데 크게 기여했다. 이 연설에서 일본 국민연금의 UN 책임투자원칙 서명도 발표되었다. 2016년 아베 총리를 본부장으로 하는 지속가능한 개발 목표 추진 본부가 설립되었고 이에 따른 지침도 발표되었다. 디지털 전환을 통한 미래 사회 구축과 탄소 중립 사회 실현을 위한 그린 성장 전략, 스마트 시티 건설 등이 있다. 또한 일본의 에너지 절약 기술을 살려 아시아를 포함한 세계 여러 지역에서 탄소 배출 감축에 기여한다는 목표를 밝혔다. 일본 환경성은 2013년부터 기업의 환경 정보를 인터넷으로 공개하고 기관 투자자가 열람할 수 있는 환경 정보 공개 기반 구축 실증 사업을 진행했다. 2015-2016년에 NEC와 미쓰비시 머티리얼Mitsubishi Materials 같은 대기업들이 기관 투자자를 대상으로 한 투자자용 ESG 미팅을 개최하는 등 ESG 정보를 공개하고 이를 회사 전반에 적용하는 작업들을 꾸준히 진행하고 있다.

(4) 주주 이익을 위한 적대적 M&A 수용

일본 기업이 사업을 제대로 운영하지 못하는 기업에 대한 적대적 M&A에 적극 나서고 정부와 사회가 이를 방조 내지 독려하는 것도 ESG 경영이 확산된 결과다. 일본 사회에서 공개적으로 적대적 M&A를 시도하는 것은 드문 일이다. 특히 유수의 존경받는 대기업이 이러한 시도를 하는 것은 더욱 드물다. 그런 측면에서 2023년 9월에 타키사와공작기계가 일본전산의 공개 매수 제안을 공식 승인한 사건은 놀라운 변화다. 일본전산은 소형 모터를 중심으로 성장한 세계적인 기업으로, 국내에서도 베스트셀러였던 『일본전산 이야기』로 널리 알려졌다. 일본전산은 공작 기계로 사업 영역을 확장하는 과정에서 선반 기계 분야에 강점을 가진 타키사와 인수를 모색했다. 타키사와는 당시 101년의 역사를 가진 전통의 공작 기계 회사였지만 시장의 치열한 경쟁에 효과적으로 대응하지 못해 간신히 흑자만 유지하면서 2023년 6월 말 기준 PBR이 0.45배에 그친 상황이었다. 이에 일본전산은 2023년 7월 타키사와에게 적대적 공개 인수·합병을 수용할지 여부를 통보했다. 예전 같으면 부정적 여론의 역풍을 맞고, 정부도 어떤 식으로든 관여했을 가능성이 컸겠지만 과거와 달리 도쿄거래소가 2023년 3월 PBR 1배 미만 기업들에게 기업 가치 개선안을 요청했고, 일본 경제산업성이 2023년 6월에 발표한 안에서 주식 공개 매수가 바람직하다고 언급되었기에 큰 무리 없이 진행되었다. 이를 통해 일본에도 미국처럼 적대적 M&A 문화가 형성되고 있음을 알 수 있다. 물론 최근에도 일본 정부와 산업계가 주도해 사모펀드의 인수를 저지한 반도체 소재 회사인 JSR과 도시바 같은 사례들이 없지는 않다. 그럼에도 일본 내에서 적대적 인수·합병에 대한 인식이 개선된 것은 분명하다.

2023년 크게 늘어난 일본 기업들의 주식 분할도 주주 친화적인 변화의 일환이다. 일본에 상장된 많은 기업이 100주 단위로 거래되는데, 주당 1만 엔만 되어도 최소 거래 단위가 우리나라 돈 900만 원이 훌쩍 넘어간다. 도쿄증권거래소는 바람직한 투자 단위로 5만 엔 이상 50만 엔 이하를 제시한다. 100주 단위를 기준으로 하면 1주당 주가가 5,000엔을 넘지 말라는 의미다. 물론 모든 기업이 이 규정을 지키는 건 아니지만 많은 기업이 지침을 고려해 2023년에 주식 분할이 크게 늘었다. 관련 기업들의 주가 수익률도 좋은 편이다. 2023년 7월 블룸버그의 기사에 따르면 2023년까지 주식 분할을 발표한 일본 기업은 80개 이상이다. 1년 전에 비해 2배 많고 지난 5년 동안에는 가장 많다. 또한 주식 분할을 발표한 기업의 절반이 발표한 지 한 달 만에 토픽스 지수보다 높은 주가 수익률을 기록했다.

(5) 전 세계가 일본에 투자하는 이유

일본 기업은 ESG 확산을 통해 장기 경쟁력을 키우고, 글로벌 투자자들은 일본 기업에 적극 투자하고 있다. 그 결과 일본 기업들이 사상 최대 실적을 기록하면서 급등한 주가가 부담스럽지 않은 밸류에이션을 기록하고, 2024년에도 워런 버핏으로 대표되는 해외 투자자들의 일본 주식 투자가 계속 늘어나고 있다. 주요 원인으로 일본 정부와 기업이 하나가 되어 ESG 경영을 확산시킨 것을 꼽을 수 있다. 실제로 지배 구조가 우수한 기업들의 주가 수익률이 더 좋다. 2010년부터 2022년 6월까지 MSCI Japan Governance Quality 지수 성과가 MSCI Japan 지수 성과를 능가했다. 일본 정부와 언론들은 일본 기업이 ESG를 공개하면 단기 실적에 휘둘리지 않은 장기 자금을 획득해 혁신적인 기술 개발로 경쟁력을 높일 수 있다고 설명한다. 최근 행보를 보면 일본 기업이 자발적으로 ESG 경영을 기업 경쟁력 강화의 핵심 수단으로 판단하고 집중하고 있음을 알 수 있다. 앞서 살펴본 히타치가 일본 기업의 롤모델로 부각을 받고, 다른 기업들이 히타치처럼 되기 위해서 노력하는 것도 그런 이유다. 2023년 7월에 도요타가 자사가 보유한 정책 보유주의 핵심인 KDDI 주식을 매수한 지 40년 만에 20% 매도한 것도 이런 변화의 단면이다.

일본 주식의 강세는 기업의 지배 구조를 ESG 중심으로 10년 이상 꾸준히 실행한 결과다. 정부만이 아니라 기업들도 변화에 자발적으로 나서고 있어 더욱 인상적이다. 미국 중심의 지배 구조와 ESG 경영은 서양의 고유한 특성이고, 아시아 문화에서는 아시아만의 성공 논리를 고수하면 된다고 생각하는 이들이 많다. 하지만 이런 사고의 원조인 동시에 어느 나라보다 폐쇄적이라고 평가받는 일본이 변화를 적극 수용하고 성과를 내는 모습에서 권위적이고 폐쇄적인 비서구권 기업 문화의 한계를 다시금 확인하게 된다. 여기에 전 세계 MZ세대가 동질화된 것도 한몫을 한다. 체계적이고 글로벌 표준에 맞은 기업 문화를 갖추지 못한다면 기업들은 과거 대항해 시대 서구의 공세에서 자신만의 방식을 고수한 수많은 비서구권 국가들과 비슷한 처지에 놓일 수 있다.

5

급변하는 노동 환경에서
기업 가치의 핵심 변수인 인적 자본

(1) MZ세대의
부상과 인적 자본

인적 자본Human Capital은 ESG 중 S, 즉 사회Social를 구성하는 핵심 요소로 급변하는 노동 환경에서 기업 가치에 큰 영향을 주고 있다. 노동 문제는 과거에도 경영학의 중요 화두였지만 앞에서 언급한 ① 기업에서 무형의 가치 중요도 상승, ② MZ세대가 노동자인 동시에 소비자로서 경제 주력 세대로 부상, ③ 전 세계 주요 선진국에서 동시에 나타나고 있는 고령화와 인구 감소, ④ 글로벌 공급망 축소와 외국인 노동자에 대한 반감 확산 등의 변화로 기업 가치에 미치는 영향이 과거

보다 커져 이전과 다른 접근이 필요하다. 인적 자본이라는 용어는 노동자 관련 지출을 비용이 아닌 자본으로 접근해야 함을 의미한다. 자본은 자산에서 부채를 차감한 것으로 부채를 고정할 경우 자산에 비례한다. 인적 자본은 기업이 직원들을 대상으로 지급하는 대가를 비용이 아닌 자산 관점으로 본다는 뜻이다. 회계적으로 보면 기업이 대가를 지급했다는 점에서 자산과 비용은 동일하고, 해당 자산이 무형 자산일 경우 비용과의 차이를 구분하기가 쉽지 않다. 회계적으로 자산과 비용을 구분하는 핵심 기준은 직접 대응되는 미래의 경제적 효익을 기대할 수 있는지의 여부다. 아직 보수적인 회계학에서 인적 자본을 재무제표에 반영하는 사례는 거의 없다. 하지만 인적 자본이라는 말에는 직원에 대한 지출을 줄이기보다 늘리는 것이 기업 가치를 증대시킬 수 있다는 의미가 내포되어 있다. 중요한 무형의 가치 대부분이 직원에 의해 결정되기 때문이다. 따라서 투자자도 기업 가치 평가 시 해당 기업이 가지고 있는 인적 자본을 보다 면밀하게 분석할 필요가 있다.

2023년에 전 세계 주요 국가에서 MZ세대가 부상했다. 또 베이비부머의 은퇴로 인력이 부족해졌다. 우선 베이비부머보다 MZ세대의 수가 적기 때문에 세대 교체만으로도 노동자의 절대 숫자가 줄어든다. 또한 MZ세대는 베이버부머에 비해 노동 참여도와 노동 시간이 현저히 낮고, 베이비부머에 맞춰진 기업 문화에 적응하지 못하면 아예 노동을 포기하기도 한다. 전 세계적으로 확산 중인 노동자들의 재택근무 요구, 빠르게 증가하고 있는 신입사원 퇴사율, 비정규직이지만 자유로운 일자리의 증가 등이 증명한다. 이런 경향은 나이가 적을수록 더 강하고, MZ세대의 사고와 마인드는 전 세계적으로 비슷한 부분이 많아서 시간이 지날수록 인력 부족은 심화될 가능성이 높다. 물론 기술 발전으로 인력 감축을 해결하려는 움직임이 있고, 최근 노동력 부족 현상으로 기술 발전이 더 빨라지고도 있다. 그러나 변화가 자리 잡기까지는 어느 정도의 시간이 필요하기 때문에 기업에게는 중요한 이슈다. MZ세대는 인터넷을 통해 여론을 형성하고 정보를 빠르게 교류한다는 특성을 가지고 있다. 또 이들은 노동자이자 소비자로서의 역할을 동시에 수행한다. 따라서 과거처럼 국제 노동 이동으로 문제를 해소하기는 점점 어려워질 전망이다. 또한 글로벌 공급망이 분리되면서 해외의 값싼 노동자가 만들던 제품을 국내에서 만들 수 있어 효과도 줄고 있다. 동시에 이민과 외국인 노동자에 대한 배타적 시선이 늘어나면서 선진국 내 값싼 노동력 공급이 축소되고 있다. 세계적인 추세다.

(2) 미국 노동 시장의 변화

미국은 노동 시장의 변화가 기업 환경에 미치는 영향이 무엇인지를 잘 보여 주는 나라다. 팬데믹 이전부터 실리콘밸리에서는 인적 자본이 기업 가치를 좌우했다. 특히 소프트웨어 엔지니어 확보는 기업의 성패를 결정하는 요소였고, 이들을 끌어들이기 위해 기업들은 도전적 기업 문화 혹은 일하기 편한 기업 문화 중 하나를 구축하고 이를 알리는 데 주력했다. IT 분야는 다른 분야보다 MZ세대의 영향력이 커 기업들은 공정성에 기반한 다양한 사회적 가치를 포용하는 기업 문화 구축에 노력했다. 2019년 9월 20일에 구글, 아마존, 마이크로소프트 등 미국 12개 주요 테크 기업 직원들이 기후 변화에 대한 적절한 대응을 요구하면서 파업을 벌인 사건이 대표적이다. 이들은 경제적 보상만을 원하지 않는다. 또한 실리콘밸리에서 소프트웨어 엔지니어를 중심으로 스톡옵션 지급이 일반화된 것도 적절한 보상과 공정성에 대한 직원들의 인식이 이전과 다름을 드러낸다.

일부 잘나가는 직장이나 직종에 국한된 것이 아니다. 코로나 이후 노동 시장의 변화는 육체노동을 포함한 노동 시장 전반으로 확산되었다. 2023년 하반기에 블루칼라 노동자와 관련된 몇몇 주요 사건만 언급해도 ① 전미 자동차 노조UAW는 88년 만에 처음으로 미국 3대 자동차 회사에 대한 동시 파업을 진행했고, ② 100여 년 역사의 트럭 회사인 옐로우Yellow는 미국 거대 노조인 팀스터Teamsters와의 갈등 끝에 파산했고, ③ UPS는 팀스터와의 과도한 합의로 주가가 급락했고, ④ 할리우드 작가와 배우들이 63년 만에 처음으로 파업했고, ⑤ US 스틸 인수전에서 에스마크Esmark가 노조의 지지를 받지 못해 인수를 포기한 데 이어 인수를 확정한 신일본제철도 노조 반발로 인수에 어려움을 겪은 사례가 있다. 갤럽이 2023년 8월 30일 공개한 조사를 보면 미국인의 노조 지지율이 2009년 이후 꾸준히 상승해 과거 20년 내 가장 높은 수준에 이르렀다.

미국의 노동력 부족 문제는 코로나 팬데믹 이후 순항 중인 미국 경

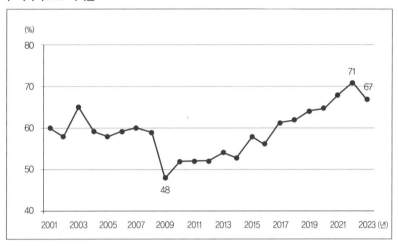

출처 : 시너지 리서치 그룹

기만이 아니라 글로벌 공급망 변화와 외국인 노동자 유입 감소의 영향으로 장기화될 가능성이 높다. 트럼프 대통령 시기부터 불법 이민과 중국 제품에 대한 반발이 컸고, 바이든 대통령 취임 이후에도 기조는 크게 변하지 않았다. 바이든 정부는 IRA법과 인프라법을 통해 미국 내 공장 건설을 촉진하고, 중국에 대한 규제를 계속 강화했다. 이민 정책에서도 바이든 정부 초기에는 멕시코와의 국경 장벽 건설을 중단하고 일부 국가들의 입국 제한과 이민자 추방 조치를 취소했지만 트럼프 정부 시절의 이민 규제 법안인 타이틀 42^{Title 42}는 법원이 절차 위반을 지적한 2023년 5월까지 유지되었다. 또한 타이틀 42 폐지 이후 불법 이민자 수가 23년 6월 9만 명에서 2023년 8월 16만 명으로 역대 최대를 기록하면서 사회적 문제가 발생하자 멕시코 장벽 건설 재개를 요구하는 등 반이민 정서가 확산되었다. 이에 따라 타이틀 8 같은 더욱 강경한 이민 정책이 제정되고, 텍사스 주에서 불법 이민자를 뉴욕 등 민주당 지지 주로 보내면서 정치적 이슈가 되었다. 반이민 문제는 2024년 미국 대선의 최대 이슈로 부각되고 있다. 2024년 대선 이후 미국에 어떤 성향의 정부가 들어서더라도 글로벌 공급망 분리와 외국인 노동자 유입 반대는 현상 유지 혹은 강화될 가능성이 크다. 이는 미국 내 노동력 부족 문제가 꽤 오랜 기간 지속될 수 있음을 암시한다. 실제로 저임금 노동자 채용이 중요한 타이슨푸드Tyson Foods는 코로나 이전부터 인력 부족을 호소하며 디지털과 로봇에 대한 투자를 늘렸지만 2023년 말까지 이 문제를 완전히 해결하지 못했다.

2021년 액티비전 블리자드의 성희롱 사건과 2023년 TSMC의 미국 공장 건설 지연은 미국 노동력 문제 해결이 인건비 인상 같은 경제적 보상을 넘어 MZ세대에 맞는 ESG 문화를 갖춰야 함을 명확히 보여 주었다. 액티비전 블리자드는 남성 중심의 문화와 여직원 성추행 사건으로 2021년 7월 캘리포니아 주 공정고용주택부로부터 조사받았고 직장 파업과 소송이 이어졌다. 이 과정에서 숙련된 인력들이 회사를 떠나면서 큰 경제적 손실을 입었다. 2021년 미국 평등고용기회위원회는 1,800만 달러의 기금을 마련하기도 했다. 2023년 12월에는 5,400만 달러로 최종 합의했으며, 회사는 피해 직원들을 위해 4,700만 달러를 별도로 마련해야만 했다. 또한 2023년 2월에는 직장 내 위법 행위에 대해 적절한 조치를 취하지 않고 내부 고발자 보호 규칙을 위반한 혐의로 미국증권거래소에 3,500만 달러를 지급했다. 액티비전 블리자드가

2022년 1월 마이크로소프트에 687억 달러에 매각된 것도 이 사건 때문이다. 기업이 적절한 절차를 갖추고 다양성에 기반한 공정한 회사 문화를 구축하는 게 얼마나 중요한지를 말해 주는 사례다. 한편 TSMC는 2023년 7월에 미국 애리조나에 짓고 있는 첨단 반도체 파운드리 공장 개장을 당초 계획한 2024년에서 2025년으로 연기한다고 밝혔다. 미국 정부의 전적인 지원을 받으며 총 400억 달러를 투자한 해당 프로젝트가 지연된 것은 TSMC의 하향식 문화 때문에 공장 건설에 참여한 협력업체 및 현지 직원들과 갈등이 발생해서다. 특히 현지 직원 채용에 큰 어려움을 겪었는데, TSMC의 높은 급여에도 긴 근무 시간, 휴가 사용의 어려움, 순종적인 직원을 선호하는 문화에 대한 우려 때문으로 알려졌다. 이에 TSMC는 1년간 약 6,000명의 직원에게 문화 다양성 교육을 시키고 신규 입사 직원에게는 문화 충격에 대비할 수 있도록 심리학자를 배정했다. 이처럼 세계적인 회사도 글로벌 수준에 맞은 기업 문화를 갖추지 못하면 글로벌 진출에 어려움을 겪을 수 있다.

(3) 일본의 노동 환경 변화와 대응

일본은 주요 경제 선진국 중에서 인구 구조의 변화를 가장 먼저 경험한 나라다. 또 비서구권 국가의 특성을 지녀 노동 문제에 대해 많은 것을 배울 수 있다. 지난 10년간 일본은 ESG 경영을 국가적 차원에서 확산시켰고, 여성의 경제적 참여 확대를 적극 추진했다. 또한 고령자의 경제 활동 참여를 늘리면서도 임금 피크제를 도입해 오래 근무한 남성 직원들이 경제 부분에서 양보하고, 젊은 직원들을 정규직으로 채용하도록 독려했다. 권위적 문화와 직장 내 괴롭힘 문제 해결에도 주력했다.

그럼에도 일본의 인력 부족은 여전히 심각하다. 도쿄 시내에서는 버스나 트럭 운행이 크게 줄었고 문 닫는 가게가 늘고 있다. 이런 상황에서 일본 정부는 2024년 4월부터 '일하는 방법 개혁 법안'을 본격 시행한다고 밝혔다. 이 법안은 트럭 운전자의 시간 외 노동 시간의 상한을 정하고 있다. 가뜩이나 트럭 운전자가 부족한 상황을 고려하면 대규모 물류 대란이 발생할 가능성이 크다는 지적에도 일과 생활이 균형을 찾지 못하는 지금의 방식은 개선되어야 한다고 판단했기 때문이다. 인력 부족에 대한 해법으로는 디지털화를 포함한 물류 시스템 효율화와 택배비 인상을 포함한 가격 정상화를 추진하고 있다.

해외 관광객 증가로 인력 부족이 심각한 관광, 레저, 외식 업계에서도 가동률을 올리기보다는 가격 인상을 통한 품질 경쟁으로 방향을 전환하고 있다. 노동 착취가 발생할 수 있는 근무 환경을 개선하려는 노력의 일환이다. 일본 기업들도 일과 생활의 균형을 찾고, 젊은 직원 중심의 기업 문화를 만들어야 함을 인지하고 대응하고 있다. ESG 경영에 적극 나서는 것도 같은 맥락이다.

일본 대기업들은 MZ세대 중심의 직원 친화적 문화를 확립하고자 노력하고 있다. 《니혼게이자이》 신문이 2023년 12월 5일부터 7일까지 히타치, 후지쯔, NEC 사무실을 연재한 기사에 따르면 이들 기업들이 MZ세대 중심의 직원 친화적 문화를 갖추기 위해 본사 사옥을 어떻게 바꿨는지 알 수 있다. 히타치 신사옥은 전통적 중전기 회사에서 보기 힘든 IT 기업 같은 공간을 구현했다. 고정 좌석을 없애 사무실 총 면적을 30% 줄이고 업무 공간을 ① 회의나 잡담, 휴식 등을 할 수 있는 협업 공간, ② 반 개인실 형태의 회의 부스, ③ 원격 회의나 일대일 미팅이 가능한 개인실, ④ 혼자 혹은 그룹이 일하는 업무 공간 등 4가지 형태로 구성했다. 그 안을 이동 가능한 2인 책상과 눈높이를 조절할 수 있는 테이블과 커튼으로 완만하게 구분된 텐트 같은 공간 등으로 꾸몄고, 카페테리아도 업무와 회의 및 술과 음식을 즐기는 것이 가능하게 했다. 원격근무와 스스로 재량권을 가지고 일하고 싶은 직원들의 요구를 반영하고 권위적 문화를 타파하려는 공간 구성이다. 히타치는 부서별로 주 1회 전원 출근하는 날과 드레스 코드 프리를 시행하면서 직원들의 요구에 부응하고 있다.

후지쯔 사무실은 애완견과 함께 지낼 수 있는 방, e-스포츠가 가능한 방, 바 카운터 등으로 꾸몄다. 회의를 온라인을 활용한 하이브리드 방식으로 진행하고, 인사·총무 직원들이 주로 원격근무를 하는 상황에서 본사 직원들을 편하게 만나 커뮤니케이션하는 공간으로 꾸미는 것이 적합하다고 판단했기 때문이다.

NEC도 원격근무와 하이브리드 근무를 고려해 출·퇴근율 40%를 상정한 사무실을 만들고 있는데, 본사 사무실을 커뮤니케이션 중심의 공간으로 꾸미고 있다. 코로나에 의한 일시적 대응이 아니라 일하는 방식을 완전히 바꾸는 장기적 전략의 일환이다.

2023년 12월 한국경제신문 정영효 기자가 취재한 일본 이토추^{Itochu}사례를 보면 새벽근무 시 무료 아침식사를 제공하고 이른 퇴근을 보장하면서 야근을 없앴다. 그 결과 직원들이 퇴근 후 자신의 생활이 가능해져 노동 생산성과 직원 출산율이 동시에 크게 상승했다. 또 일본의 취업 정보연구소가 조사한 여성 대학생이 취업하고 싶은 직장 1위에 2년 연속 선정되었다. 참고로 이토추상사가 일하는 방식의 개혁을 시작한 것은 2010년으로, 히타치의 개혁이 시작된 시기와 엇비슷하다. 이 유사한 제도가 과거 삼성에서 있었다. 한국에서는 흐지부지된 반면 일본에서는 성공한 것은 일하는 방식이 바뀌어야 한다는 회사의 진심과 지속성의 차이에 있다.

(4) 한국 노동 시장의 변화와 대응

대한민국도 ① 신입사원의 조기 퇴사, ② 근로 가능 인력의 급감, ③ 지방과 제조업 분야의 노동력 부족, ④ MZ세대의 부당한 근로 환경에 대한 저항 확산 등 노동 환경이 빠르게 바뀌고 있다. 통계청이 발간한 "2023년 5월 경제 활동 인구조사 청년층 부가조사 결과"에 따르면 15-29세 청년층의 졸업 후 첫 일자리 평균 근속 기간은 1년 6.6개월이고, 현재 근무 중인 비율은 34.1%에 그쳤다. 서울대학교 경영학과 신재용 교수의 분석에 따르면, 2016-2022년에 상장사들의 이직률(=퇴사 직원/전체 직원)이 23.6%에 달했다. 많은 상장 기업의 상당수 신입사원이 입사 1년도 안 되어 퇴사한다는 얘기다. 심지어 최근에는 국내 최상위 대기업, 대형 금융 회사, 공무원 등 선망의 직장에서도 입사 1년도 안 되어 퇴사하는 경우가 꽤 많다. 퇴사의 주요 원인은 부당한 지시와 야근을 강요하는 기업 문화다. 이로 인해 기업들은 신입사원 육성에 막대한 비용을 지출하고 있는데, 국내 기업이 신입사원 1명을 1년간 육성하는 데 들어가는 직접 비용만 해도 통상 임금, 교육비, 4대 보험 부담금 등을 더하면 약 2억 원에 달한다. 그렇다 보니 기업은 경력직 위주 채용을 늘리고 있는데, IMF 이후 대부분의 기업이 이런 행태를 보이면서 경력직 인력 수가 전에 비해 크게 줄었다.

한편 2016년까지 40만 명을 유지한 출생아 수가 2023년 23.5만 명까지 급감했다. 2017년 출생자가 사회에 진출하는 2040년 내외부터는 전체 신규 취업자 수도 급감할 예정이다. 지방에 위치한 사업장과 육체노동을 하는 일자리는 2023년 말 기준, 인력 부족이 심각하다. 조선업종은 본격적인 수주가 늘어난 2022년부터 인력 부족을 호소하고 있는데, 이에 따라 정부가 외국인 취업자 수를 크게 늘렸지만 언어와 문화의 차이, 숙련공 부족으로 어려움을 겪고 있다. 다단계 하청 구조와 비정규직 근무 형태로 저임금과 고용 불안이 지속되고 있고 권위적인 기업 문화로 신규 인력이 유입되지 않기 때문이다. 그중 조선업계 고령화가 심각한데, 수년 내 이 문제를 해결하지 못하면 국내 조선업 생산 기반은 크게 위축될 것이다. 2023년 11월 자동차 정비업계가 외국인 노동자 고용 허가를 요청한 것과 2023년 12월 한국은행이 발간한 지역 노동 시장 수급 상황 평가에서 지방 제조업 인력 부족을 언급한 것도 같은 맥락이다.

MZ세대는 적절한 보상이 없는 일자리에 점점 더 반발하고 있으며, 이는 프리랜서 증가로 이어진다. 공정하지 못한 직장을 거부한 결과다. 한국은 노동 시간이 길고 노동 생산성이 낮다. 이것이 MZ세대의 노동 거부로 이어져 기업의 장기적 성과를 악화시키는 불안 요소로 작용한다. 블라인드가 발표한 "직장인 행복도 조사 블라인드지수[BIE] 연간 리포트 2024"는 한국 기업의 인적 자본의 현실을 잘 보여 준다. 2023년 한국 직장인의 블라인드 지수는 100점 만점에 41점으로 전년과 동일하고 2019년 이후 한 번도 50점을 넘긴 적이 없다. 블라인드는 한국 블라인드지수가 50점 이상을 계속 하회하는 것이 "높은 스트레스와 낮은 직무 만족감" 때문이라고 진단했다. 또한 2023년 블라인드지수 상위 10% 기업은 처음으로 60점을 넘어 61점을 기록한 반면, 하위 10% 기업은 전년과 같은 24점을 유지하면서 기업 간 격차가 더 커졌다. 여기에 여성이 남성 대비 모든 항목에서 만족도가 낮고 성별 격차가 전년 대비 확대되었는데, 여전히 노동 다양성이 미흡하며 오히려 악화되고 있음을 의미한다. 이코노미스트는 2023년 12월 15일 자료를 통해 국가별 1인당 GDP를 공식적인 값, 현지 물가를 고려한 값, 현지 물가와 근무 시간을 고려한 값으로 발표했다. 한국은 첫 번째와 두 번째에서 각각 31위와 30위인 반면 근무 시간이 반영된 세 번째에서는 47위로 순위가 크게 하락했다. 즉 경제적 수준에 비해 노동 시간이 길고 노동 생산성이 낮다. 2010년 이전 일본과 매우 유사하다. 한국도 일본처럼 일하는 방식을 전면 개선하지 않으면 인적 자원 측면에서의 가치 하락이 급격히 나타날 것이다. 개별 기업은 ESG 기반의 기업 문화 개선을 통해 노동 경쟁력을 높이는 노력이 필요하다. 2010년대 일본보다 더 빠르게 변화하는 노동 환경을 고려하면 변화는 더욱 시급하다.

6

인적 자본 이외 사회적 요소가 기업 가치에 영향을 준 사례 (M&A, 사이버 보안, 매그니피센트7)

| (1) M&A 규제

전 세계 공정 거래 당국들의 인수·합병 규제는 ESG 중 사회
Social 관점에서 기업 활동에 중요한 변수다. 물론 각국 정부가 인수·합
병을 심사한 역사는 꽤 오래되었지만 최근 들어 정부 심사로 무산되
는 경우가 크게 늘었다. 런던증권거래소의 데이터에 따르면 2023년 전
세계 인수·합병은 2.9억 달러 규모로, 2013년 이후 처음으로 3조 달러
를 하회했다. 전년 대비 하락 폭도 17%로 2008년 금융 위기 이후 처음
으로 10% 이상을 기록했다. 《파이낸셜 타임즈》는 원인으로 금리 상승
에 따른 사모펀드 시장 냉각과 더불어 규제 당국의 보다 강력한 접근

방식을 꼽았다. 컨설팅 기업 베인앤컴퍼니도 2023년 7월에 발간한 자료에서 인수·합병 시장이 침체된 원인으로 "전 세계적으로 규제와 경쟁 심사를 통해 M&A를 억제하려는 정부의 노력이 효과를 거두고 있다"고 전했다. 각국 정부가 인수·합병 심사에서 자국 산업 보호와 안보 관점에서의 위험성, 그리고 거대 기업에 대한 견제와 공정성 문제 등을 복합적으로 반영하기 때문이다. 그 결과 각국 정부 심사의 벽을 넘지 못해 인수·합병이 무산되는 일이 큰 폭으로 증가하고 있다. 2023년만 꼽아도 ① 인텔의 54억 달러 규모의 이스라엘 반도체 파운드리 회사인 타워 반도체 인수(중국 정부 반대), ② 어도비의 200억 달러 규모의 피그마 인수(EU와 영국 정부 반대), ③ 캐나다 TD 뱅크 그룹의 134억 달러 규모의 미국 은행 퍼스트 호리즌 인수(미국 정부 반대), ④ 일루미나의 80억 달러 규모의 그레일 인수(미국과 EU 정부 반대) 등이 있다. 그 전에 엔비디아의 ARM 인수도 규제 당국의 심사로 실패했고, 2023년 말 기준 대한항공과 아시아나항공의 합병도 미국과 유럽 규제 당국의 심사로 난항을 겪고 있다. 양사가 인수·합병에 합의하고 심사 규제로 무산될 경우 인수를 주도한 측은 피인수 기업에게 무산에 따른 보상금을 지급해야 한다. 직접적 손실만이 아니라 인수를 전제로 진행된 계획이 무산됨으로써 사업에 차질이 발생할 수 있다. 인수·합병을 통한 글로벌 확장을 시도하는 기업들은 경제적 관점 외에도 각국의 상황을 미리 고려해 투자 대상을 선정하고, 평소 좋은 기업 평판을 유지할 필요가 있다.

(2) 사이버 보안

디지털 트랜스포메이션 시대에 사이버 보안은 국가 안보, 공급망 관리, 재택근무를 포함한 일하는 방식의 변화, 고객 정보 보호, 탄소 배출 감소를 위한 디지털 시스템 구축 등 ESG의 여러 분야에 영향을 주는 핵심 요소로 부상하고 있다. 지정학적 갈등과 온라인 해킹 범죄가 늘어나면서 사이버 보안 관련 사고가 크게 증가하고 있다. 2023년에 전 세계적으로 데이터 유출에 따른 평균 손실 비용은 445만 달러로, 3년간 15% 증가(출처: IBM)했다. 반면 사이버 보안을 잘 구축하면 효과적인 구독형 서비스를 구축하고 클라우드를 활용한 다양한 업무 혁신이 가능해 수익성이 크게 개선된다.

규제 강도도 높아지고 있다. 2023년 7월 미국증권거래소는 미국 상장사들에게 새로운 사이버 보안 규정 준수를 요구했다. 2022년 발표된 중요 인프라에 대한 사이버 사고 보고법Cyber Incident Reporting for Critical Infrastructure Act of 2022, CIRCIA은 2년간 유예되었으나 핵심 인프라 부문 기업들이 높은 수준의 사이버 보안 체계를 구축할 것을 요구하고, EU도 2016년 발표한 일반 데이터 보호 규정General Data Protection Regulation, GDPR에 따라 매우 높은 수준의 규정 준수를 요구한다.

노무라자산운용은 2023년 3월에 발표한 「사이버 보안이 숨겨진 가장 큰 ESG 리스크인 이유」에서 "차세대 ESG 요소로 사이버 보안 데이터를 채택했다"며, "사이버 보안을 신용 분석에 체계적이고 정량적으로 통합하는 독점적 접근 방식을 개발했다"고 전했다. JP모건도 2021

년 8월 자료에서 사이버 보안이 ESG 프레임워크에 핵심 고려 사항이 되고 있다고 언급했다.

(3) 미국 빅테크들(매그니피센트7)의 독과점 이슈

2023년 말에 전 세계 증시에서 가장 인기 있는 미국 빅테크 7종목(애플, 마이크로소프트, 구글, 아마존, 메타, 엔비디아, 테슬라), 일명 '매그니피센트7Magnificent 7'은 비재무적 가치가 재무적 가치보다 훨씬 더 큰 기업들이라 ESG에 따른 주가 변동이 크다. 이들 기업에게는 사회적 요소도 커다란 영향을 미친다. 빅테크 기업들의 주가 상승에 영향을 미치는 가장 큰 이슈 중 하나가 독과점 문제다. 2020년 7월 구글, 애플, 페이스북, 아마존 4곳의 CEO가 참석한 미국 하원의 '빅테크 독점 조사' 청문회와 2021년 3월 '극단주의 및 허위 정보 조장과 SNS의 역할' 청문회는 이 문제의 심각성을 보여 준다. 2018년 하반기에 개인정보를 함부로 유출한 캠브리지 애널리티카Cambridge Analytica 스캔들과, 2020년 연방거래위원회의 독점 금지 소송으로 미국 내 부정적 여론이 확산되면서 페이스북 성장세가 둔화되었다. 페이스북이 사명을 바꾼 메타의 주가는 2021년 4분기부터 본격적으로 하락했다. 이전부터 미국 내에서 악화된 여론으로 플랫폼 성장이 정체된 데다 2020년 애플의 앱 추적 투명성 정책에 효과적으로 대응하지 못했기 때문이다.

애플과 알파벳은 모바일 시장의 독점이 문제될 수 있다. 특히 2023년 이후 애플에 대한 견제가 늘어나고 있다. 대표적으로 에픽게임즈 소송이나 혈중 산소 센서 소송은 승패를 떠나 애플에 부정적으로 작용할 수 있다. 2024년 1월 EU가 애플 iOS 생태계의 독과점을 문제 삼아 제3자도 애플페이 생태계에 접근하도록 허용하고 이를 준수하지 않으면 애플에게 전 세계 매출의 최대 10%에 상당하는 벌금을 부과한다고 한 것도 이러한 관점에서 지켜봐야 한다. 지정학 갈등으로도 글로벌 사업이 타격을 입을 수 있다. 중국 사업 비중이 큰 테슬라, 애플, 엔비디아 등은 지정학 갈등 상황에서의 기업의 입장과 글로벌 공급망 관리가 그 어느 때보다 중요하다.

한편 인공지능의 성장에 따른 사회적 문제와 오작동으로 인한 위험에 대한 우려도 커지고 있다. 모두 인공지능과 깊이 관련되어 있기 때문에 인공지능 문제를 꾸준히 대응하고 있음을 보여 주지 못하면 역풍을 맞을 수도 있다. 이들 기업은 끊임없이 외부와 소통하면서 자기 회사가 파괴적이고 독점적인 기업이 아니라 혁신적이고 사회에 기여한다는 점을 늘 알려 준다. 누구보다 탄소배출제로에 앞장서고 있으며, 엔비디아의 젠슨 황Jensen Huang과 테슬라의 일론 머스크와 마이크로소프트의 사티아 나델라와 애플의 팀 쿡 같은 CEO가 언론을 포함한 외부와의 소통에 적극적인 것도 같은 이유다. 반대로 테슬라의 일론 머스크처럼 개인이 문제가 되는 메시지를 회사와 상의 없이 전달하면 위험해질 수도 있다.

(4) 고객과의 신뢰

2023년 유니티^{Unity}의 과금 정책 변경 논란과 2021년 이후 3년 가까이 주가가 하락한 엔씨소프트의 사례는 수익을 위해 고객과의 신뢰를 무시하는 정책이 기업 가치에 얼마나 부정적인가를 명확히 증명한다. 유니티는 글로벌 게임 개발 엔진의 2강 중 하나로, 2023년 9월 해당 엔진으로 만든 게임을 설치할 때마다 일정 금액의 수수료를 부과하는 과금 정책을 발표해 게임 개발사와 배급사(퍼블리셔)의 강한 반발을 받았다. 게임 다운로드가 수익으로 이어지지 않는 경우도 많고, 이런 정책 변경을 모르고 게임을 개발한 회사들은 예상 밖의 큰 손실을 얻을 수도 있기 때문이다. 더욱이 다운로드 오용에 의한 잘못된 과금을 걸러 내기 어려운 기술적 한계도 드러났다. 결국 유니티는 새로운 과금 정책을 내놓고 고객과의 소통에 나섰음에도 CEO 사임과 대규모 감원이라는 어려움을 겪었다.

엔씨소프트는 과도한 과금 유도, 도박성이 강한 확률형 아이템 판매와 확률 비공개, 일방적인 계정 정지와 고객 불만 무시 같은 부적절한 고객 서비스로 수년간 말이 많았다. 그러나 문제를 개선하는 노력 없이 기존의 사업 모델을 고수하고 신작 게임도 기존 게임을 우려먹는 방식으로 어린 시절의 향수로 게임에 큰돈을 쓰는 이른바 '린저씨'에만 집중해 고객 이탈을 촉발했다. 문제는 3년 이상 추락만 하는 주가에도 경영진을 견제하는 기능이 마비되어 계속 몰락하고 있다는 점이다. 이러한 행보는 엔씨소프트를 넘어 국내 게임사들의 공통된 문제점을 반영한다. 한국 게임이 선진국 시장으로 확장하지 못하는 것은 손쉽게 돈을 벌지만 일반적으로 반발이 큰 과금 시스템을 고수하고 새로운 게임을 개발하려 하지 않기 때문이다. 그 결과 중국 시장에만 의존하다 커져 버린 중국 게임에 밀리고, 국내 시장에서도 MZ세대의 외면을 받고 있다. 그럼에도 많은 기업이 별다른 반성 없이 과거와 같은 대박 게임을 추구하는 방식만 쫓고 있다.

(5) 지역사회 공헌의 중요성

해외 사업에서 현지 지역사회에 기여 및 소통할 수 있는 역량이 더욱 중요해지고 있다. 소득이 낮은 이머징 국가들도 전반적인 교육 수준이 상승하고 인터넷을 통한 정보 접근이 증가하면서 전반적인 삶의 질이 향상되고 있다. 따라서 현지 국가 권력층과의 관계에만 의존하다가는 상황에 따라 큰 역풍을 맞을 수 있다. 2023년 전 세계 광산업계를 뒤흔든 코브레 파나마Cobre Panama 광산의 갑작스러운 폐쇄는 현지 지역사회에 대한 배려 부족이 사업적으로 큰 위기가 될 수 있음을 시사한다. 이 광산은 파나마에서 위치한 전 세계에서 가장 규모가 큰 노천 구리광산이다. 전 세계 구리 생산의 1%와 파나마 GDP의 6%를 담당할 정도였기에 광산 폐쇄로 전 세계 구리 가격이 상승세로 전환될 정도였다. 캐나다에 본사를 둔 퍼스트 퀀텀 미네랄First Quantum

2025년 AI 슈퍼 사이클이 온다

Minerals의 소유로, 2019년부터 상업적 생산을 시작했다. 코브레 피나마 광산에 대한 법적 논쟁이 발생하자 파나마 정부와의 협상을 통해 2023년 3월에 새로운 계약 조건으로 20년 운영권을 부여받는 데 합의했다.

광산이 위치한 지역에는 다양한 생물이 서식하고 있었고 또 광산이 수자원을 오염시켜 현지 주민의 삶의 기반을 파괴할 수 있음에도, 회사는 대책이 미흡했다. 반면에 과도한 이익을 취해 비난을 받았다. 결국 학생, 원주민 단체, 환경 운동가 및 노동 운동가들이 참여한 대규모 시위로 이어져 4명이 사망했고, 2023년 11월 28일 파나마 대법원의 위헌 판결로 광산 폐쇄가 결정되었다. 이머징 국가로의 사업 진출 시 지역사회에 대한 기여와 소통이 무엇보다 중요함을 확인시켜 준 사례다. 이와는 별개로 2023년 멕시코와 칠레가 리튬 국유화를 선언하고 외국계 기업들과 재협상에 들어간 것도 기업의 ESG 중 사회적 요소에 대한 새로운 접근이 필요하다는 사실을 보여 준다.

7

탄소배출제로가
전통 산업에 미칠 영향

(1) 빨라지는
탈탄소 행보와 미국의 로드맵

철강, 화학, 조선 같은 전통 산업에서도 탄소 배출을 줄이기 위한 행보가 빨라지고 있다. 기후 위기와 ESG 데이터 계량화를 위한 글로벌 행보들에서 언급했듯, 이미 미국과 유럽을 중심으로 관련 규제들이 정비되었고 시행을 눈앞에 두고 있다. 당장 2023년 10월부터 보고에 들어간 유럽 탄소국경조정제도CBAM는 철강, 시멘트, 알루미늄, 비료, 수소, 전기 등 6개 품목을 대상으로 탄소 배출 정도를 규제하고 있다. 또 2030년까지 스코프 3까지의 넷제로를 공헌한 애플과 마이크로

소프트 같은 미국 빅테크 기업들의 행보도 주목할 만하다. 탄소 배출이 많은 전통 산업 위주로 탄소배출제로를 위한 움직임을 간단히 살펴본다.

미국 정부의 「상업적 이륙을 위한 경로」는 화학, 정유, 철 및 철강, 식품 및 음료, 시멘트, 펄프 및 제지, 알루미늄, 유리 등 8개 주요 산업 부문에 걸쳐 탈탄소화 경로를 제공한다. 이들 8개 중점 산업 부문의 에너지 및 공정 관련 배출량은 2021년 총 880MT CO2e에 달하는 미국 배출량의 14%를 차지할 정도였다. 방식은 ① 탄소 포집, 활용, 저장CCUS, ② 산업의 전기화, ③ 에너지 효율, ④ 수전해 수소, ⑤ 원재료 대체, ⑥ 수소 이외의 대체 연료와 대체 생산법 개발의 복합적 사용이다.

| 미국 8대 산업별 배포 가능한 탈탄소 기술

	배포 가능한 탈탄소 기술
화학	CCUS, 에너지 효율, 원재료 대체: 재활용
정유	에너지 효율, 수전해 수소, 원재료 대체: 바이오 기반 원료
철 및 철강	산업의 전기화_전기로 전환, 에너지 효율, 원재료 대체: 천연가스 기반 직접환원철(DRI)·열연탄철(HBI)(환원재로 석탄 대신 천연가스 사용)
식품 및 음료	산업의 전기화_저온 가공법, 에너지 효율
시멘트	에너지 효율, 원재료 대체: 클린커(Clinker), 수소 이외 대체 연료_회전 소성로(Rotary kiln)
펄프 및 제지	산업의 전기화_중저온 가공법, 에너지 효율, 원재료 대체: 재활용, 보일러(Boilers)·부머(Bumers)
알루미늄	산업의 전기화_저온·고온 공정, 에너지 효율, 원재료 대체: 재활용
유리	에너지 효율, 원재료 대체: 재활용 및 실리카 대체

출처 : 미국 에너지부

산업별로 각 방식의 진행 정도가 다른데, 연구·개발이나 데모 수준이 아닌 실전 배치 단계 있는 분야만 정리하면 앞의 표와 같다. 배포 단계에 있다고 당장 기존 설비를 대체할 정도로 상업적 경쟁력을 갖췄다는 뜻은 아니다.

표에서 보듯 위 산업들의 탈탄소화는 우선적으로 ① 청정 전기와 청정 수소를 효과적으로 활용하고, ② 산업 내 전기 활용을 높이며, ③ 에너지 효율을 통해 에너지 사용을 줄이고, ④ 재활용을 포함한 탄소 배출이 적은 원재료를 사용하며, ⑤ 그에 맞는 공정 전환과 탄소 배출을 줄이지 못하는 화학 공정에서 보완적으로 CCUS를 사용하는 것으로 정리할 수 있다. 즉 우선적으로 효과적인 청정 전기와 청정 수소가 경쟁력 있게 생산되고 전기 중심의 에너지 전환이 선행적으로 이루어져야 한다. 인프라가 구축될 때까지 기존 산업이 마냥 기다려야만 한다는 뜻은 아니다. 실제 공정에서 이와 같은 변화가 나타났을 때 효과적으로 적용하는 데는 긴 시간이 필요하다. 탈탄소화는 더 이상 미룰 수 없는 현실이다. 각 산업은 청정 전기와 청정 수소를 포함한 전기 중심의 에너지 전환이 이루어진다는 것을 믿고, 그에 맞는 대응을 미리미리 준비해야 한다.

(2) 전통 산업의 탈탄소화를 지원하는 디지털 트랜스포메이션

인공지능을 포함한 디지털 트랜스포메이션은 전통 산업의 효과적인 탈탄소화를 지원한다. 인공지능을 활용한 디지털 트윈 같은 기술을 활용해 지속적으로 공정을 모니터링해 최적의 공정을 제시하거나 새로운 소재를 개발해 온실가스 배출을 줄이는 방식이다. 이미 IT 기업들이 관련 분야에서 활약하면서 성과를 내고 있다. 산업 공정에 인공지능을 적용한 소프트웨어를 제공하는 페로 랩스Fero Labs는 강철과 시멘트 같은 제품을 만드는 데 필요한 최적의 원자재 사용량을 결정해 재료 사용량과 그에 따른 이산화탄소 배출량을 낮추면서도 높은 품질을 유지할 수 있게 지원한다. 실제로 브라질 철강 회사인 게르다우Gerdau는 페로 랩스의 인공지능 학습 모델을 사용해 공장 효율성을 개선함으로써 톤당 3달러의 비용을 절감하고 이산화탄소 배출량을 약 8% 줄였다. 인공지능 기술로 재활용 원료 사용을 늘리면서도 품질을 유지하는 것에도 지원해 매년 50만 파운드의 원자재를 채굴하고 정제할 필요성을 줄였다. 러시아 모스크바에 위치한 스콜텍Skoltech은 시베리아에서 수압 파쇄법으로 석유나 천연가스를 채굴하는 과정에서 인공지능을 활용해 "시추부터 파쇄 및 역류까지 전체 프로세스를 최적화해 공정 과정에서 사용되는 화학 물질과 프로판트 사용량과 이산화탄소 배출량을 최소화"했다고 전했다. 영국의 클라우드 기반 소프트웨어 회사 카본 리Carbon Re는 시멘트, 강철, 유리 등의 산업에서 인공지능을 활용해 소재 전환을 포함한 탈탄소화를 위한 솔루션을 공급한다. 회사 측은 특히 시멘트 분야에서 에너지 소비의 10%, 연료에서 발생하는 이산화탄소 배출량을 최대 20%까지 줄일 수 있다고 밝히고 있다.

(3) 화학, 석유화학, 비료

화학 산업은 탈탄소화가 가장 어려운 분야 중 하나다. 화학 공정은 많은 에너지를 사용하고 공정에서의 미세한 변화만으로도 수율이 크게 바뀌며, 오늘날 화학 공정에 사용되는 연료 대부분이 화석연료라 가공 과정에서 온실가스배출제로를 만들기가 매우 힘들다. 맥킨지&컴퍼니가 2023년 4월에 공개한 화학 산업의 탈탄소화 자료에서도 2030년까지 화학 산업에서 이산화탄소 배출량을 2023년대비 50-60% 줄이는 것을 목표로 한다. 미국은 화학 산업의 전기화를 통한 탈탄소화를 목표로 뉴욕 탄도 공과대학이 주도하는 '지속가능한 전기화를 통한 탈탄소화 화학 제조Decarbonizing Chemical Manufacturing Using Sustainable Electrification, DC-MUSE'에서도 화학 공장에 전기 반응의 미묘한 부분을 어떻게 구현할지 연구하고 있다. 그러나 현재 수준에서는 재생 에너지를 사용하면서 경제성도 확보된 기술은 없다고 전한다. 그럼에도 불구하고 탄소 배출량 자체를 꾸준히 줄이는 노력은 필수다. 맥킨지&컴퍼니 보고서는 2030년까지 이산화탄소 배출을 줄이는 방법으로 ① 증기 발생(25-30% 절감, 기존 석탄을 대체하고 청정 에너지로 전환), ② 열의 효과적 사용(10-15% 절감, 공정 과정에서 발생한 열을 냉각시켜 소모하기보다 디지털 트윈과 열펌프를 활용해 효과적으로 사용), ③ 재생 에너지 전기 조달(10-15% 절감, 재생 에너지 생산업자와의 전력 구매 계약PPA 체결 등), ④ 에너지 효율성 개선(1-3% 절감, 기존 현장에서의 공정 개선으로도 가능)을 제시한다. 여기에 효율적인 CCUS 기술이 상용화된다면 궁극적으로 화학 공정에서의 탄소배출제로를 실현할 수 있다.

글로벌 석유화학업체들도 탈탄소화를 위한 움직임을 보여 주고 있다. 물론 2022년 러시아·우크라이나 전쟁 이후 석유 등 화석연료 가격이 급등하면서 관련 투자가 늘어났고, 석유 채굴량이 증가하는 반면 친환경 투자는 위축된 면도 있다. 글로벌 석유화학업계에서 친환경 전환에 가장 적극적인 쉘과 BP가 2023년에 화석연료 사업을 강화하거나 생산 감축 목표를 완화한 것은 이 변화를 단적으로 드러낸다. 그럼에도 미국과 유럽의 많은 석유화학 기업이 탄소 배출을 줄여야 한다는 압박에 화석연료 신규 채굴 투자를 주저하고, 러시아·우크라이나 전쟁 이후 번 돈의 대부분을 인수·합병과 배당 등으로 사용하고, 친환경 기반 기술에 지속적으로 투자하는 것은 분명한 사실이다. 실제로 전 세계 석유 및 가스 메이저 회사들의 저탄소 투자 규모는 꾸준히 증가하고 있다.

또한 석유화학 분야의 탈탄소화는 청정 전기, 청정 수소, CCUS, 전기화 같은 기술의 상업적 수준까지 비용을 낮추는 게 중요한데, 대형 석유화학 기업들은 이런 분야에 지속적으로 투자해 변화된 시대에 대응할 준비를 꾸준히 하고 있다. 특히 청정 수소와 CCUS에 적극적인

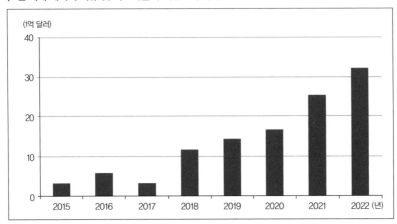

출처 : 블룸버그NEF

이유는 기존 석유화학 산업의 인프라를 활용하거나 기존 공정의 변화를 최소화하면서 사업 경쟁력을 가져갈 수 있어서다. 예를 들어 CCUS는 기존 가스 공정을 응용할 수 있고 포집한 이산화탄소를 저장할 가장 유력한 장소가 기존에 석유와 천연가스를 채굴한 폐유정이다. 2023년 9월 BP와 엑슨모빌이 인도네시아가 추진하는 3,000만 톤 규모의 CCUS 프로젝트 지지 선언을 한 것이 잘 보여 준다. 특히 엑슨모빌의 행보가 인상적이다. 업계에서 가장 늦게까지 탈탄소보다 석유화학사업 확대에 적극적인 기업이었기 때문이다. 그러나 2022년 구조 조정을 통해 저탄소 솔루션 사업을 공식 설립하고 관련 투자를 늘리고 있다. 2023년에 발표한 세계 최대 규모의 저탄소 수소 생산 공장 건설과 CCUS 분야의 강자인 덴버리 리소스Denbury Resources 인수(총 49억 달러)로 설명할 수 있다. 또한 2023년 미국 아칸소 주 리튬 매장 지역을 매수하고 2027년부터 전기차 배터리용 리튬을 생산한다고 전했다. 엑손모빌의 행보는 여러 면에서 의심과 비판을 받고 있지만, 엑손모빌조차도 탈탄소 노력을 하지 않을 수 없는 분위기가 형성되었음은 부정할 수 없다.

2023년 비료 산업에서도 이산화탄소 배출을 줄이는 의미 있는 행보들이 나왔다. 비료에서 가장 큰 비중을 차지하는 질소 비료는 천연가스를 가공한 암모니아로 만들어져 막대한 이산화탄소를 배출한다. 현재 생산되는 암모니아의 70%는 비료로 만들어진다. 네이쳐 푸드^{Nature} ^{Food} 저널에 발표된 연구에 따르면 질소 기반 비료와 농장 거름은 전 세계 온실가스 배출량의 5%인 연간 26억 톤의 이산화탄소를 배출한다. 전 세계 항공과 해운에서 배출하는 규모보다 많은 양이다. 이에 청정 수소와 질소를 결합해 만든 청정 암모니아를 통해 온실가스 배출을 줄이려는 시도가 늘고 있다. 세계 최대 비료 생산 회사인 노르웨이 야라^{Yara}는 재생 에너지를 활용해 기존 비료에 비교해 이산화탄소 배출량을 75-90% 감축한 녹색 비료를 생산하고 있다. 야라는 2022년 스웨덴 농업협동조합인 란트만넨^{Lantmännen}과 세계 최초로 녹색 비료 생산을 위한 상업 계약을 체결했다. 미국 녹색 수소와 녹색 암모니아를 생산하는 그린필드 니트로젠^{Greenfield Nitrogen}도 이미 4억 달러 규모의 녹색 암모니아 공장을 개발해 9.6만 톤의 무탄소 비료를 생산하고 있다. 2023년 하반기에 유럽에서는 식품 회사와 유통 회사가 녹색 비료 사용을 지원한다는 뉴스가 연이어 나왔다. 유럽의 기업 지속가능성보고 지침Corporate Sustainability Reporting Directive, CSRD은 유럽에서 일정 규모 이상의 매출이 발생하는 기업이 2025년 초에 보고할 2024 회계연도 의무 보고에 스코프 3까지 공시할 것을 요구하기 때문이다. 영국 유통업체 테스코Tesco는 2023년 11월에 지난 1년간 대규모 농장에서 진행한 저탄소 비료에 대한 대규모 실험이 성공 단계에 진입했고, 이를 이번에 실험한 채소를 넘어 가축 목초지와 곡물로 확대할 계획이라고 전했다. 세계적인 식품 회사인 네슬레는 카길Cargill과의 협력을 통해 네슬레 코코아 농장에 사용할 저탄소 비료를 개발하고 있고, 맥주 회사 하이네켄은 저탄소 맥주를 위해 스페인에 첫 공장을 지은 녹색 비료 스타트업인 페티그하이FertigHy에 투자했다.

(4) 철강, 알루미늄, 광산업

철강 분야도 대표적인 탄소 배출 산업이었지만 2023년에 탈탄소 움직임이 활발하게 나타났다. 2023년 7월에 세계경제포럼에서 발간한 보고서에 따르면 철강은 가장 많은 온실가스를 배출하는 제조분야로, 전 세계 온실가스의 7%를 차지한다. 철강 생산 과정의 고로방식에서 환원재로 사용되는 코크스에서 대규모 이산화탄소가 발생하고, 고로 방식에 사용되는 연료로 화석연료를 사용하기 때문이다. 세계경제포럼 보고서는 또 철강 산업에 사용하는 에너지의 85% 이상이 화석연료에서 나오고, 철강의 50% 이상이 중국에서 생산된다고 밝혔다. 철강 분야는 친환경 전기와 청정 수소를 환원재로 사용하는 전기로가 강력한 대안으로 부상 중이다. 전기로는 고철을 사용해 철광석을 채굴하는 과정에서 발생하는 이산화탄소도 줄일 수 있다.

최근 미국과 유럽의 규제 당국에 의해 전기차를 포함한 다양한 분야에서 친환경 철강의 수요가 늘고 있다. 당장 유럽 탄소국경조정제도 CBAM가 적용되는 6개 품목도 포함된다. 미국에서도 친환경 철강 수요가 늘어나고 있는데, 미국 에너지 비영리 단체인 RMI는 2023년 7월에 발표한 자료에서 2030년 미국의 친환경 철강 수요를 670만 톤으로 전망했다. 인플레이션 감축법IRA과 인프라 투자 및 일자리법IIJA에 의해 미국 내 사업 환경이 크게 바뀌었고, 자동차 시장의 수요가 크게 늘었기 때문이다. RMI는 미국 친환경 철강의 절반은 자동차 수요라고 봤다. 미국 자동차 판매의 77%를 책임지는 자동차 회사들이 공급망 정리를 약속했고, 일부는 친환경 철강의 사용을 시작했기 때문이다. 일본 신일본제철에 매각된 US스틸이 2023년 2월 GM에 지속가능한 철강 공급을 밝힌 것이 대표적이다. US스틸은 2021년 1월 세계적인 친환경 건물 인증 프로그램인 LEEDLeadership in Energy and Environmental Design에 미국에서 유일하게 인증받은 제철소인 빅리버스틸Big River Steel을 인수한 뒤 친환경 철강 제품 라인인 베덱스 스틸Verdex Steel을 출시했다. 이 라인은 전기로와 첨단기술을 적용하고 최대 90%의 재활용 철강을 사용해 기존 고로 대비 이산화탄소를 최대 75% 줄였다. 스웨덴의 H2 그린스틸H2 Green Steel은 2023년 9월 15억 유로의 자금을 조달받아 2025년부터 친환경 철강을 생산할 스웨덴 북부 보덴 공장에 투자했다. 또 일본 고베 철강의 투자를 받고, 메르세데스 벤츠와 파트너십을 맺었다. 철강 스타트 업인 미국 보스톤 메탈Boston Metal은 독일 자동차 회사 BMW, 글로벌 철 강 회사 아르셀로미탈ArcelorMittal, 글로벌 광산 회사 BHP의 투자를 받았 다. 영국 리버티 스틸Liberty Steel은 친환경 철강 생산으로의 전환을 적극 추진 중인데, 2023년 10월 인수한 헝가리 공장을 친환경으로 전환하 고 2023년 9월 호주 제철소에서 더 이상 석탄 하역을 하지 않겠다고 전했다.

알루미늄은 석탄과 함께 탄소 배출이 많은 금속 제련 분야로 역시 친환경 투자가 늘어나고 있다. 알루미늄은 전기 집약적 제련 공정으로 만들어지는데, 전 세계적으로 알루미늄 제련에 사용되는 전기의 주요 연료는 석탄이라 생산 과정에서 많은 이산화탄소가 발생한다. 2023년 4월에 발표된 맥킨지&컴퍼니 보고서에 따르면 전 세계 알루미늄 제 련소에서 사용하는 전기의 55%가 석탄 화력 발전이고 수력 발전(30%) 과 천연가스(10%)가 그 뒤를 잇는다. 알루미늄 제련은 전 세계 온실가 스 배출량의 약 2%를 차지하는데, 알루미늄은 신재생 에너지 생산 등 에 많이 사용되고 있어 알루미늄 생산 과정에서의 이산화탄소 배출 감 축에 대한 요구가 크다. 노르웨이 알루미늄과 재생 에너지 회사인 하 이드로Hydro는 2023년 개최된 제28차 UN기후변화협약 당사국총회COP28 에서 친환경 알루미늄에 대한 연구로 수상했다. 현재 알루미늄을 생산 하는 홀-에루Hall-Heroult 제련법을 대체하는 하이드로의 할제로HalZero 기 술은 전기 분해 단계에서 이산화탄소를 방출하는 대신 탄소와 연소는 폐쇄 루프안에 유지하고 산소만 방출한다. 회사 측은 2025년 첫 알루미늄을 생산하고, 2030년 상업적 규모의 생산을 달성하는 것을 추진 중이라고 밝혔다. 2023년 8월 미국 리메이드^{Remade}라는 연구·개발 프로젝트가 진행하는 프로젝트 중 하나로 재활용 알루미늄을 생산하는 국내 생산업체에 라이선스를 부여했다는 뉴스가 전해졌다. 이 프로젝트는 미국 에너지부의 자금 지원을 받는 170개 회원으로 구성되어 있다. 프로젝트의 내용은 기밀로 분류되어 자세히 전해지지는 않았으나 알루미늄 광석을 사용할 때보다 에너지를 95% 적게 사용하고 생산 단가도 낮은 것으로 알려졌다. 글로벌 광산업체 리오 틴토^{Rio Tinto}는 2021년부터 호주 에너지청과 협력해 알루미늄 제련의 출발 물질인 알루미나 제련소에서 천연가스 대신에 수소를 사용할 수 있는지 평가하고 있다.

광산업도 2023년 들어 탄소 배출 감축에 적극적으로 나서고 있다. 광산업은 중장기적으로 친환경 에너지 전환 과정에서 사용되는 광물 수요가 크게 늘어날 것으로 기대된다. 광물 채굴 과정에서 탄소 배출을 줄이지 못하면 친환경 수요에 대응하지 못하고 각종 규제로 손해를 볼 수 있다. 광산업의 친환경 움직임은 광산 현장에서 사용되는 트럭 등 장비들의 연료를 화석연료 대신 전기나 청정 수소로 바꾸는 작업 위주로 진행되고 있다. 캐터필러는 2023년 12월 세계 최대 금 채굴 회사인 뉴몬트와 협업해 최초의 전기 배터리 프로토타입 반자율 지하 광산 트럭을 성공적으로 시연했다고 밝혔다. 뉴몬트는 완전 자동화되고 탄소 배출이 전혀 없는 앤드투앤드^{End-to-End} 채굴 시스템이라는 비전을 가지고 있는데, 이번 프로젝트로 여기 한 걸음 더 다가설 것으로 기대한다고 했다. 세계 최대 광산업체 중 하나인 글렌코어Glencore는 2023년 12월 탄소배출제로 채굴 장비와 솔루션 개발에 초점을 둔 일본 코마츠Komatsu의 온실가스GHG 얼라이언스에 합류한다고 밝혔다. 글렌코어는 2년 내 남미 구리광산에서 트롤리 지원 파일럿을 통해 광산의 디젤 소비를 크게 줄일 계획이다. 알루미늄 제련에서도 언급한 하이드로는 알루미늄 광석인 보크사이트 채굴도 하는데, 하이드로의 페루 파라고니나스Paragominas의 보크사이트 광산에서는 2023년 전기 배터리 전기 트럭을 도입하고 디젤 연소 차량의 50%를 에탄올 연소 차량으로 교체하는 등의 노력을 통해 2030년까지 탈탄소를 목표로 하고 있다. 중국 건설 기계 제조 회사인 XCMG는 2023년 중국 국가 R&D 프로젝트 일환으로 산시 시안 석탄Shaanxi Shenyan Coal이 운영하는 시완 노천 탄광에서 하이브리드 디젤 배터리 채굴 차량인 XDE240H 광산 트럭을 운행하고 있다. 이 프로젝트에는 중국 엔진 제조업체 웨이차이Weichai, 전기 배터리 제조 회사 CATL, 후난대학교 등이 함께 참여한다. 대형 차량에 사용하는 디젤 엔진을 수소와 배터리 등으로 교체하는 것을 목표로 하는 회사인 퍼스트 모드First Mode는 프로토타입 수소 구동 트럭 엔진을 만들어 2023년 말까지 1년간 남아프리카공화국의 백금 채굴에 사용하고, 미국 워싱턴 주 폐탄광에 평가장을 만들어 성능 개선을 모색하고 있다. 이미 400개 이상의 엔진 주문을 받았으며, 첫 납품은 2025년에 이루어질 것으로 전망한다고 밝혔다.

(5) 해운, 조선

해운과 선박을 만드는 조선 분야도 탄소 배출을 줄이는 친환경 선박을 개발하기 위해 노력하고 있다. 2022년 국제 해운은 전 세계 에너지 관련 이산화탄소 배출량의 약 2%를 차지했다. 국제해사기구IMO의 주도로 이산화탄소 배출 감축에 적극적으로 나서고 있다. 세계적인 해운 대국인 노르웨이는 2022년 11월 제27차 UN기후변화협약 당사국총회COP27에서 2030년까지 해운에서 발생하는 이산화탄소 배출량은 2005년 대비 50% 줄이겠다고 발표했다. 친환경 선박에서 가장 주목받는 분야는 화석연료를 대체하는 저탄소 배출 연료의 도입이다. LNG 추진 선박에 이어 암모니아와 메탄올 추진 선박도 점차 발주가 늘어나고 있다. 암모니아는 청정 수소로 만들 수 있어 탄소 배출이 없는 친환경 연료로 발전할 수 있다. 또 메탄올도 청정 수소와 포집한 이산화탄소를 화학 반응하거나 바이오매스에서 얻을 수 있다. 즉 녹색 암모니아와 메탄올도 청정 수소가 경제적으로 생산할 수 있는가 여부가 중요하다. 암모니아와 메탄올 선박은 이미 발주가 시작되고 있다. 세계적 해운 회사인 머스크Maersk는 2022년 10월 19척의 메탄올 이중 연료 컨테이너를 발주해 2023-2025년 사이에 인도받는다고 발표했는데, CMA CGM와 코스코 같은 해운사들이 그 뒤를 이었다. 클락슨은 2022년 신규 선박 중에서 암모니아 추진 선박이 90건, 메탄올 추진 선박이 43건, 수소 추진 선박이 3건이라고 전했다. 2023년 7위 대만의 컨테이너선사인 에어그린 마린이 24척의 메탄올 추진선 24척을 발주했는데, 삼성중공업이 16척을 수주하고 일본 조선소가 8척을 수주했다. 이런 기조는 2024년에도 이어지고 있다. 2024년 1월 일본 컨테이너선사 원ONE은 중국 장난조선과 양즈장조선에 각각 6척씩 총 12척의 메탄올 이중 연료 추진 선박을 발주했다. 같은 달 HD한국조선해양과 삼성중공업이 초대형 암모니아 운반석을 각각 2척씩 수주했다. 국내 조선사들은 2023년 주력인 LNG선 대신 2024년에 이들 친환경 선박이 주를 이룰 것으로 전망하고 있다. 한편 과거 범선처럼 운행 중 풍력을 이용하는 선박들도 나오고 있다. 2023년 8월 세계적 곡물 회사인 카길은 BAR 테크놀로지가 개발한 대형 날개 돛인 윈드윙WindWing 2개를 장착한 미쓰비시의 피크시스 오션Pyxis Ocean 선박으로 상업 운송을 테스트했다.

8

ESG 관점에서 본 투자 포인트와 주목할 글로벌 기업

ESG가 확산된다는 것은 기업의 비재무적 가치, 즉 질적 성장 요인에 주목한다는 얘기다. 또 ESG가 계량화되는 것은 기업의 질적 요인들을 보다 체계적으로 분석하게 되어 여기 따른 기업 가치 차별화가 본격화된다는 의미다. 2023년에 ESG 계량화의 기틀이 잡혔기 때문에 앞으로 기업 가치 평가에서 기업의 질적 가치가 보다 잘 반영되고 그에 따른 차별화도 더욱 확산될 전망이다.

투자 관점에서 ESG 확산이 미치는 가장 큰 영향은 국가별, 시장별, 밸류에이션별 차별화가 확산된다는 점이다. 수혜는 기업을 둘러싼 여러 환경과 기업의 질적 가치가 우수한 미국과 선진국 기업들에 몰릴 전망이다. 따라서 반대편에 있는 상당수 이머징 국가와 질적 수준이 떨어지는 기업에는 부정적 효과가 클 것이다. 팬데믹 이후 강화된 국가별·산업별 양극화가 더욱 심화될 것임을 의미한다. 2023년 초에 재무적 숫자를 기반으로 미국 증시의 약세와 중국 등 이머징 국가의 강세를 예측했던 의견이 틀렸던 건 비재무적 가치의 중요성을 제대로 이해하지 못했기 때문이다. 2023년 하반기부터 2024년 초까지 이런 현상이 극단적으로 나타났는데, 일시적이 아니라 짧게는 2024년까지, 길게는 수년 동안 이어질 큰 흐름을 단적으로 보여 주었다.

투자자는 장기적으로 미국 중심의 선진국 투자 비중을 늘리고 이머징 국가의 투자 비중은 줄이는 작업을 꾸준히 진행해야 한다. 선진국 내에서도 일본 증시가 특히 선호되는데, ESG로 구조적으로 변화된 모습을 본격적으로 확인할 수 있는 구간이기 때문이다. 지난 10년간 일본 증시가 강했고, 2023년에 특히 강했지만 여전히 1989년의 고점을 넘지 못했다. 30여 년 동안의 인플레이션을 고려한다면 아직 크게 상승하지 않았다. 일본 증시는 ESG 개선에 따른 질적 가치의 턴어라운드로 인한 주가 반등이 적어도 수년 동안은 계속될 가능성이 크다. 반면 ESG 측면에서는 후진적인 중국 증시는 당분간 고난이 이어질 수 있다. 다만 최근 젊은 층을 중심으로 한 경제 구조 하에서 친환경을 포함한 글로벌 기업 문화를 받아들이는 데 적극적인 인도와 동남아 일부 국가들은 ESG 개선 폭에 따라 가파르게 상승할 가능성이 있어 주목할 필요가 있다.

일본 기업들 중 ESG 변화를 선도하는 기업들은 장기적으로 주목해야 한다. 히타치(6501)를 최우선으로 꼽을 수 있다. 그 외에 ESG 분야에서 앞선 것으로 평가받는 NEC(6701)와 후지쯔(6702), 그리고 이토 추(8001) 같은 회사도 꾸준히 살펴봐야 한다. 앞서 소개한 JPX 프라임 150 지수의 편입 비중 상위 기업들 중에서 시가총액 순위 대비 편입 비중이 높은 기업에 주목하자. 상세 내역은 JPX 프라임 150 지수 홈페이지(https://www.jpx.co.jp/english/markets/indices/jpx-prime150/index.html)에서 확인할 수 있다.

| JPX 프라임 150 비중 상위 20개 종목(2024년 2월 23일)

순위	회사 이름	지수 내 비중(%)
1	소니	5.72
2	키엔스	4.17
3	NTT	3.17
4	도쿄 일렉트론	2.51
5	히타치	2.43
6	다케다제약	2.43
7	다이치산쿄	2.38
8	닌텐도	2.27
9	호야	2.19
10	신에츠화학	2.18
11	미쓰이	2.02
12	KDDI	2.01
13	리쿠르트	1.99
14	다이킨공업	1.96
15	이토추상사	1.89
16	도쿄마린홀딩스	1.79
17	오리엔탈랜드	1.78
18	무라타제작소	1.51
19	SMC	1.47
20	소프트뱅크	1.46

출처 : 도쿄 증권거래소

순위	회사명	시가총액(10억 달러)
1	도요타	316.87
2	미쓰비시 UFJ 파이낸셜	118.63
3	도쿄 일렉트론	112.53
4	키엔스	112.10
5	소니	108.42
6	NTT	101.92
7	미쓰비시	89.22
8	패스트리테일링	88.20
9	소프트뱅크	85.72
10	신에츠화학	83.66
11	히타치	79.35
12	스미토모 미쓰이 파이낸셜 그룹	71.42
13	닌텐도	65.35
14	미쓰이	64.65
15	이토추상사	64.07
16	KDDI	63.93
17	다이치산쿄	62.65
18	추가이제약	61.76
19	리쿠루트	61.05
20	오리엔탈랜드	58.47

출처 : 컴패니즈마켓캡

ESG 관점에서 미국 증시 내 빅테크의 상대적 강세를 이해할 수 있다. 또 그 안에서도 보다 차별적으로 볼 필요가 있다. 예를 들어 ① 테슬라가 친환경 이외의 분야에서 전반적으로 약점이 있다는 점, ② 아마존이 노동을 포함한 사회 이슈에서 부정적 평가를 받고 있다는 점, ③ 애플이 반독점 이슈 등으로 부정적 여론이 퍼졌던 점, ④ 메타가 지배 구조와 사회적 평판 부문에서의 부정적 평가를 받는 점, ⑤ 구글이 모바일 독점에 이어 혁신적인 시도를 하는 기업 문화에서 벗어나 조직 내부에서 반발이 커지고 있는 점 등을 가볍게 봐서는 안 된다. 테슬라가 2023년 말부터 2024년 초까지 상대적으로 부진한 주가 흐름을 보인 것은 사회적 여론과 일론 머스크를 견제하지 못한 지배 구조의 한계가 드러난 결과다.

한국 증시의 저평가는 ESG도 관점에서 다시 살펴볼 필요가 있다. 한국 증시가 글로벌 증시 대비 저평가되었고 그 정도도 2023년에 심화되었다는 이야기가 많이 회자된다. 그러나 한국 증시 저평가는 어제오늘 일이 아니다. 이 정도면 우리가 저평가라고 판단하는 관점이 잘못된 건 아닌지 고민해야 한다. ESG 관점에서 한국 기업들의 취약성은 심각하다. 그중 가장 중요한 지배 구조에서 상황이 심각하다. 특히 LG에너지솔루션의 물적 분할과 사실상 정부인 산업은행이 자행한 한진그룹 사태는 한국 지배 구조 상황이 생각보다 심각함을 만천하에 드러냈다. 그동안은 이런 문제가 실제 기업 가치에 미치는 영향을 제대로 표현하기 어려웠다. 그런데 ESG 계량화가 확산되어 재무적 수치처럼 체계적으로 반영되면 지금의 저평가가 저평가가 아니고 심지어 고평가일 수 있음을 계량적으로 확인하게 된다. 물론 현재 기업 가치가 ESG 요소를 반영해도 저평가일 수 있으나 ① 아직 공공연히 한국 증시 저평가를 논하는 이들이 많고, ② 한국 증시에서 기업 가치에 집중적으로 투자하는 국내외 액티브 기관 투자자 자금이 훨씬 빠르게 사라지며, ③ 국내 개인 투자자조차 주식 투자 규모를 크게 줄이고 수년간 테마주와 IPO 주식에 집중하고 또 이것이 MZ세대를 중심으로 더 확산된 것 등을 종합하면 한국 증시는 고평가일 가능성이 더 높다. 따라서 한국 증시는 ESG 가치가 계량화를 통해 기업 가치에 반영되는 정도가 커질수록 밸류에이션의 추가 하락이 불가피하다.

다만 한국 기업들의 ESG 관점에서의 기업 가치 하락이 보다 명확해진다면 역발상으로 그동안 저평가된 일부 기업들 중 ESG 요소의 개선을 요구하는 임팩트 투자Impact Investing가 활성화될 수 있다. 국가 전반적으로 임팩트 투자를 방해하는 요소들이 견고해 당장 2024년에 일본처럼 국가나 기업 전반적인 차원에서의 변화가 나타날 가능성은 적다. 하지만 한국이 글로벌 변화에 민감하다는 점에서 변화의 요구가 강하게 나타날 수 있다. 그런 면에서 상대적으로 여론에 민감한 글로벌 규모의 대기업은 보다 선제적으로 움직일 수 있다. 또한 에스엠, 한국앤컴퍼니, 한미약품처럼 대주주 지분율이 낮거나 동업 정리 및 상속 같은 변수들로 경영권이 흔들리는 일이 이전보다 빈번할 가능성도 있다. 또 상대적으로 기업 가치 대비 저평가된 일부 기업은 좋은 투자 대상이 될 수도 있다. 2023년 하반기에 외국계 행동주의 펀드 매수가 이어졌던 삼성물산과 사업 구조를 친환경 사업 중심으로 바꾸려고 노력하면서 오랜 동업을 청산하고자 한 고려아연 같은 기업을 주목할 필요가 있다. 여기에 아직 펀드 공세가 나오지는 않았지만 대주주 지분이 낮거나 변동될 수 있으면서 상대적으로 저평가된 금호석유와 YG엔터 같은 기업도 관심을 가질 만하다. 다만 한국에서는 기존 경영진에 우호적인 제도적·사회적 분위기가 강하고, 한진그룹 분쟁처럼 재벌들의 보이지 않는 영향력도 커 재무적으로 아무리 싸 보여도 대주주와 자사주 지분의 합이 40%를 넘거나 역사와 전통이 있어 사회적 영향력 크고 그룹 경영권 자체가 흔들리는 경우 정부가 개입할 수 있는 일부 재벌 기업들에 대한 투자는 고려하지 않는 편이 현명하다.

ESG의 계량화 확산으로 기업 가치에 변화가 나타날 수 있는 기업들도 주목해야 한다. 기업의 질적 정보를 제공한 MSCI$^{MSCI\ US}$, S&P글로벌$^{SPGI\ US}$, 무디스$^{MCO\ US}$, 브로드리드 파이낸션 솔루션$^{BR\ US}$ 등은 긍정적이다. 한편 ESG 계량화는 관련 분야에서 디지털 트윈, IoT, 인공위성 등 우주 산업, 구독형 소프트웨어를 포함한 디지털 트랜스포메이션 기업들에도 긍정적이다. 다만 이와 직접 관련된 기업들 중 상당수가 아직 비상장 기업이라 계속 주목할 필요가 있다.

금융 산업은 기업의 가치와 정부의 규제를 동시에 받는다는 점에서 ESG 계량화에 가장 큰 영향을 받는 분야다. ESG는 은행, 보험, 자산운용 등 금융 전방위적으로 영향을 주고 있다. 미국과 유럽의 기후 피해로 인한 보험사들의 피해와 스코프 3 공시로 새로운 대출 평가 시스템을 구축해야 하는 은행들의 사례가 대표적이다. 이처럼 금융 산업은 이전보다 대응해야 하는 위험과 규제가 커지고 있다는 점에서 전반적인 영향은 부정적이다. 다만 변화에 선제적으로 대응한 금융사들은 그 안에서 차별적 성장을 보일 수 있다. 앞으로 금융 기관을 판별할 때 ESG 위험 관리에 얼마나 선제적으로 대응했는지에 주목할 필요가 있다. ESG 자산운용 분야에서 앞선 로베코^{Robeco}를 인수한 오릭스$^{IX\ US}$, 글로벌 기후 위험에 선제적으로 대응한 재보험사 스위스리(스위스 상장), 미국 내에서 ESG 투자에 앞선 것으로 평가받고 있는 뉴욕멜론은행^{BK}

^{US} 등을 주목한다.

ESG 중심에는 MZ세대의 변화된 마인드가 있다. 이를 가장 잘 드러나는 곳이 직원들이 하는 자기 회사에 대한 평가다. 블라인드와 포춘의 일하기 좋은 기업들은 그 자체로 기업의 비재무적 정보를 파악하는 좋은 정보다. 투자에 절대적 영향력은 아니어도 관련 리스트들을 꾸준히 살펴보고 투자에 접목할 필요가 있다.

참고로 "직장인 행복도 조사 블라인드지수^{BIE} 연간 리포트 2024"에서 상장 주식 관점에서 인상적인 대목은 ① 통신사 중 SK텔레콤(상위 1%), LG 유플러스(상위 19%), KT(상위 60%), ② 자동차 중 기아(상위 6%), 현대차(상위 29%), ③ 물류 중 롯데글로벌로지스(상위 53%), CJ대한통운(상위 62%), 한진(상위 78%), ④ 엔터 중 하이브(상위 36%), 카카오엔터(상위 46%), SM엔터(상위 71%), ⑤ 제과 중 농심(상위 29%), 오리온(상위 43%), 롯데웰푸드(상위 59%)의 순서였다.

한편 포춘의 2023년 일하기 좋은 직장 상위 10개 기업은 시스코$^{CSCO\ US}$, 힐튼$^{HLT\ US}$, 아멕스$^{AXP\ US}$, 웨그먼스 푸드 마켓(비상장), 액센추어^{ACN}, 엔비디아$^{NVDA\ US}$, 아틀란시안$^{TEAM\ US}$, 세일즈포스$^{CRM\ US}$, 컴캐스트$^{CMCSA\ US}$, 메리어트$^{MAR\ US}$ 순이었다.